Verena Schilly

Mütter in Führungspositionen

AF126540

Soziale Analysen und Interventionen

Herausgegeben von Prof. Dr. Albert Scherr

Band 2

Verena Schilly

Mütter in Führungspositionen

Die Vereinbarkeit von Familie und Beruf

Centaurus Verlag & Media UG

Zur Autorin:

Verena Schilly hat an der Pädagogischen Hochschule Freiburg den Bachelor in Erziehung und Bildung und den Master Erziehungswissenschaft mit Schwerpunkt Erwachsenenbildung erworben. Neben dem Studium arbeitete sie bei einer Unternehmensberatung für Personalentwicklungsthemen. Ihr besonderes Interesse liegt u. a. in den Bereichen Kommunikations- und Anerkennungstheorien. Zudem hat sie sich in systemischer Beratung und personenzentrierter Gesprächsführung weitergebildet.

Bibliografische Informationen der Deutschen Nationalbibliothek
Die Deutsche Nationalbibliothek verzeichnet diese Publikation in der Deutschen Nationalbibliografie; detaillierte bibliografische Daten sind im Internet über http://dnb.d-nb.de abrufbar.

ISBN 978-3-86226-220-5   ISBN 978-3-86226-939-6 (eBook)
DOI 10.1007/978-3-86226-939-6

ISSN 2193-7605

Gedruckt auf säurefreiem und chlorfrei gebleichtem Papier.

© Centaurus Verlag & Media. KG, Freiburg 2013
www.centaurus-verlag.de

Umschlaggestaltung: Jasmin Morgenthaler, Visuelle Kommunikation
Umschlagabbildung: Malerapaso: Balancing stones, www.istockphoto.com
Satz: Vorlage der Autorin

Inhaltsverzeichnis

1. Einleitung

> „…man hat ja so permanent so bißche schlecht Gewissen.(2) **Immer** (.) wenn man berufstätig ist als Mutter."
> (Frau Freidinger, Zeile 268f)

> „…wenn du so n Eindruck bekommst dass das echt so **völlig** egal ist ob du den Job machst oder jemand anders, also käm bei mir natürlich nich so gut an." (Frau Abel-Dupont, Zeile 495ff)

> „…das is einfach der Weg den isch gewählt habe um misch wohlzufühlen…" (Frau Meyer-Baron, Zeile 346)

Der Ausbau von Kindertagestätten ist derzeit eines der meist diskutierten Themen in Politik und Gesellschaft.[1] Ziel ist es, besonders Frauen zu ermöglichen, berufstätig zu sein und dennoch Kinder zu bekommen. Hierzu müsse vor allem die Betreuung der Kinder gewährleistet sein, heißt es. Frauen wollen berufstätig sein und werden zudem als Fachkräfte gebraucht. Der damit in Zusammenhang gebrachte Geburtenrückgang in Deutschland wird jedoch sorgenvoll betrachtet (vgl. Schröder 2006). Als Lösung des Problems werden in erster Linie der Ausbau der Betreuungsplätze und damit verbunden eine gelingende Vereinbarkeit von Familie und Beruf gehandelt. Die besondere Problematik gerade bei Müttern in Führungspositionen, deren berufliche Belastung üblicherweise höher ist als bei Positionen mit geringerer Verantwortung, wird in diesem engen Blickwinkel selten betrachtet. Da sie jedoch beispielhaft für alle berufstätigen Mütter ist, kann die Analyse dieser Thematik ein Schlüssel sein für die Entwicklung eines geeigneten gesellschaftlichen Umfelds, in dem sich Beruf und Familie optimal vereinbaren lassen. Der Fokus dieser Arbeit soll daher auf der „Vereinbarkeit von Familie und Beruf bei Müttern in Führungspositionen" liegen.

Hierzu werden anhand von qualitativer Biografieforschung Mütter in Führungspositionen zu ihrem Leben interviewt. Die Interviews werden daraufhin im Wesentlichen anhand der Methode der objektiven Hermeneutik interpretiert, um daraus Informationen zu den Lebensmodellen der Frauen zu gewinnen. Dazu wird in Kapitel 2 zunächst das Thema theoretisch begründet, um einen Zugang zu der komplexen Thematik zu ermöglichen. In Kapitel 3 wird daraufhin der aktuelle Stand der Forschung dargestellt. Hierbei wird der Blick insbesondere auf die einzige in

---

[1] Nahezu täglich ist in deutschen Tageszeitungen darüber zu lesen, vgl. beispielsweise http://www.sueddeutsche.de/politik/ausbau-von-kita-plaetzen-schroeder-stellt-bundeslaendern-ultimatum-1.1391460

Deutschland existierende Studie zur Vereinbarkeit von Familie und Beruf bei Müttern in Führungspositionen gerichtet. Zudem werden Studien aus angrenzenden Themenbereichen vorgestellt. Dies soll einen Überblick über die Schwerpunkte der derzeitigen Forschung ermöglichen.

Kapitel 4 begründet dann die Fragestellung und das methodische Vorgehen bei der Datenerhebung und bei der Datenauswertung. Die Darstellung der Ergebnisse der Interviews erfolgt in Kapitel 5. Hier werden die Fälle nacheinander vorwiegend nach den Prinzipien der objektiven Hermeneutik interpretiert. Dabei werden zunächst die biografischen Daten der Interviewten dargestellt, woraufhin die Interviews sequenziell analysiert werden, um detailliert alle Aussagen berücksichtigen zu können. Daraus kann dann jeweils die Struktur eines jeden Falls gewonnen werden, auf Grundlage derer in Kapitel 6 die Lebensmodelle der Frauen verglichen werden. Um diese Gegenüberstellung vornehmen zu können, wird die Fallstruktur der Frauen anhand dreier hierzu erstellter Kategorien untersucht, die den Blick neben dem Alltag auch auf Vergangenheit und die Entwicklung der Frauen hin zu ihrem jetzigen Leben richten soll. Die Ergebnisse der Interviews werden zudem in einem größeren theoretischen Zusammenhang betrachtet und diskutiert, um vom einzelnen Fall hin zu persönlichen, gesellschaftlichen und politischen Bedarfen bezüglich des Themas „Die Vereinbarkeit von Familie und Beruf bei Müttern in Führungspositionen" zu gelangen. Ziel der Forschung ist es also, mit einer besonderen Offenheit auf die individuellen Erfahrungen von Müttern in Führungspositionen einzugehen.

Kapitel 7 umfasst schließlich das Fazit, in dem die zentralen Ergebnisse der Arbeit sowohl bezüglich der individuellen Fälle der interviewten Frauen dargestellt werden, als auch bezüglich gesellschaftlicher und politischer Bedarfe.

In dieser Arbeit sollen einzelne Lebensmodelle intensiv betrachtet werden, um gegebenenfalls neue Erkenntnisse zu der Thematik gewinnen zu können. Es ist also von zentraler Bedeutung, individuelle Erfahrungen in höchstem Maße zu berücksichtigen, um einen möglichst umfassenden Einblick in die Bedarfe von Müttern in Führungspositionen zu erhalten. Diese Arbeit ist nicht repräsentativ und soll es auch nicht sein. Sie soll vielmehr die Möglichkeit bieten, einige Fälle intensiv zu betrachten um den Blick für die Breite der Herausforderungen, die sich den Frauen stellen und gestellt haben zu weiten.

Aufgrund des engen Zeitrahmens, der zur Erstellung dieser Arbeit zur Verfügung stand, ist es an einigen Stellen nicht möglich gewesen, sich noch intensiver mit der Thematik zu befassen. Sicherlich wäre es noch ertragreicher gewesen, mehrere Frauen zu interviewen. Um den drei hier betrachteten Fällen jedoch eine ausreichende Beachtung schenken zu können, wurde davon aus Zeitgründen abgesehen. Das Thema der Arbeit wurde zudem bewusst sehr offen gehalten. Dies soll einen unvoreingenommenen Blick ermöglichen, der nicht nur die derzeit populären Themen wie den Bedarf nach ausreichender Kinderbetreuung berücksichtigt sondern offen ist für alle möglichen Aspekte.

2. Theoretische Begründung

Das Thema „Vereinbarkeit von Familie und Beruf bei Müttern in Führungspositionen" ist sehr vielschichtig und um seine Komplexität zu verstehen, muss man verschiedene Perspektiven betrachten. Es stellt nur einen Teil eines umfangreichen Diskurses dar, der in den letzten Jahren verstärkt ins Rollen gekommen ist. Derzeit vergeht kein Tag, an dem nicht insbesondere über Work-Life-Balance, Frauen im Berufsleben und als Führungskräfte, Fachkräftemangel, den Wandel des Familienbildes und ähnliches gesprochen oder berichtet wird. 47% der Bürger sehen einer Umfrage des Monitors Familienleben (2011) zufolge die Vereinbarkeit von Familie und Beruf als eine der wichtigsten politischen Aufgaben. Auch wünschen sich dieser Umfrage zufolge 53%, dass junge Familien mit Kindern verstärkt unterstützt werden.

Es ist nicht zu übersehen, dass sich in den letzten Jahren ein struktureller Wandel in Deutschland vollzogen hat, der sich insbesondere in der Arbeitswelt und damit verbunden auch im Familienleben widerspiegelt (Oechsle-Grauvogel 2009, S. 45). So ist das klassische Familienbild mit berufstätigem Vater und der Mutter als Hausfrau längst Geschichte. Frauen stehen vermehrt im Berufsleben, wodurch sich neue Herausforderungen bezüglich des Familienlebens stellen, deren Verantwortung nicht länger ausschließlich in den Händen der Frau liegt. Viele Frauen sind hoch qualifiziert und verwirklichen sich im Beruf. Männer sind nicht länger alleinige Ernährer (ebd. S. 46). Ein Blick auf den demografischen Wandel und den damit verbundenen Geburtenrückgang (ebd. S. 47) macht deutlich, dass hier große Herausforderungen auf Politik, Gesellschaft und Wirtschaft zukommen und bereits zugekommen sind.

Verschiedene, miteinander eng verbundene Themen werden aktuell in der Öffentlichkeit diskutiert. Das Thema Frauen und Erwerbstätigkeit wird aus verschiedenen Perspektiven betrachtet. Hier geht es zum einen um den Zusammenhang zwischen Familiengründung und Berufstätigkeit. So sind kinderlose Frauen im Alter zwischen 33 und 37 Jahren die Gruppe von Frauen, die mit 81% die höchste Erwerbstätigenquote aufweist (Familienreport 2011). Bedenkt man die geringe Kinderzahl in Deutschland, so fällt sofort auf, dass die Phase der Familiengründung und die der vollen Erwerbstätigkeit sich überschneiden, was zu Vereinbarkeitsproblemen führt (vgl. Lukoschat, Walther 2006, S. 44). Viele Frauen sehen sich gezwungen, sich für das Eine und gegen das Andere zu entscheiden.

Neben der Perspektive der Familiengründung und Berufstätigkeit ist das Thema Frauen und Erwerbstätigkeit auch als Geschlechterthema zu betrachten. Gerade der Diskurs um Chancengleichheit im Beruf und damit verbunden Frauen in höheren Positionen innerhalb von Unternehmen ist viel diskutiert. „Ihr Anteil lag im Jahr 2002 bundesweit unter zehn Prozent." (Lukoschat, Walter 2006, S. 11). Zwar wurde bereits vielfach festgestellt, dass Unternehmen in vielerlei Hinsicht davon profitieren könnten, wenn Frauen der Aufstieg erleichtert würde, dennoch sieht die Realität in vielen deutschen Unternehmen immer noch anders aus (vgl. ebd.). Für Frauen bestehen also viele Hürden, wenn sie beruflich erfolgreich sein wollen. Zum einen liegt dies generell an ihrem Geschlecht und damit verbundener Ungleichberechtigung innerhalb der männerdominierten Berufswelt. Zudem wird es besonders schwierig, wenn sie sich noch dazu für Kinder entscheiden und beides miteinander verbinden wollen.

Gerade unter dem Gesichtspunkt des demografischen Wandels und dem damit verbundenen Fachkräftemangel kann nicht nur die Rede davon sein, dass Frauen berufstätig sein wollen oder müssen, vielmehr sind sie hoch qualifizierte Fachkräfte, die in der Wirtschaft dringend gebraucht werden. „Prognosen gehen für den Zeitraum von 2010 bis 2025 von einem Rückgang des Erwerbspersonenpotenzials um 6,5 Millionen Personen aus" (Familienreport 2011, S. 56). Es werden also weniger Kinder geboren, es gibt immer mehr alte Menschen und der Teil der Bevölkerung, der zum einen im geeigneten Alter für volle Berufstätigkeit und zum anderen hoch qualifiziert ist wird immer geringer. „Gegenwärtig leistet sich dieses Land einen paradoxen Luxus: Frauen werden zu hoch qualifizierten Fachkräften ausgebildet, dann aber nur halbherzig in den Arbeitsmarkt eingebunden." (Lukoschat, Walter 2006, S. 11) Die Frage nach einem ausgeglichenen Verhältnis zwischen Berufs- und Privatleben, vielfach als Work-Life-Balance bezeichnet, beschäftigt heute viele Unternehmen und Privatpersonen. Denn es wird zunehmend gefordert, dass genug Raum für Freizeit und Familienleben neben der beruflichen Laufbahn besteht. Gerade für junge Führungskräfte ist dies ein großes Thema. Denn „Engagement wird häufig immer noch an der uneingeschränkten (zeitlichen) Verfügbarkeit der Führungskraft bemessen" (Lukoschat, Bessing 2008, S. 5). Allerdings wünschen sich gerade junge Menschen zunehmend die Bereiche Arbeit, Freizeit, Familie und Gesundheit vereinbaren zu können (Kienbaum Management Consultants 2003). Hierzu gehören neben der Vereinbarkeit von Familie und Beruf also auch noch andere Faktoren, wobei das Thema Vereinbarkeit von Beruf und Pflege gerade auch aufgrund des demografischen Wandels immer mehr in den Mittelpunkt der Betrachtung rückt (Familienreport 2011, S. 60).

Im internationalen Vergleich fällt auf, dass Deutschland bezüglich der Anzahl der Kinder mit „1,36 Kindern pro Frau deutlich unter dem OECD Durchschnitt von 1,76" (ebd. S. 45) liegt. Es müssen also Bedingungen geschaffen werden, die es Frauen ermöglichen, mehr Kinder zu bekommen ohne beruflich stark zurückstecken zu müssen. Aus Sicht der OECD kann dies nur durch langfristig angelegte Maßnahmen zur Unterstützung des Kinderwunsches geschehen (ebd.).

Ein letzter zu nennender Bereich, der das Themenfeld Vereinbarkeit von Familie und Beruf bei Müttern in Führungspositionen maßgeblich prägt ist die Frage nach Rollenbildern und dem sich wandelnden Familienbild. So „…wird die Arbeitswelt hierzulande noch immer von Männern dominiert" (Lukoschat, Walter

2006, S. 7). Betrachtet man allerdings die Tatsache, dass erst seit den 1960er Jahren das klassische Familienbild mit dem „Ernährer-Hausfrau/Zuverdienerin-Modell" (Budde 1997, S. 20) kritisiert und langsam abgebaut wird, so wird deutlich, welche gesellschaftliche wie politische Herausforderung hier nach wie vor besteht. Die Dringlichkeit dieser Entwicklung ist jedoch genauso zweifellos. Schließlich wird in der gesamten Debatte klar, dass Frauen nicht nur verstärkt berufstätig und auch erfolgreich sein wollen, sondern sie werden auch dringend als Fachkräfte in den Unternehmen gebraucht.

Verfolgt man also all diese Debatten so wird deutlich, dass das Thema Vereinbarkeit von Familie und Beruf derzeit ein zentrales Thema ist, das dringend intensiv zu betrachten ist. Eine breite Bevölkerungsschicht wünscht sich demnach ein ausgeglichenes Verhältnis zwischen verschiedenen Lebensbereichen wie zum Beispiel Beruf, Freizeit und Familie. Nimmt man dazu die geschlechtsspezifische Problematik von Frauen, die sich generell im Berufsleben positionieren wollen und müssen, die aber darüber hinaus auch einen Kinderwunsch in ihren Lebensplan integrieren sollen, so liegt eine Betrachtung der Vereinbarkeit von Familie und Beruf bei Müttern nahe. Diese ermöglicht es, Modelle kennenzulernen, die bereits existieren. Der Aspekt der Mutter in einer Führungsposition stellt hierbei eine besondere Situation dar. Diese Frauen haben sich zum einen in der männerdominierten Berufswelt auf der Karriereleiter nach oben gearbeitet. Sie haben also eine besonders hohe Arbeitsbelastung und zählen zu der Gruppe Frauen, die seltener Kinder bekommt (Familienreport 2011). Die Mütter in Führungspositionen, die jedoch beides vereinbaren, leben das politisch angestrebte Modell und es scheint aufschlussreich zu sein, aus den Erfahrungen dieser Frauen zu lernen. Zudem sind sie als Führungskräfte auch Vorbilder innerhalb des Unternehmens und können maßgeblich die Unternehmenskultur bezüglich des Themas Familie mit gestalten. Sie können zum einen ein hohes Maß an Verständnis für ihre Mitarbeiter aufbringen, die Familie haben oder haben wollen, zum anderen können sie vorleben, wie sich Familie und Beruf – selbst in Führungspositionen – realisieren lässt.

Über die Vereinbarkeit von Familie und Beruf bei Müttern in Führungspositionen wurde bisher nicht viel geforscht. Doch erscheint bei der Betrachtung von Work-Life-Balance gerade diese Zielgruppe sehr aussichtsreich wenn man sich Erkenntnisse über reelle Modelle erhofft. Hier liegt sicherlich eine besondere Intensität der Problematik vor und es ist erstrebenswert, gerade hieraus entsprechende Erkenntnisse zu ziehen, die dann auch auf andere Zielgruppen übertragbar sind. Dies gilt beispielsweise für Frauen in Berufen ohne Führungsverantwortung, aber auch für Männer mit und ohne Führungsposition.

Es ist also grundsätzlich deutlich, dass das Thema „Vereinbarkeit von Familie und Beruf bei Müttern in Führungspositionen" von großer Bedeutung ist. Dies gilt sowohl im speziellen für Müttern in Führungspositionen als auch im allgemeinen für Frauen im Berufsleben, für Männer in ihrer neuen Rolle, die nicht mehr ausschließlich die des Ernährers ist, wie auch für die gesamte Gesellschaft, Wirtschaft und Politik. Wie oben erläutert können hier Lösungen für unterschiedlichste Fragestellungen wie Fachkräftemangel, demografischer Wandel und Geschlechtergerechtigkeit gefunden werden. Es ist also dringend notwendig, sich damit auseinanderzusetzen, welche Modelle und Wege zur Vereinbarkeit von Familie und Beruf es bereits gibt. Um daraus verallgemeinerbare Schlüsse ziehen zu können muss dazu sowohl die organisationale Seite inklusive der Rahmenbedingungen betrachtet werden, als auch die Frage, welche Einflüsse den Weg der betrachteten Mütter beeinflusst haben und immer noch beeinflussen. So soll ein umfassendes Bild über Lebensmodelle und Bedürfnisse von Müttern in Führungspositionen entstehen.

3. Stand der Forschung

Im Folgenden soll nun der aktuelle Stand der Forschung dargestellt werden. Ziel ist es zu erkennen, welche Bereiche der Thematik bereits erforscht sind und wo noch Bedarf besteht. So lässt sich herausfinden, was genau derzeit bezüglich des Themas diskutiert wird und worauf der Blick im Rahmen dieser Arbeit besonders gerichtet werden sollte. Hierzu soll ein Überblick über bereits existierende Literatur und entsprechende Studien gegeben werden, der einen genaueren Einblick in die Forschung im Themenbereich Vereinbarkeit von Familie und Beruf bei Müttern in Führungsposition ermöglicht.

3.1.Aktuelle Literatur

Wie schon erwähnt ist das Thema „Die Vereinbarkeit von Familie und Beruf bei Müttern in Führungspositionen" sehr vielschichtig. Daher ist auch bezüglich der bereits existierenden Forschungsergebnisse der Blick zu weiten und zu bedenken, dass hier verschiedene recht unterschiedliche Themengebiete in diesem einen Thema zusammengeführt werden.

So ist die Fragestellung zunächst in Einzelteilen zu betrachten. Das bedeutet, dass es zum einen um die Vereinbarkeit von Familie und Beruf, vielfach auch als Work-Life-Balance bezeichnet, geht. Weiterhin geht es um Mütter – und nicht etwa um Frauen im Allgemeinen – die eine Führungsposition in einem Unternehmen innehaben.

3.1.1. „Karrierek(n)ick Kinder"

Zunächst soll aber der Stand der Forschung bezüglich des exakten Themas mit allen drei Aspekten (Vereinbarkeit von Familie und Beruf, Mütter, Führungspositionen) dargestellt werden. Hier fällt schnell auf, dass die Forschung in diesem Themenbereich recht überschaubar ist. Das entscheidende Werk ist hier sicherlich die Studie im Auftrag der Bertelsmann Stiftung (Lukoschat, Walther 2006) mit dem Titel „Karrierek(n)ick Kinder". Im Rahmen dieser Studie wurden 500 Mütter in Führungspositionen gefragt, welche Erfolgsstrategien sie haben. Aus diesen Erfahrungen heraus wurden dann Handlungsanleitungen für Unternehmen und Politik, aber auch für einzelne Frauen (und Männer) entwickelt. Ziel der Studie ist es, „...eine Lücke in der umfangreichen Forschung zu Frauen in Führungspositionen (zu füllen), die die spezielle Situation von Müttern in der Regel nicht bzw. nur am Rande beleuchtet." (Lukoschat, Walther 2006, S. 12)

Folgende zentrale Aussagen wurden aus den Befragungen herausgezogen und später in Handlungsvorschläge umgewandelt. Es ist kennzeichnend, dass die befragten Mütter in Führungspositionen alle „Pragmatische Macherinnen" (ebd. S. 19) sind. Sie haben ihre Ziele klar vor Augen und verfolgen sie konsequent und willensstark. Sie treten für die eigenen Interessen, für die des Unternehmens und die der Familie ein und ergreifen selbst die Initiative (vgl. ebd.). Ohne diese starke Eigeninitiative könnten sie Beruf und Familie in dieser Form nicht miteinander vereinbaren.

Weiterhin war eine zentrale Aussage der Befragten, dass die Familie als Ressource zu bezeichnen ist. (vgl. ebd. S. 20) So fördern die Fähigkeiten, welche die Frauen durch die Mutterschaft erlernt haben diejenigen Kompetenzen, die auch im Beruf wichtig sind. Hier nennen sie „...Verhaltensweisen wie Gelassenheit, Organisationsfähigkeit und Pragmatismus..." (ebd. S. 20). Umgekehrt sind ihnen aber auch Fähigkeiten aus dem beruflichen Alltag wie „...Kommunikations- und Motivationsfähigkeit..." (ebd.) für die Organisation der Familie von Nutzen.

Eine entscheidende Erkenntnis der Studie ist auch die Tatsache, dass der Partner eine entscheidende Rolle für das Gelingen von Berufs- und Familienleben spielt (vgl. ebd. S. 21). In nahezu allen Fällen werden die Frauen aktiv von ihrem Partner unterstützt. Oftmals sind diese Partner auch bereit, beruflich zurückzustecken und vermehrt für die Familie da zu sein. Hierbei fiel auf, dass es für Männer meist schwieriger ist, sich beruflich zurückzuziehen, da die Strukturen der Unternehmen hierauf noch nicht eingestellt sind.

Hinsichtlich der Karriereverläufe der Frauen ist keine Regelmäßigkeit festzustellen gewesen. Weder bezüglich „...des Zeitpunktes der Familiengründung wie auch des gewählten Arbeitszeitmodells..." (ebd. S. 22) gab es größere Übereinstimmungen. Manche Frauen haben zuerst Karriere gemacht und dann Kinder bekommen, andere haben zu einem frühen Zeitpunkt Kinder bekommen und danach Karriere gemacht. Bezüglich der Arbeitszeiten ist das Ergebnis der Studie, dass es von großer Bedeutung ist, dass seitens der Unternehmen eine große Flexibilität ermöglicht wird. Die meisten der befragten Frauen arbeiten Vollzeit und „...plädieren (...) für eine Unternehmens- und Führungskultur, die Ergebnisse und Leistungen würdigt, nicht Anwesenheit." (ebd. S. 22)

Bezüglich der „Vereinbarkeitskultur in Unternehmen" (ebd.) wurde deutlich, dass den Frauen in den meisten Fällen ermöglicht wurde, ihre Arbeitszeit und den Arbeitsort zu flexibilisieren (vgl. ebd.). Jedoch kann von einer wirklich gelebten Kultur der Vereinbarkeit von Familie und Beruf in den Unternehmen den befragten Müttern zufolge noch nicht gesprochen werden. Das Interesse am Thema ist durchaus vorhanden, jedoch wird es in der Realität noch selten umgesetzt. „Es mangelt an einem professionellen Personalmanagement, das den Umgang mit der Vereinbarkeit systematisiert und zur Selbstverständlichkeit werden lässt." (ebd. S. 23)

Wichtig und Voraussetzung für die Vereinbarkeit von Familie und Beruf ist den Müttern aus der Studie ein privates Netzwerk bestehend aus Eltern, Freunden,

Nachbarn etc. (vgl. ebd.). Dieses private Netzwerk wird dann in den meisten Fällen durch „institutionelle" (ebd. S. 23) Hilfe unterstützt. Hier nennen sie Tagesmütter, Au-pair-Mädchen und Haushaltshilfen. Auffällig ist, dass es bei der Nutzung öffentlicher Kindertageseinrichtungen dann schwierig wird, wenn es zu „…unvorhergesehene(n) Terminverschiebungen und Notsituationen…" (ebd. S. 24) kommt. In diesen Situationen ist das private Netzwerk unabdingbar.

Ein wichtiger Aspekt, der von den Müttern in Führungspositionen genannt wurde, ist die Zeit. So mangelt es ihnen allen grundsätzlich an Zeit, da sie ein hohes Arbeitspensum bewältigen und danach nur noch für die wichtigsten Dinge innerhalb der Familie Zeit bleibt (vgl. ebd.). Nur durch ihre positive Einstellung zu ihrem Lebensmodell können sie diese Herausforderung bewältigen.

Bezüglich der Kinder herrscht unter den Befragten der Eindruck, dass sich ihr Lebensmodell positiv auswirkt, sofern die Kinder „zuverlässige und qualitativ hochwertige Kinderbetreuung…" (ebd. S. 25) genießen. Als besondere Herausforderung bezüglich der Kinder wird die wenige zur Verfügung stehende Zeit der Mütter für ihre Kinder genannt. Die Zeit jedoch, die nach der Arbeit mit den Kindern verbracht wird, wird von allen Müttern intensiv genutzt (vgl. ebd.).

Aus diesen Ergebnissen heraus interpretieren die Autorinnen der Studie, dass Mütter in Führungspositionen „…keinesfalls weniger motiviert und engagiert sind als andere Führungskräfte. Sie verfügen im Gegenteil über viele Ressourcen, die sie zusätzlich stärken, ihre Kompetenzen erweitern und ihnen neue Blickwinkel eröffnen. Sie stellen ein wichtiges Potenzial für die Unternehmen dar." (ebd. S. 26)

Weiterhin wurde für die Autorinnen deutlich, dass die Mütter in Führungspositionen „…sehr belastbar und stressresistent sind und ihre Zeit gut managen können." (ebd. S. 41) Diese Fähigkeiten sind zwar aus einer dauernden Zeitknappheit entstanden und viele Frauen wünschen sich mehr Zeit für sich selbst und persönliche Interessen, dennoch „…ist mehr als die Hälfte der Befragten (54 Prozent) mit ihrer Work-Life-Balance zufrieden, ein Zehntel (10 Prozent) ist sogar sehr zufrieden." (ebd. S. 42)

Bezüglich des Zeitpunktes, zu dem die Befragten Mütter in Führungspositionen ihre Kinder bekamen wurde festgestellt, dass es „…kein einheitliches Muster, das für den richtigen Zeitpunkt sprechen würde…" (ebd. S. 43) gibt. Der Befragung zufolge ist eine erfolgreiche Berufslaufbahn sowohl ohne als auch mit Kind(ern) möglich. Dennoch lässt sich den Zahlen zufolge eine Tendenz zur späten Mutterschaft feststellen. So war „…die Mehrheit der Frauen (…) zum Zeitpunkt der Geburt (…) älter als 30 Jahre und liegt damit über dem bundesweiten Durchschnitt" (Statistisches Bundesamt 2006).

Nach der Geburt fingen die meisten der Befragten sehr schnell wieder an zu arbeiten. Insbesondere diejenigen Frauen, die bei der Geburt bereits eine Führungsposition besetzten, kehrten besonders früh wieder in den Beruf zurück. „Insgesamt hat die große Mehrheit – zwei Drittel – der befragten Frauen ihre Berufstätigkeit nicht länger als sechs Monate unterbrochen." (ebd. S. 46)

Bezüglich ihrer Kinder waren die Befragten insgesamt sehr zufrieden mit deren Entwicklung. Zwar haben die Mütter immer einmal ein schlechtes Gewissen aufgrund der wenigen Zeit, die sie für ihre Kinder haben. Dennoch sind sie „…überzeugt, dass sich ihr Lebensmodell positiv auf die Kinder auswirkt und diese nicht unter ihrer Berufstätigkeit leiden." (ebd. S. 46) Die meisten Frauen beschäftigen sich in der vorhandenen Zeit sehr intensiv mit den Kindern, wodurch Zeiten, in denen sie sich seltener sehen ausgeglichen werden können (vgl. ebd.). Einige Frauen haben jedoch auch das Gefühl, eine weniger enge Bindung zu ihren Kindern zu haben, die sie mit ihrer eigenen häufigen Abwesenheit erklären. Dies bedauern sie sehr (vgl. ebd.). Betreut werden die Kinder während der Abwesenheit ihrer Mütter (und Väter) meist in öffentlichen Einrichtungen, die allerdings durch „…privat finanzierte Kinderbetreuung…" (ebd. S. 49) ergänzt wird. Diese Ergänzung ist notwendig, weil die öffentlichen Einrichtungen meist „…hinsichtlich der Qualität, der Dauer und Flexibilität der Betreuung…" (ebd. S. 48) nicht ausreichen. Partner und Großeltern der Kinder spielen im Wesentlichen auch als Ergänzung zu den sonstigen Betreuungsmöglichkeiten eine wichtige Rolle.

Bei der Befragung von Lukoschat und Walther zeigte sich, dass die Partner von Müttern in Führungspositionen mit 14 Prozent deutlich häufiger Elternzeit in Anspruch nehmen als der bundesweite Durchschnitt mit knapp 5 Prozent (vgl. ebd. S. 51). In den meisten Fällen ist der Partner genauso Vollzeit berufstätig und „…kümmert sich zu gleichen Teilen um Haushalt und Kinderbetreuung." (ebd. S. 52) In Krankheits- und anderen Ausnahmefällen kümmern sich zumeist Familienangehörige um die Kinder. Häufig werden die Mütter in Führungspositionen für ihr Lebensmodell kritisiert und zwar oftmals vom „…Freundeskreis, von den Nachbarn und von den Schwiegereltern…" (ebd. S. 54)

„Mehr als 80 Prozent der Teilnehmerinnen der Fallstudie üben ihre Führungsposition in einer Vollzeittätigkeit aus, deren wöchentlicher Umfang zwischen 40 und 60 Stunden liegt, teilweise bis zu 70 Stunden." (ebd. S. 54) Über die Hälfte der befragten Frauen sind auch nach der Geburt sofort wieder auf ihre Vollzeitstelle zurückgekehrt. In manchen Fällen gab es die Möglichkeit, teilweise von Zuhause aus zu arbeiten. Lediglich zwei der befragten Frauen teilten sich die Führungsposition mit jemandem, was von ihnen sehr positiv bewertet wurde (vgl. ebd.). Allerdings halten die Frauen, die ihre Führungsposition Vollzeit ausüben die Möglichkeit einer Teilzeitstelle für Führungskräfte für ausgeschlossen, wenngleich sie sich das Modell aus zeitlichen Gründen wünschen würden (vgl. ebd.). Die Frauen heben hingegen bezüglich der Arbeitszeit besonders hervor, dass sie sich hier mehr Flexibilität wünschen. So sind sie überzeugt davon, dass eine Unternehmenskultur wünschenswert wäre, „…in der Leistung zählt statt Anwesenheit." (ebd. S. 56) Solche Regelungen kämen ihnen insbesondere bei organisatorischen Engpässen, z. B. bei Krankheit der Kinder, entgegen. So wünschen sie sich die Freiheit, ihre Arbeit am Abend oder an Wochenenden erledigen zu können, sollte es sich nicht anders organisieren lassen (vgl. ebd.). 92 Prozent der Befragten wünscht sich Gleitzeit, also eben keine festen Arbeitszeiten (ebd.). Bezüglich des Arbeitsortes halten 89 Prozent der Frauen die Möglichkeit, „bei Bedarf zuhause arbeiten (zu) können" (ebd.) für erstrebenswert.

Ein weiteres Ergebnis der Studie von Lukoschat und Walther ist die Tatsache, dass die Unterstützung durch das Unternehmen von entscheidender Bedeutung für eine gelingende Vereinbarkeit von Familie und Beruf ist. So erfuhren „alle Teilnehmerinnen der Fallstudie (…) im Unternehmen dezidierte Unterstützung durch Vorgesetzte, durch (informelle) Mentoren oder die Personalabteilung." (ebd. S. 57) Die Frauen sehen sowohl beim Unternehmen als auch bei sich selbst eine Verpflichtung, miteinander zu kooperieren. „Beide Seiten müssen bereit sein, Kompromisse zu machen und aufeinander zuzugehen. Sie berichten von der Erfahrung, dass es wichtig und hilfreich sei, Erreichbarkeit zu signalisieren: Sie sind einerseits für die Kinder während der Arbeit erreichbar und andererseits für das Unternehmen, wenn sie zu Hause bzw. bei den Kindern sind." (ebd. S. 57) Alle Frauen sagten, dass in den meisten Fällen die Initiative von ihnen ausging und „…dass sie die Unterstützung des Unternehmens immer einfordern mussten und das Thema Vereinbarkeit noch keinen selbstverständlichen Platz im Betrieb einnimmt."(ebd. S. 58) Vielfach existiert demnach faktisch immer noch keine Unternehmenskultur, die die Vereinbarkeit von Familie und Beruf unterstützt, weder bei Müttern in Führungspositionen noch bei Müttern ohne Führungsrolle oder auch bei Männern. Es gibt keine klaren Regelungen beispielsweise zum Umgang mit Abwesenheitszeiten durch die Geburt eines Kindes und es muss immer im einzelnen Fall entschieden werden, wie mit entsprechendem Bedarf umgegangen wird. Hier liegt es dann insbesondere an der einzelnen betroffenen Frau, sich aktiv für ihre Belange einzusetzen und von sich aus Vorschläge zu machen, wie ihr Anliegen umgesetzt werden kann.

Des Weiteren fanden Lukoschat und Walther im Rahmen der Studie heraus, dass Familie für die Mütter in Führungspositionen eine Ressource darstellt (ebd. S. 61). So beschrieben die Frauen häufig, dass ihnen die Familie einen maßvolleren Umgang mit allen Bereichen des Lebens vor Augen geführt hat. Sie empfinden die Mutterschaft gar als Antrieb beruflich weiter erfolgreich zu sein, damit sie ihrer Familie etwas bieten können. Sie sind gezwungen, deutliche Prioritäten zu setzen und auch Aufgaben zu delegieren (vgl. ebd.).

Ein weiterer sehr entscheidender Faktor für das Gelingen einer Vereinbarkeit von Familie und Beruf ist die Unterstützung des Partners. So wünschen sich und brauchen die Frauen nicht nur die moralische Unterstützung durch ihren Mann, sondern die Väter kümmern sich auch in den meisten Fällen aktiv um Kinder und Haushalt (vgl. ebd. S. 64). Diese Männer müssen nicht nur mit der neuen Rollenverteilung gut umgehen können und wollen, sie müssen auch mit Widerständen im eigenen Umfeld zurechtkommen. Es ist innerhalb der Gesellschaft noch nicht selbstverständlich, dass Männer beispielsweise Elternzeit nehmen. So stellen die befragten Mütter in Führungspositionen fest, dass „…die mangelnde Anerkennung von außen (...) zu inneren Rollenkonflikten der Männer..." (ebd. S. 64) führe. Es lässt sich erkennen, dass hier ein weiteres wichtiges Feld für gesellschaftliche wie politische Entwicklungen liegt. „Etwa die Hälfte der Befragten hat erlebt, dass es für Männer deutlich schwieriger ist, Familienpflichten im Unternehmen zu kommunizieren und entsprechende Freiräume einzufordern – sei es Elternzeit oder flexible Arbeitsbedingungen." (ebd. S. 65) Die Verantwortung für mehr Zustimmung zur Verbindung der Lebensbereiche Arbeit und Familie sowohl durch Mütter als auch durch Väter sehen die Befragten bei den Unternehmen sowie der gesamten Gesellschaft.

Aus den Ergebnissen dieser Untersuchung heraus leiten Lukoschat und Walther nun Empfehlungen für Unternehmen, Politik und einzelne Personen ab.

Für Unternehmen bedeuten die Angaben, die die Mütter in Führungspositionen gemacht haben folgendes: Zum einen müssen dringend „Maßnahmen für eine vereinbarkeitsfreundliche Unternehmenskultur..." (ebd. S. 84) gefördert werden. Damit Eltern in Unternehmen weniger Ablehnung und Skepsis erfahren sollten demnach „...Unternehmensleitlinien, Führungsgrundsätze, Instrumente des Personalmanagements etc...." (ebd. S. 84) so angepasst werden, dass die Vereinbarkeitsthematik aufgegriffen und aktiv aufgegriffen wird.

Weiterhin halten Lukoschat und Walther es für unumgänglich, dass die Unternehmen „Vereinbarkeit für Väter thematisieren und fördern" (ebd. S. 84), um eine Geschlechtergerechtigkeit herzustellen und den Bedürfnissen der heutigen Zeit gerecht zu werden.

Die Autorinnen der Studie schlagen des Weiteren vor, dass die Vereinbarkeit von Familie und Beruf angemessen behandelt wird. So sollte Mitarbeitern, die eine Familie gründen wollen offen begegnet werden. Ihr Anliegen darf „...weder ignoriert noch überbetont werden." (ebd. S. 85) Dabei merken Lukoschat und Walther an, dass dieser Teil des Lebens von Mitarbeitern als Chance für das Unternehmen gesehen werden kann, da sich in der Studie gezeigt hat, dass Eltern neuen Antrieb und Fähigkeiten hinzugewinnen, die auch für den Beruf von großem Nutzen sein können.

Das entscheidende Instrument hierfür muss den Autorinnen zufolge das Personalmanagement sein. Nur wenn das Thema Vereinbarkeit von Familie und Beruf selbstverständlich in die Maßnahmen des Personalmanagements eingebunden ist, kann ein alltäglicher und vertrauter Ablauf gewährleistet werden. Eine enge Zusammenarbeit mit dem entsprechenden Mitarbeiter ist dabei unabdingbar.

Besonders deutlich wurde auch der Bedarf an flexiblen Arbeitsbedingungen. Hierbei geht es sowohl um Arbeitszeit als auch um den Arbeitsort (vgl. ebd.). Lukoschat und Walther schlagen vor, dass den Beschäftigten angeboten wird, „...bei Bedarf auch zu Hause zu arbeiten und die Arbeitszeiten (Beginn und Ende) den aktuellen Erfordernissen anzupassen." (ebd. S. 86) Sie schlagen hierfür Gleitzeitregelungen und Vertrauensarbeit vor. So wird den Mitarbeitern ermöglicht, Familie und Beruf besser zu vereinbaren.

Weiterhin fordern die Autorinnen, dass „aus jeglicher Leistungs- und Potenzial-bewertung (z. B. Beurteilungsverfahren) (...) „Anwesenheit" (z. B. Bereitschaft zu Überstunden) als Kriterium entfernt werden..." (ebd. S. 86) muss. Der Blick sollte also deutlich stärker auf tatsächlich erbrachte Leistung fokussiert werden und we-niger auf Arbeitszeiten bzw. Anwesenheit am Arbeitsplatz. Für besonders ent-scheidend halten die Autorinnen hierbei die Rolle der Führungskräfte, die eine solche Kultur vorleben können und müssen.

Zuletzt regen Lukoschat und Walther an, dass die Unternehmen ihre Mitarbeiter sowohl mit Informationen als auch mit konkreten Angeboten wie Kinderbetreuung unterstützen. So könnte es betriebliche Betreuungseinrichtungen oder Vereinba-rungen mit externen Einrichtungen geben, um den Mitarbeitern diesbezüglich un-terstützend zur Seite zu stehen. Auch ein „Back-up-Service" (ebd. S. 87) für Not-fälle sollte die Regel werden. Dies könnte beispielsweise bei Krankheit eines Kin-des eine Möglichkeit darstellen, auch dann eine Betreuungsmöglichkeit zu haben, wenn das Kind nicht in die öffentliche Betreuung gebracht werden kann.

Auch bezüglich politischer Maßnahmen machen die Autorinnen einige Vorschläge. So halten sie „Maßnahmen für den Abbau traditioneller Geschlechterrollen und eine familienfreundliche Gesellschaft..." (ebd. S. 87) für wichtig. Zudem müssen ihnen zufolge deutlich mehr Kinderbetreuungsplätze angeboten werden und auch der Zugang zu ihnen für alle Familien erleichtert werden. Dabei müsse ein hohes Maß an Qualität sichergestellt werden, da gerade diejenigen Eltern, die sich be-wusst für eine Vereinbarung von Familie und Beruf entscheiden, einen hohen An-spruch an die Kinderbetreuung haben.

Auch sollten „bürokratische Hürden für Kinderbetreuungseinrichtungen..." (ebd. S. 89) abgebaut werden, um potenziellen GründerInnen dies auch zu ermöglichen und so wiederum mehr Betreuungsplätze zu schaffen.

Zudem müssen Lukoschat und Walther zufolge mehr Informationsmöglichkei-ten über nicht-öffentliche Betreuungsangebote geschaffen werden.

In finanzieller Hinsicht halten es die Autorinnen für notwendig, dass das Steuer-recht Familien stärker begünstigt und dass Familie nicht an Ehe sondern an Kin-dern fest gemacht wird.

Neben den Empfehlungen für Unternehmen und Politik nennen die Autorinnen der Studie „Karrierek(n)ick Kinder" zuletzt einige „persönliche Erfolgsstrategien" (ebd. S. 90), die sich aus den Befragungen von Müttern in Führungspositionen ergeben. Hier nennen sie einige wichtige Faktoren für die Vereinbarkeit von Fami-lie und Beruf und machen aus den Erfahrungen der Teilnehmerinnen der Studie heraus Vorschläge bezüglich einer geeigneten Strategie.

Einen geeigneten Zeitpunkt für die Geburt von Kindern gibt es demnach nicht. Zwar lässt sich in der Untersuchung eine Tendenz zur späten Geburt mit bereits erfolgreicher Karriere erkennen, jedoch wird auch deutlich, dass es bei entsprechender Motivation und Belastbarkeit egal war, wann die Frauen ihre Kinder bekamen (vgl. ebd. S. 90).

Bedeutsam ist in jedem Fall, dass Frauen, die Beruf und Familie vereinbaren wollen, offensiv mit dem Thema umgehen und ihrem Chef signalisieren, dass sie sowohl die Interessen des Unternehmens als auch die persönlichen, auf die Familie bezogenen Belange im Blick behalten. Die Einstellung erfolgreicher Mütter in Führungspositionen ist von einem „…Geben und Nehmen gekennzeichnet." (ebd. S. 91)

Je weiter die Karriere vorangeschritten ist (und weiter voranschreiten soll) desto kürzer sollte den Autorinnen zufolge die Phase des Berufsausstiegs aufgrund der Geburt sein. In den meisten Fällen bietet sich daher ein ca. 6-monatiger Ausstieg an, länger als ein Jahr sollte er jedoch nicht dauern, „…da die berufliche Entwicklung sonst stark beeinträchtigt wird." (ebd. S. 91)

Die meisten Frauen arbeiten in Vollzeit und da sie dies aus verschiedenen Gründen auch befürworten, empfehlen auch die Autorinnen dieses Modell. Generell hängt dies jedoch vom jeweiligen Unternehmen und den entsprechenden sonstigen Bedingungen ab. Hinsichtlich des Arbeitsortes raten Lukoschat und Walther, sich beim Arbeitgeber für eine Flexibilisierung einzusetzen. Gleitzeitmodelle und die Möglichkeit, zu Hause zu arbeiten scheint den Müttern in Führungsposition die Situation deutlich zu erleichtern.

Weiterhin ist es ratsam, sich ein unterstützenden Umfeld sowohl in privater als auch beruflicher Hinsicht aufzubauen und seine Ambitionen immer wieder klar zu verkünden (vgl. ebd. S. 92).

Bezüglich des Partners ist es unerlässlich, dass dieser das von der Frau angestrebte Lebensmodell vollständig akzeptiert und bestenfalls auch mitträgt, indem er sich zu großen Teilen familiär engagiert.

Den Kindern sollte die Situation geduldig erklärt werden und durch entsprechende Schilderungen kann ihr Interesse geweckt werden. Der Studie zufolge sind durch ein solches Verhalten die Kinder in den meisten Fällen zufrieden mit dem Lebensmodell (vgl. ebd. S. 93).

Wichtige Eigenschaften, die sich Frauen, die Familie und Beruf vereinbaren wollen aneignen sollten sind insbesondere „Organisationsfähigkeit", „eine pragmatische Handlungsweise" und „psychische und physische Belastbarkeit" (ebd. S. 94).

Zuletzt empfehlen die Autorinnen, Vorurteilen entgegenzutreten, indem sich die betroffenen Frauen klar machen, warum sie dieses Lebensmodell gewählt haben und es dann entsprechend überzeugt und überzeugend vertreten können. Sie können so „…Verständnis und Akzeptanz erwirken…" (ebd. S. 94) und ohne Gewissensbisse leben.

Wie schon erwähnt ist „Karrierek(n)ick Kinder" (2006) die einzige repräsentative Studie zum Thema Vereinbarkeit von Familie und Beruf bei Müttern in Führungspositionen. Sie bietet einen guten Überblick über Situationen und die Probleme von Müttern, die auch beruflich erfolgreich sind. Im Rahmen dieser Arbeit soll nun diese Perspektive anhand von verschiedenen Einzelfällen vertieft werden. Es soll ein besseres Verständnis für die Lebenswelten der betroffenen Frauen erreicht werden, wozu der Blick vertiefend auf die Entwicklung hin zu Familie und Beruf gerichtet werden muss. Es soll hinterfragt werden, welche äußeren und inneren Einflüsse zu der Entscheidung für Kinder und Karriere geführt haben, da die Betrachtung der alltäglichen Organisation und der Rahmenbedingungen möglicherweise nicht ausreichen. Vielmehr muss gefragt werden, an welchen Punkten im Leben es wodurch zu welcher Entscheidung kam. So soll ein umfassendes Bild möglichst vieler Aspekte des Lebensmodells von Müttern in Führungspositionen entstehen. Dies kann weitere Schlüsse für Gesellschaft, Politik und auch einzelne Personen ermöglichen. Ziel ist es, durch ein intensives Befassen mit dem Thema ein größeres Verständnis für die Erfordernisse dieser (nicht mehr ganz) neuen Lebensmodelle zu erreichen.

Wie bereits angedeutet, fließen diverse Themenfelder in die Fragestellung dieser Arbeit ein. Hier soll nun weiterhin ein Überblick über die Forschungsergebnisse dieser Themenbereiche gegeben werden, um einen umfassenden Blick auf das Thema Vereinbarkeit von Familie und Beruf bei Müttern in Führungspositionen zu ermöglichen.

3.1.2. „Work-Life-Balance von Führungskräften"

Im Jahr 2003 hat die Kienbaum Management Consultants GmbH eine Studie zum Thema „Work-Life-Balance von Führungskräften" herausgegeben. Die Work-Life-Balance bezog sich auf die vier Bereiche Arbeit, Familie, Freizeit und Gesundheit. Für die vorliegende Arbeit sind die beiden Bereiche Arbeit und Familie von besonderer Bedeutung und sollen hier kurz dargestellt werden.

Ziel der Studie war es, Handlungsempfehlungen für Unternehmen, im Speziellen für die Personalabteilung sowie für Führungskräfte geben zu können. Der Fokus wurde dabei auf die zeitliche Belastung von Führungskräften gerichtet mit Blick auf die vier oben genannten Bereiche des Lebens – Arbeit, Familie, Freizeit und Gesundheit. (vgl. Kienbaum Management Consultants GmbH 2003)

Die repräsentative Studie fand in ganz Europa statt und es wurden ausschließlich Führungskräfte – beiden Geschlechts – befragt. Es zeigte sich, dass deutsche Führungskräfte jede Woche durchschnittlich 54 Stunden arbeiten und dass sich die Arbeitszeit gerade bei jungen Führungskräften in den letzten Jahren gesteigert hat (vgl. ebd.). Wie schon in der Studie von Lukoschat und Walther zeigte sich auch hier, dass sich die Führungskräfte „Zeitsouveränität" und eine „Leistungsbeurteilung nach Qualität der Aufgabenerfüllung" (ebd. S. 11) wünschen. Weiterhin zeigten sich nur 30% der befragten Führungskräfte zufrieden mit der Aufteilung ihrer Arbeitszeit. Hier lässt sich eine deutliche Parallele zu der Studie der Bertelsmann Stiftung erkennen (vgl. Lukoschat, Walther 2006, S. 24).

Auch die Handlungsfelder, die aus der Studie hervorgehen sind mit denen der vorher genannten Studie vergleichbar. Es geht um eine „ergebnisorientierte Arbeitszeitkultur" (Kienbaum Management Consultants GmbH 2003), flexible Arbeitszeitmodelle, die Möglichkeit der Teilzeitarbeit und „konsequentes Zeitmanagement" (ebd. S. 15). Aus dieser Studie geht zudem hervor, dass gerade Führungskräfte die Möglichkeit benötigen, Zeiten zu haben, in denen sie nicht von ihren Mitarbeitern gestört werden dürfen. So erhoffen sie sich eine effektivere Arbeitszeitnutzung (vgl. ebd.).

Bezüglich der Familie zeigte sich, dass „ über 80% der deutschen weiblichen Führungskräfte (...) keine Kinder (haben), während nur knapp ein Drittel ihrer Kolleginnen in anderen Ländern kinderlos ist." (ebd. S. 18) Bei den deutschen Männern in Führungspositionen hingegen haben 60% Kinder. Alle Führungskräfte betonen – wie auch in der Studie der Bertelsmann Stiftung – die hohe Bedeutung der Unterstützung durch den Partner. Weiterhin fällt auf, dass die tatsächliche und die gewünschte Erberbstätigkeitsaufteilung zwischen Mann und Frau in Deutschland deutlich auseinanderliegen. Im Jahr 2001 haben demnach 52,3% der Männer Vollzeit gearbeitet, während ihre Frauen nicht berufstätig waren (ebd. S. 21). Gewünscht hingegen ist von 32% dass beide Partner Vollzeit arbeiten, 42,9% wünschen sich, dass der Mann Vollzeit arbeitet und die Frau Teilzeit (vgl. ebd.). Dies zeigt den erhöhten Bedarf an einer Auseinandersetzung mit der Thematik Frau im Beruf aber auch Work-Life-Balance insgesamt.

Auch im Bereich Familie sind die Handlungsfelder der Kienbaum Studie vergleichbar mit denen der Bertelsmann Studie. So wird eine „Akzeptanz von Familienkarrieren" angestrebt, Arbeitszeitflexibilisierung sowie die „Ermöglichung von (...) Arbeit im Home Office" sowie „Unterstützung in Notsituationen" (ebd. S. 24). Hinzu kommt hier noch der Wunsch nach beständigem Kontakt auch während der Elternzeit sowie nach ausdrücklichen „Wiedereinstiegsphasen nach Elternzeit" (ebd. S. 24).

Aus den Bereichen Freizeit und Gesundheit lässt sich wie auch in der Bertelsmann Studie der Wunsch nach mehr Zeit für persönliche Interessen, Pflege von Freundschaften und Sport erkennen (vgl. ebd.).

Diese Studie hat ihren Fokus nicht allein auf Frauen und auch nicht ausschließlich auf Deutschland gerichtet und ist dennoch sehr vergleichbar mit der Studie der Bertelsmann Stiftung. Es lässt sich also feststellen, dass die von Lukoschat und Walther dargestellten Handlungsfelder nicht nur für Frauen in Führungspositionen sondern gleichermaßen auch für Männer gelten. Zudem wird im Vergleich mit anderen Ländern deutlich, dass es je nach örtlichen Gegebenheiten möglich ist, dass beispielsweise mehr Frauen Vollzeit arbeiten, beide Partner Elternzeit in Anspruch nehmen und Kinder vermehrt ganztags betreut werden.

3.1.3. „Führungskräfte und Familie"

Ein weiterer Leitfaden für den Umgang mit Work-Life-Balance durch Unternehmen entstand im Jahr 2008 aus dem Modellprojekt „Entwicklung und Stärkung von Führungskräften in der Familienphase" das von der Bundesversicherungsanstalt für Angestellte und der Europäischen Akademie für Frauen in Politik und Wirtschaft durchgeführt wurde.

Ein zentrales Ergebnis des Modelprojektes ist die Erkenntnis, dass Führungskräfte von den Unternehmen als „Bündnispartner" (Lukoschat, Bessing 2008, S. 10) gesehen werden müssen. Denn sie erkennen in hohem Maße die Interessen des Unternehmens, müssen sich um Vereinbarkeitsfragen bei ihren Mitarbeitern kümmern und natürlich ihre persönliche Work-Life-Balance gestalten (vgl. ebd.).

Ein weiteres Ergebnis des Modellprojektes und daraus resultierende Handlungsanweisung ist der Blick auf die Familie und ihre Pflichten aus verschiedenen Perspektiven. Zum einen soll unter Familie nicht nur die Betreuung von Kindern verstanden werden, sondern auch die Pflege von Verwandten. Zudem ist es zu kurz gefasst als Familie das klassische Modell, wie es besonders in den 50er Jahren vorherrschte, zu bezeichnen. Heutige Modelle sind deutlich vielfältiger und dementsprechend bestehen andere Anforderungen, wie beispielsweise in Patchwork Familien oder bei Alleinerziehenden. (vgl. ebd. S. 10).

Weiterhin macht der Leitfaden auf einen offenen Blick auf die Zielgruppe der Bemühungen von Unternehmen aufmerksam. So wird empfohlen, sich des Begriffs Work-Life-Balance zu bedienen um ausdrücklich alle Mitarbeiter des Unternehmens anzusprechen. Der Begriff umfasst dann nicht nur die Vereinbarkeit von Familie und Beruf, sondern auch andere Lebensbereiche, gerade auch für Menschen, die keine Kinder haben.

Zudem ist „Work-Life-Balance (...) für Unternehmen keine soziale Zugabe für Gut-Wetter-Zeiten, sondern sie hilft, Produktivitätspotenziale zu erschließen." (ebd. S. 11) Work-Life-Balance soll also in die Unternehmensstrategie eingebunden sein um den Anforderungen des heutigen Marktes gerecht zu bleiben und wettbewerbsfähig zu sein. Denn nur wenn die Mitarbeiter motiviert und engagiert sind, ist ein Unternehmen leistungsfähig.

Zuletzt wird hier betont, dass sowohl große als auch kleine Unternehmen sich mit dem Thema Work-Life-Balance befassen können und müssen. Dabei haben es große Unternehmen leichter, bestimmte „...Maßnahmen zu institutionalisieren..." (ebd. S. 12). Allerdings ist hier die Kommunikation von besonderer Bedeutung, da Informationen einen deutlich längeren Weg durch das Unternehmen haben. Kleine Unternehmen haben hingegen unter Umständen gewisse finanzielle Probleme hinsichtlich verschiedener Angebote wie Seminare. Dagegen fällt es ihnen oft leichter, Mitarbeiter zu unterstützen da die Wege kürzer und unbürokratischer sind. (vgl. ebd.)

3.2. Begriffsabgrenzung

Das Thema Work-Life-Balance wurde nun bereits vielfach erwähnt und in verschiedenem Zusammenhang erläutert. Dennoch soll an dieser Stelle nochmal explizit erwähnt werden, was den Begriff kennzeichnet und was er umfasst.

In Abgrenzung zum Begriff der Vereinbarkeit von Familie und Beruf lässt sich feststellen, dass hier viele Begriffe verwendet werden, die nicht klar voneinander abzugrenzen sind und in unterschiedlichen Zusammenhängen verwendet werden. Gerade innerhalb von Unternehmen wird der Begriff jedoch meist auf die Vereinbarkeit von Familie und Beruf bezogen. Wie man bei der oben genannten Studie der Kienbaum Consulting GmbH sehen konnte, wird der Begriff hier um die Bereiche Freizeit und Gesundheit (s. o.) ergänzt. Der Begriff wird also keinesfalls identisch verwendet was auch „... auf Probleme einer klaren Definition und Abgrenzung des Forschungsgegenstandes..." (Oechsle, Budrich 2010, S. 235) hinweist. Oechsle und Budrich erläutern die unterschiedliche Verwendung des Begriffs Work-Life-Balance folgendermaßen: Zum einen gibt es eine normative Verwendung des Begriffs, der sich auf „... die Vorstellung eines ganzen, gelungenen Lebens mit einer Balance der verschiedenen Lebensbereiche" (ebd. S. 234) bezieht. Weiterhin hat der Begriff eine Handlungsebene auf der sich zeigt, wie und wodurch Menschen es schaffen in ihrem Alltag eine Balance aus Beruf und Freizeit herzustellen. Das dazu notwendige Wissen kann in diverser Literatur und entsprechenden Seminaren erworben werden. Zudem gibt es laut Oechsle eine wissenschaftliche Ebene, die sich den verschiedenen Ebenen des Begriffs auf empirische und theoretische Weise annähert (vgl. ebd.).

„Auf der Ebene von Organisationen bezeichnet WLB betriebliche Praktiken und Maßnahmen zur Unterstützung einer besseren Balance von Arbeit und Leben der Beschäftigten; die Verwendung des Konzepts dient aber auch der Selbstdarstellung der Unternehmen und soll eine bestimmte Unternehmenskultur signalisieren." (ebd. S. 234)

Die Beruf und Familie GmbH, die im Jahr 1998 von der Gemeinnützigen Hertie-Stiftung gegründet wurde, hat für Organisationen und Unternehmen das audit berufundfamilie entwickelt, um den Fragestellungen von Work-Life-Balance in diesem Bereich gerecht werden zu können. So wird es als „strategisches Managementinstrument zur besseren Vereinbarkeit von Familie und Beruf" (http://www.beruf-und-familie.de/index.php?c=21, 30.05.2012) bezeichnet. Es ist das Angebot an Unternehmen, sich bezüglich des Themas Vereinbarkeit von Familie und Beruf beraten und zertifizieren zu lassen. Dazu wird zunächst ermittelt, welchen Stand das Unternehmen hinsichtlich des Themas hat. Daraufhin werden anhand der folgenden acht Handlungsfelder die Möglichkeiten des Unternehmens ermittelt und Ziele bestimmt: Arbeitszeit, Arbeitsorganisation, Arbeitsort, Information und Kommunikation, Führung, Personalentwicklung, Entgeltbestandteile und geldwerte

Leistungen und Service für Familien (vgl. ebd.). Ziel ist es zum einen, das Unternehmen für Mitarbeiter attraktiver zu machen, entsprechend leichter an qualifizierte Mitarbeiter heranzukommen und die Außenwirkung, insbesondere auf Kunden, zu verbessern. (vgl. ebd.)

Hier fällt auf, dass die Handlungsfelder des audit berufundfamilie vergleichbar sind mit denen, die Lukoschat und Walther (2006) als Ergebnis ihrer Studie mit Müttern in Führungspositionen vorgelegt haben. Es lässt sich demnach vermuten, dass die Probleme und Handlungsbedarfe von Führungskräften nicht maßgeblich von denen von Mitarbeitern ohne Führungsverantwortung unterscheiden.

Die drei oben beschriebenen Studien befassen sich also recht genau mit dem Thema dieser Arbeit „die Vereinbarkeit von Familie und Beruf bei Müttern in Führungspositionen". Die Ergebnisse sind sehr ähnlich und zeigen alle den Bedarf, sich gerade mit Work-Life-Balance bei Führungskräften zu befassen, da diese Zielgruppe in besonderem Maße persönlich aber auch in Bezug auf ihre jeweiligen Mitarbeiter von der Thematik betroffen ist. Es zeigt sich insbesondere, dass das Thema Arbeitszeit und Arbeitsort von großer Bedeutung für die Vereinbarkeit von Familie und Beruf bei Führungskräften ist. Es ist offensichtlich, dass sich mehr Frauen wünschen, (Vollzeit) berufstätig zu sein und Männer sich zunehmend wünschen, mehr Zeit für die Familie zu haben.

3.3. Angrenzende Bereiche

Nachdem nun der Blick recht eng auf das eigentliche Thema der Arbeit „die Vereinbarkeit von Familie und Beruf bei Müttern in Führungspositionen" gerichtet wurde soll nun ein kurzer Überblick über die aktuelle Literatur der angrenzenden Themenbereiche gegeben werden.

Das Thema Frauen in Führungspositionen wird seit einigen Jahren heiß diskutiert. Hier geht es zum einen um die Tatsache, dass in Deutschland so wenige Frauen in Führungspositionen sind, woraufhin die Politik über eine verbindliche Frauenquote in Unternehmen diskutiert. „Frauen nahmen 2010 nur 3,2 Prozent der Vorstandssitze ein." (Holst, Schimeta 2011, S. 12) Zudem besteht zwischen Männern und Frauen offenbar nach wie vor ein wesentlicher Gehaltsunterschied. So verdienen vollzeitbeschäftige Frauen im Vergleich zu vollzeitbeschäftigten Männern 38% weniger (Holst, Schrooten 2006. S. 370). Weiterhin ist festzustellen, dass Frauen in kleinen Unternehmen deutlich häufiger Führungspositionen besetzen als in großen Betrieben. (Kohaut, Möller 2010)

Über die Gründe dafür, dass Frauen seltener in Führungspositionen vertreten sind und auch weniger Geld verdienen als die männliche Vergleichsgruppe wird viel spekuliert. „Die Ausfallzeiten von Frauen während der Familienbildungsphase überschneiden sich zeitlich oft mit der wichtigen Phase der Karrierebildung. Dies wirkt sich nachteilig auf den Karrierestart, aber auch auf die spätere Karriere von Frauen aus." (ebd.) Zudem ergreifen Frauen häufiger Berufe, die grundsätzlich schlechter bezahlt werden. Durch den zunehmenden Fachkräftemangel jedoch ist zu vermuten, dass Frauen als Fachkräfte immer interessanter für Unternehmen werden und dass sich allein hierdurch einiges an der ungleichen Verteilung ändern wird. (vgl. ebd.)

Ein weiterer Grund, der hier gesehen wird ist die Tatsache, dass es Frauen schlicht aufgrund ihrer weiblichen Verhaltensweise in der männerdominierten Berufswelt schwer haben, sich zu behaupten. "Wenn Frauen Karriere machen wollen, müssen sie sich den von den Männern bestimmten Normen im Wirtschaftsleben anpassen. Dies gilt umso mehr, wenn Spitzenpositionen erreicht werden sollen." (Holst 2005, S. 53)

Lösungen für diese Problematik werden beispielsweise in der frühzeitigen Förderung junger Frauen durch Unternehmen gesehen, aber auch in Möglichkeiten zur Vereinbarkeit von Familie und Beruf (Holst, Schrooten 2006).

Neben den Problemen bezüglich Frauen in Führungspositionen ist davon abgegrenzt auch der Blick auf berufstätige Mütter im Allgemeinen zu richten. Wenn man die letzten 60 Jahre in der Bundesrepublik Deutschland bezüglich des vorherrschenden Familienbildes betrachtet so wird schnell deutlich, dass sich hier eine radikale Wende vollzogen hat. So existiert das klassische „Ernährer-Hausfrau/Zuverdienerin-Modell" (Budde 1997, S. 20) heute nur noch selten. Heute sind 64,5% der Mütter berufstätig und 78,2% der Frauen ohne Kind üben einen Beruf aus (Familienreport 2011, S. 49). Dies ist unter anderem auf den „Wandel im Geschlechterverhältnis" (Öchsle-Grauvogel 2009, S. 45) zurückzuführen. Familie wird innerhalb der modernen Gesellschaft nicht mehr als so attraktiv bezeichnet, dass sich ein erwachsenes Mitglied vollständig damit befassen wollte. Zudem sind Frauen heutzutage gleichermaßen an Bildung beteiligt wie Männer und möchten ihre Fähigkeiten und Kenntnisse im Berufsleben unter Beweis stellen (vgl. ebd.). Die „…Zustimmung zur traditionellen Arbeitsteilung (ist) stark zurück gegangen, dies führt zu vermehrten Aushandlungsprozessen in Partnerschaft und Familie." (ebd. S. 45)

Ein damit eng verknüpfter Bereich ist der Diskurs um Gleichberechtigung der Geschlechter. Hierbei wird vielfach die Arbeit als Aufhänger für Gerechtigkeitsfragen diskutiert. „Politik, die auf die Beendigung von Ungleichheit zwischen Klassen, den Geschlechtern oder verschiedenen ethnischen Gruppen im Erwerbsleben abzielt, wird gezwungener Maßen zentrale gesellschaftliche Fragen nach materieller und symbolischer Umverteilung, nach Funktion und Bewertung von „Arbeit" und nach Gerechtigkeit stellen." (Wahl 1999, S. 11) Berufliche Gleichstellung ist also ein wesentlicher Punkt von allgemeinen Gleichstellungsfragen. So ist der Zugang zum

Arbeitsmarkt ein wesentliches Merkmal für Chancengleichheit. Es geht also um die generelle Möglichkeit, dass Frauen genauso wie Männer einen Beruf ausüben, dadurch unabhängig sind und natürlich auch gleichermaßen entlohnt werden (s. o.).

„Die Versprechen der Moderne – Autonomie und Individualität – sie sind nicht in der Familie zu finden, sondern in Bildung und Erwerbsarbeit und entsprechend groß ist die Sogwirkung dieser Bereiche für Frauen. Die steigende Bildungs- und Erwerbsbeteiligung von Frauen führt aber nicht zu einer egalitären Arbeitsteilung zwischen den Geschlechtern – noch immer übernehmen Frauen mehr an Verantwortung für die alltägliche Familien- und Hausarbeit, sie verwenden deutlich mehr Zeit dafür als ihre Partner und ihre Erwerbsintegration ist durch diese Verpflichtungen limitiert – mit allen Nachteilen, die damit verbunden sind." (Öchsle-Grauvogel 2009, S. 45)

Gemessen an der Studie von Lukoschat und Walther (2006) lässt sich zunächst natürlich feststellen, dass diejenigen Mütter, die eine Führungsposition innehaben ihren eigenen Schilderungen nach natürlich eine Gleichberechtigung gegenüber ihren Partnern erreicht haben. So sind diese Frauen meist Vollzeit berufstätig und müssen (oder können) sich oftmals nicht um den Haushalt kümmern. Allerdings konnte man anhand der oben beschriebenen Studien auch feststellen, dass Mütter in Führungspositionen in Deutschland nach wie vor eine Seltenheit sind.

Zudem ist auch zu berücksichtigen, dass in den meisten Fällen Mütter in Führungspositionen einen Partner haben, der sich zu einem großen Teil um Familie und Haushalt kümmert. Es ist zu bedenken, dass hier in einigen Fällen der Mann beruflich zurück tritt, um der Frau die Karriere zu ermöglichen. Im Rahmen der Gleichberechtigungsüberlegungen ist hier selbstverständlich auch der Mann in seiner Rolle im Blick zu behalten. Ein schlichter Rollentausch ist sicherlich nicht das angestrebte Ziel.

Innerhalb von Politik und Unternehmen wird das Thema Gleichberechtigung unter verschiedenen Namen behandelt. Viele Unternehmen schreiben sich auf die Fahnen, sich in besonderem Maße mit Fragen der Geschlechtergerechtigkeit zu befassen und auch die Politik befasst sich in verschiedenen Bereichen mit der Thematik. „…Angefangen von Konzepten zu „Frauenförderung" über „Gleichstellung" bis hin zu aktuellen Konzepten von „Gender Mainstreaming" in Politik und Verwaltung bzw. „Managing Diversity" in Wirtschaftsunternehmen." (Schlamelcher 2011, S. 15) Dies ist also ein weites Feld und es wird deutlich, dass es einige Überschneidungspunkte mit dem Thema dieser Arbeit gibt. Dennoch soll an dieser Stelle nur erwähnt sein, dass die Gleichberechtigungsdebatte ein Teilaspekt des Themas ist, der hier allerdings nicht tiefergehend betrachtet werden soll um entsprechenden Raum für die eigentliche Thematik zu haben. Wichtig ist es demnach, sich bewusst zu machen, welche unterschiedlichen Aspekte hier eine Rolle spielen um mit angemessener Offenheit an das Thema heranzutreten.

Es wurde also deutlich, dass das Thema „Die Vereinbarkeit von Familie und Beruf bei Müttern in Führungspositionen" sehr komplex ist. Es lässt sich nur vor dem Hintergrund der genannten anderen Themen betrachten, wobei hier sicher noch nicht alle Aspekte genannt wurden, die dazugehören. Ziel dieses Einblicks in die Bereiche ist vielmehr aufzuzeigen, wie vielschichtig das Thema ist und welche Bereiche potenziell mit zu berücksichtigen sind, wenn man die Lebensmodelle von Müttern in Führungspositionen betrachtet.

Insgesamt fällt auf, dass viel über politische Rahmenbedingungen wie das Angebot von Kindertagesstätten etc. gesprochen wird. Sicherlich ist jedoch auch zu berücksichtigen, welche gesellschaftlichen Entwicklungen und andere Einflüsse auf die Entscheidung für Kinder und Karriere einwirken. Daraus kann sich möglicherweise ein vollständigeres Gesamtbild der Bedürfnisse und Wünsche von Müttern in Führungspositionen und im Beruf generell ergeben. Anhand der Interviews wird zu untersuchen sein, welche Faktoren für das Gelingen der Vereinbarkeit von Familie und Beruf bei Müttern in Führungspositionen eine Rolle spielen.

4. Empirische Untersuchung

Nachdem nun die aktuelle Forschung zum Thema „Die Vereinbarkeit von Familie und Beruf bei Müttern in Führungspositionen" dargestellt wurde, soll im folgenden Kapitel das methodische vorgehen beschrieben und begründet werden. Dazu wird zunächst die Fragestellung dieser Arbeit dargestellt, woraufhin die Datener-hebungsmethode erklärt, die Datenerhebung beschrieben und die Datenauswer-tung erläutert wird.

4.1. Fragestellung

Gegenstand dieser Untersuchung ist die Vereinbarkeit von Familie und Beruf bei Müttern in Führungspositionen. Dabei sollen die Lebensmodelle entsprechender Frauen betrachtet werden, um daraufhin Aussagen über ihre Situation und ihre Bedürfnisse machen zu können. So soll eine Lücke in der derzeitigen Debatte geschlossen werden, die den Blick nicht ausreichend auf Mütter in Führungsposi-tionen legt. Diese Zielgruppe scheint einen beispielhaften Einblick in die Proble-matik „Vereinbarkeit von Familie und Beruf" zu bieten, die sich dann auch auf Müt-ter (sowie auch Väter) in anderen beruflichen Positionen übertragen lässt. Diese Frauen sind beruflich besonders eingespannt und erleben somit eine verschärfte Problematik, andererseits sind sie auch Vorbilder für die wichtige Zielgruppe Frau im Beruf.

Der Fokus liegt dabei einerseits auf dem früheren Lebensplan der befragten Personen, also den Vorstellungen von ihrem Leben, die sie noch vor Beginn ihrer Karriere und der Familiengründung hatten. Zudem sollen die Entwicklungsschritte hin zu ihrem jetzigen Lebensmodell, sowie die aktuelle Alltagssituation betrachtet werden. So soll ein umfassender Blick auf die Lebenswelt der Mütter in Führungs-positionen ermöglicht werden sowie auf die Faktoren, die sie positiv wie negativ beeinflussen. Dieser weite Blick auf die Vereinbarkeit von Familie und Beruf der Mütter in Führungspositionen soll einen Beitrag zur aktuellen Debatte leisten, wo-bei hier bewusst nicht nur der Alltag der Frauen, sondern auch die bisherige Bio-grafie beleuchtet werden soll, um gegebenenfalls breitere Erkenntnisse über ihr Leben und die damit verbundenen individuellen, aber auch politischen wie gesell-schaftlichen Bedarfe zu gewinnen.

Um diese Einblicke gewinnen zu können, werden drei Einzelfälle betrachtet. Diese Fälle sollen intensive Erkenntnisse über individuelle Lebenswelten bieten.

4.2. Datenerhebungsmethode

Für die intensive Untersuchung der Vereinbarkeit von Familie und Beruf bei Müttern in Führungspositionen bietet sich die qualitative Forschung in besonderem Maße an. Sie ermöglicht es, die „subjektiven und sozialen Bedeutungen" (Flick 2011, S. 29) des Forschungsgegenstandes für Menschen zu beleuchten. Dabei sollen „Zusammenhänge (...) im konkreten Kontext des Falls beschrieben und aus ihm heraus erklärt" (ebd.) werden. Es geht also um individuelle Sichtweisen vor dem Hintergrund gesellschaftlicher Realitäten. Da es in dieser Arbeit und die Realitäten und das Erleben der Mütter in Führungspositionen geht, erscheint die qualitative Forschung als die geeignetste Methode. Nur so kann der Forscher mit einer völligen Offenheit gegenüber allen für die Frauen relevanten Themenbereichen forschen. Dabei nimmt sich der Forscher nicht aus dem Forschungsprozess heraus, sondern betrachtet sich als ein Teil davon, der reflexiv mit seinen „Beobachtungen im Feld, seine(n) Eindrücken, Irritationen, Einflüsse(n), Gefühle(n) etc." (ebd.) umgeht.

4.2.1. Biografische Narrationsanalyse

Als konkrete Erhebungsmethode bietet sich die biografische Narrationsanalyse an. Es geht also um die Frage nach der persönlichen Identität der Mütter in Führungspositionen, wie sie sich im Verlaufe ihres Lebens entwickelt hat. Es interessiert hier, wie die Frauen mit bestimmten Erfahrungen umgegangen sind, aus denen heraus sich dann ein einheitliches Bild ihres Selbst entwickelt (vgl. Przyborski, Wohlrab-Sahr 2010, S. 44). Bei der Narrationsanalyse geht es dann „um die Unterscheidung zwischen den bekundeten Handlungsabsichten und Theorien über das eigene Selbst einerseits und der sich „im Schatten" dieser Theorien dokumentierenden Handlungspraxis sowie den Prozessen des Erleidens andererseits" (ebd. S. 34). Dabei ist davon auszugehen, dass die Interviewpartnerinnen ihr „handlungsanleitendes Wissen" (ebd.) nicht ausdrücklich benennen, sondern dass es vielmehr vom Forscher aus ihren Berichten über ihr Leben herausgelesen und interpretiert werden muss (vgl. ebd.). Es ist also davon auszugehen, dass die dem Interviewpartner „spezifische Sicht der Dinge einen Ausdruck in der Art seines Handelns finde(t)" (Sackmann 2007, S. 64).

Um also einen Zugang zu den individuellen Erfahrungen der interviewten Mütter in Führungspositionen zu finden, wurde für diese Arbeit das narrative Interview als Datenerhebungsmethode ausgewählt. Kennzeichnend für diese Interviewmethode ist die starke Zurückhaltung des Forschers, während der Interviewpartner zu Beginn anhand einer „Erzählaufforderung" (ebd.) dazu stimuliert wird, nahezu unbeeinflusst seine Erfahrungen wiederzugeben. Gerade bei der Betrachtung der

Vereinbarkeit von Familie und Beruf bei Müttern in Führungspositionen interessieren diejenigen Inhalte, die die Frauen als relevant einstufen. So kann herausgefunden werden, welche Dinge ihnen persönlich wichtig erscheinen für die Vereinbarkeit von Familie und Beruf. Mit der Eingangsfrage soll durchaus eine „Fokussierung" (ebd. S. 65) erreicht werden. Es geht also nicht darum, den Erzählstimulus völlig offen zu halten, vielmehr reicht es aus, auf die „Prozessstruktur" (Przyborski, Wohlrab-Sahr 2010, S. 95), in diesem Fall des Themas Vereinbarkeit von Familie und Beruf, abzuzielen. Im Falle dieser Arbeit wurde den Interviewpartnerinnen folgende Eingangsfrage gestellt:

„Ich bitte Sie zu erzählen, wie es dazu kam, dass sie ein Kind und eine Führungsposition haben. Erzählen Sie ruhig ausführlich alle Ereignisse, die Ihrer Meinung nach zu dieser Entwicklung dazugehören."

Diese Frage ist also einerseits sehr offen gehalten und ermöglicht den interviewten Frauen, selbst zu entscheiden, welchen Schwerpunkt sie in ihrer Erzählung bezüglich der Vereinbarkeit von Familie und Beruf setzen. Andererseits besteht auch eine gewisse Eingrenzung auf den zu erforschenden Themenbereich, indem nach der Entwicklung hin zu Kind und Karriere gefragt wird. Auf diese Frage hin sollen die befragten Mütter in Führungspositionen also die Möglichkeit haben, ausführlich und ohne Unterbrechungen seitens des Interviewers von ihren Erfahrungen zu berichten. Während dieser Erzählung zeigt der Interviewer sein Interesse, indem er nickt, den Blickkontakt hält und sich interessiert zeigt (vgl. ebd. S. 98). Erst, wenn die Erzählsequenz eindeutig beendet ist, hat der Interviewer die Möglichkeit, weitere Fragen zu stellen.

4.2.2. Interviewleitfaden

Für diese Arbeit wurde ein Interviewleitfaden erstellt, an dem sich die Interviewerin orientieren kann (siehe Anhang). Dieser Leitfaden ist in drei Bereiche aufgeteilt. Zum einen soll – sofern dies nicht bereits in der Eingangssequenz geschehen ist – auf den Lebensplan der Frauen eingegangen werden. Mögliche Fragen lauten hier:

- War es für Sie immer schon klar, wie sich ihr Leben gestalten sollte?
- Wussten Sie immer schon, dass und wann Sie Kinder bekommen wollten?
- Wussten Sie immer schon, dass Sie beruflich etwas erreichen wollten?

Diese Fragen sollen also die Möglichkeit eröffnen, genaueres über den Lebensplan der Frauen zu erfahren, sofern sie ihre Erzählungen in der Eingangssequenz beispielsweise auf die Gegenwart beschränken.

Weiterhin soll im Rahmen des Interviews herausgefunden werden, welchen Weg hin zu Kindern und Karriere die Frauen gegangen sind. Mögliche Fragen hierzu sind folgende:

- Wie kam es zu der Entscheidung für den jetzigen Beruf?
- Wie kam es zu der Entscheidung, Kinder zu wollen?
- Welche Umstände haben zu der heutigen Situation geführt?
- Welche Faktoren haben Ihre Entscheidungen beeinflusst?

Auch diese Fragen müssen nicht gestellt werden, vielmehr dienen sie der Interviewerin zur Orientierung und können dann gestellt werden, wenn die Interviewpartnerinnen nicht von selbst auf die Themen zu sprechen kommen.
Der dritte Bereich, der im Interview besonders interessiert und im Zweifel auch durch Nachfragen untersucht werden soll, ist der nach der heutigen Situation:

- Wie sieht Ihr Alltag aus und wie organisieren Sie sich?
- Wodurch erfahren Sie Unterstützung und was hemmt Sie in der Vereinbarkeit von Familie und Beruf? (Soziale Netzwerke)
- Was wünschen Sie sich bezüglich der Vereinbarkeit von Familie und Beruf?

Mit den Fragen soll versucht werden, „weitere Narrationen zu den Bereich hervorzulocken, die bisher noch ausgeklammert blieben" (Przyborski, Wohlrab-Sahr 2010, S. 99). Erst am Ende des Interviews können noch einige Fakten über die Interviewpartnerinnen nachgefragt werden, die für das Gesamtverständnis wichtig sind. Im Falle dieser Arbeit soll – sofern nicht während des Interviews erwähnt – nach folgenden Fakten gefragt werden:

- Ausbildung
- Qualifikation
- Position im Unternehmen
- Anzahl Mitarbeiter
- Arbeitszeiten
- Einstellung des Unternehmens zum Thema/ Personalentwicklungsmaßnahmen
- Familienstand
- Unterstützungsleistungen
- Alter des Kindes

Der Leitfaden soll hier also als Gedankenstütze für die Interviewerin dienen, die den Nachfrageteil des Interviews so inhaltlich auf ihr Forschungsinteresse hin strukturieren kann. Diese Form des narrativen, leitfadengestützten Interviews wurde hier gewählt, um der Thematik eine gewisse Rahmung zu geben, die dann auch zum Umfang dieser Arbeit passt. Es kann nicht das Ziel sein, sich auf diesen Leitfaden festzulegen und ihn regelrecht „runterzuarbeiten". Vielmehr soll er die Möglichkeit bieten, die drei Schwerpunkte der Forschung im Blick zu behalten und in ihrem Rahmen weitere Narrationsphasen zu ermöglichen. Dabei müssen nicht alle im Leitfaden aufgeführten Fragen tatsächlich gestellt werden, sie bieten lediglich die Möglichkeit, auf Bereiche einzugehen, die die Interviewpartnerinnen nicht von selbst erwähnen.

Da es bei dem Thema „Die Vereinbarkeit von Familie und Beruf bei Müttern in Führungspositionen" um einen Einblick in persönliche Erfahrungen und Lebenswelten gehen soll, kann nur die Biografieforschung und im Speziellen das narrative Interview als geeignete Forschungsmethode in Frage kommen. Nur so können subjektive Sichtweisen erfasst werden, die von äußerer Lenkung beeinflusst sind.

4.3. Datenerhebung

Folgendes Kapitel beschreibt die Erhebung Daten. Hierbei wird zunächst auf die Fallauswahl eingegangen, woraufhin Durchführung der Interviews beschrieben wird.

4.3.1. Fallauswahl

Die Auswahl der Interviewpartnerinnen ist bereits durch den Titel dieser Arbeit relativ deutlich eingegrenzt. Es sollen also Mütter befragt werden, die Karriere machen. Dabei ist es wichtig, dass diese Frauen sich aktuell in der Situation befinden, Familie und Karriere zu vereinbaren, damit sie aus ihren derzeitigen Erfahrungen heraus ihr Erleben erzählen können. Demnach soll die Zielgruppe weiblich, im Alter zwischen ca. 25 und 50 Jahren sein und aktuell eine Führungsposition innehaben. Um eine gewisse Vergleichbarkeit herzustellen, sollen die Frauen eine mittlere Führungsposition (z. B. Gruppenleitung, Abteilungsleitung) in einem Unternehmen der freien Wirtschaft besetzen. Zum einen sind mittlere Führungspositionen häufiger von Frauen besetzt als hohe Führungspositionen. Zudem sind diese Frauen wahrscheinlich auch leichter erreichbar und können sich ausreichend Zeit für ein Interview nehmen. Ein narratives Interview setzt voraus, dass die Interviewpartner ein Alter erreicht haben, in dem sie die sprachlichen sowie die intellektuellen aber auch die entsprechenden Erfahrungen gesammelt haben, die eine ausführliche Erzählung ermöglichen (vgl. Przyborski, Wohlrab-Sahr 2010, S. 96). Diese Voraussetzungen sind bei der Zielgruppe anzunehmen.

Da bei qualitativer Forschung generell und im Falle dieser Arbeit im Speziellen nicht von einer Repräsentativität der Ergebnisse gesprochen werden kann, liegt der Fokus darauf, „die Strukturiertheit des Phänomens und das Spektrum seiner Ausprägungen zu erfassen" (ebd. S. 176).

Bei der Auswahl der Interviewpartnerinnen spielten zudem rein praktische und organisatorische Gründe eine Rolle. Da es nicht einfach war, passende Interviewpartnerinnen zu finden, war die Auswahl im Wesentlichen durch Kontakte bestimmt, die sich durch Mund-zu-Mund-Propaganda im Umfeld der Interviewerin anboten. Nachdem vier Interviews im Abstand von einigen Tagen bis mehreren Wochen stattgefunden hatten zeichnete sich ab, dass genug Material erhoben wurde, da die Fälle einerseits sehr komplex, andererseits sehr kontrastreich waren.

4.3.2. Durchführung der Interviews

Wie bereits erwähnt entstanden die Kontakte zu den Interviewpartnerinnen über Freunde und Bekannte der Interviewerin, eine Interviewpartnerin war persönlich bekannt. Nachdem sich die Frauen bereit erklärt hatten, an einem Interview über ihre Erfahrungen zum Thema „Die Vereinbarkeit von Familie und Beruf bei Müttern in Führungspositionen" teilzunehmen, wurden sie per Email darüber informiert, dass die Interviews anonymisiert werden und es wurden Termin und Ort des Interviews abgesprochen. Zudem wurden alle Frauen darüber informiert, dass das Interview per Tonband aufgenommen wird und 1-2 Stunden dauern würde. Die Frauen kannten also das Thema der Arbeit, weitere Informationen darüber wurden vor dem Interview jedoch nicht ausgetauscht, um sie nicht in eine bestimmte Richtung zu lenken.

Insgesamt wurden vier Frauen interviewt, wobei ein Interview insbesondere aus zeitlichen Gründen bei der Auswertung nicht berücksichtig wurde.

Das Interview mit Frau Freidinger fand in ihrem Privathaus statt, wohin sie die Interviewerin eingeladen hatte. Die Atmosphäre war ruhig und das Interview konnte beginnen, nachdem Frau Freidinger erneut auf den Datenschutz und die Tonbandaufnahme aufmerksam gemacht wurde. Frau Freidinger erklärte sich damit einverstanden und die Interviewerin begann das Interview mit der oben genannten Eingangsfrage. Frau Freidinger erzählte daraufhin wie erhofft sehr ausführlich, sie schien regelrecht froh darüber zu sein, dass sich jemand für sie und ihre Probleme interessierte. Trotz zweier Störungen aufgrund von Telefonanrufen seitens Kindergarten und Unternehmen fand sie sehr schnell und nahtlos wieder ins Interview zurück. Das Interview dauerte insgesamt 60 Minuten und 29 Sekunden.

Frau Meyer-Baron hatte dazu eingeladen, das Interview in ihrem Büro zu führen. Zwar konnte die Tür geschlossen werden, dennoch war eine gewisse Unruhe spürbar. Zudem schien die Interviewpartnerin etwas nervös zu sein, was auch ein Grund für das Misslingen der Erzählstimulation gewesen sein kann. Auch sie wurde erneut über den Datenschutz und die Tonbandaufnahme informiert, wozu sie ihre Zustimmung gab. Insgesamt war die Atmosphäre etwas unruhig, Frau Meyer-Baron schien nervös und unkonzentriert und sprach sehr schnell. Frau Meyer-Baron ist Französin, ihre Deutschkenntnisse sind jedoch sehr gut. Dennoch schienen die leichten sprachlichen Unsicherheiten etwas zu ihrer allgemeinen Aufregung beizutragen, was sich jedoch im Laufe des Interviews deutlich besserte. Das Interview war mit 38 Minuten und 59 Sekunden das kürzeste.

Das Interview mit Frau Abel-Dupont fand in ihrer Privatwohnung in Berlin statt, wohin sie die Interviewerin eingeladen hatte. Die Atmosphäre war aufgrund der Bekanntschaft zwischen Interviewerin und Frau Abel-Dupont sehr angenehm und auch sie schien gerne über das Thema Vereinbarkeit von Familie und Beruf zu sprechen. Nachdem auch sie dem Datenschutz und der Tonbandaufnahme zugestimmt hatte, begann das Interview schnell mit der Eingangsfrage, die die gewünschte narrative Sequenz hervorrief. Insgesamt war sie sehr entspannt und erzählte offen von ihren Erfahrungen. Das Interview dauerte 57 Minuten und 56 Sekunden.

4.4. Datenauswertung

4.4.1. Transkription

Um die geführten Interviews interpretieren zu können und um daraufhin Theorien zu bilden, müssen sie transkribiert werden. Nur so kann man „auf die Beobachtungen systematisch zugreifen" (Przyborski, Wohlrab-Sahr 2010, S. 161) und „Interpretationen eindeutig auf die einzelnen Text(...)ausschnitte zurückführen" (ebd.). Zudem ist dies die einzige Möglichkeit, die Interpretation auch für andere nachvollziehbar zu machen (vgl. ebd.).

Bei der Transkription der Interviews ist zum einen die Anonymisierung aller Daten zu berücksichtigen. Zudem müssen beispielsweise bestimmte „nonverbale Phänomene wie Intonation und Modulation" (ebd. S162), sowie „Geschwindigkeit (und) Lautstärke" (ebd.) kenntlich gemacht werden.

Die Interviews dieser Arbeit wurden anhand des Transkriptionssystems TiQ erfasst. Folgende Zeichen wurden dabei verwendet (vgl. ebd. S. 166):

	Beginn einer Überlappung bzw. direkter Anschluss beim Sprecher-wechsel
(.)	Kurzes Absetzen, Zeiteinheiten bis knapp unter einer Sekunde
(3)	Anzahl der Sekunden, die eine Pause dauert
Nein	Betonung
Nein	Laut
°nee°	Sehr leise
.	Stark sinkende Intonation
;	Schwach sinkende Intonation
?	Deutliche Frageintonation
,	Schwach steigende Intonation
Brau-	Abbruch eines Wortes
Oh=nee	Zwei oder mehr Worte, die wie eines gesprochen werden
Nei:n	
Ja:::	Dehnung von Lauten
(doch)	Unsicherheit bei der Transkription und schwer verständlichen Äuße-rungen
( )	Unverständliche Äußerungen
((hustet))	Kommentar zu parasprachlichen, nichtverbalen oder gesprächsex-ternen Ereignissen
@nein@	Lachend gesprochene Äußerung
@(.)@	Kurzes Auflachen
@(3)@	Längeres Lachen mit Anzahl der Sekunden in Klammern

4.4.2. Prinzipien der Datenauswertung

Die Datenauswertung orientiert sich im Wesentlichen an den Grundlagen der objektiven Hermeneutik (vgl. Przyborski, Wohlrab-Sahr 2010). Jedoch wird in dieser
Arbeit nicht strikt nach diesen Regeln vorgegangen, es fließen vielmehr nach Bedarf auch Elemente der Narrationsanalyse nach Schütze (vgl. ebd.) und der biografischen Fallrekonstruktion nach Rosenthal (vgl. Tepecik 2007) ein.

Der erste Schritt ist die chronologische Darstellung biografischer Daten der Interviewten, die sich am Transkript des Interviews orientiert.

Die Interviews werden sequenziell interpretiert, wobei die Eingangssequenz
besonders intensiv betrachtet wird. Die weiteren Sequenzen teilen sich nach
Sinnabschnitten ein. Dies geschieht in der Annahme, „…dass soziales Handeln
(…) sequenziell organisiert ist. Sequenzialität wird dabei nicht im Sinne bloßen
Nacheinanders, sondern als „Grund-Folge-Beziehung" verstanden" (Przyborski,
Wohlrab-Sahr 2010, S. 249). Es geht also darum, die Erzählung in ihrer Reihen-
folge unter Berücksichtigung der damit einhergehenden Folgen zu betrachten.
Zunächst wird dabei also der Eingangssequenz besondere Beachtung geschenkt.

Insbesondere bei der Interpretation der Eingangssequenz wird der strukturelle Aufbau der Erzählung berücksichtigt. Durch die Abgrenzung von Abstract, Orientierung, Handlungskomplikation, Evaluation, Resultat und Koda (vgl. ebd. S. 226ff) lassen sich bereits erste wesentliche „referentielle (und) evaluative" (ebd. S. 228) Elemente des Interviews erkennen.

Den Grundsätzen der objektiven Hermeneutik folgend sollen weiterhin die Besonderheiten jedes Falls untersucht werden, wobei der Blick stets offen für andere Handlungsmöglichkeiten bleiben soll. Es geht also zum einen um das Feststellen des subjektiven Sinns, den die Interviewpartnerinnen zu beschreiben beabsichtigen (vgl. ebd. S. 247). Zudem soll jedoch auch der „objektive bzw. latente (...) Sinn" (ebd.) beschrieben werden. Indem dann diese beiden Ebenen gegenübergestellt werden, soll die besondere Struktur eines jeden Falls herausgestellt werden. Es sollen also in dieser Arbeit nicht etwa vorab Hypothesen gebildet werden, vielmehr zu den beschriebenen Handlungen alternative Lesarten entwickelt werden, um daraufhin Fallstrukturhypothesen ableiten zu können. Es werden also für den Fall typische Handlungsmuster identifiziert, die jedoch innerhalb weiterer Sequenzen „auf mögliche Falsifizierbarkeit" (ebd. S. 260) zu überprüfen sind. Bei der Entwicklung der Lesarten ist das Prinzip der „Sparsamkeit" (ebd. S. 253) zu berücksichtigen, welches sicherstellen soll, dass sich der Interpret mit seinen Lesarten nicht zu weit vom Text entfernt. Zudem müssen sie konkret am Text nachgewiesen werden und es müssen auch diejenigen Textstellen interpretiert werden, die zunächst als unwesentlich oder selbstverständlich erscheinen (vgl. ebd.).

Bei der biografischen Fallrekonstruktion nach Rosenthal bestehen also vorab keine Hypothesen, sie entstehen erst aufgrund der Bildung von Lesarten, aus denen sich im Verlaufe der sequenziellen Analyse der Interviews Fallstrukturhypothesen entwickeln lassen. Zeigt sich also im Verlaufe der Interpretation, dass sich die Fallstruktur an mehreren Stellen wiederfindet und nicht falsifizierbar ist, so lässt sich die Fallstruktur generalisieren.

Diese Vorgehensweise wird also zunächst in der Eingangssequenz intensiv befolgt, woraufhin auch die weiteren Sequenzen auf diese Art interpretiert werden. In dieser Art und Weise werden alle drei Fälle bearbeitet, wobei der erste Fall als „Eckfall" etwas genauer betrachtet wird. Zuletzt werden anhand der drei Kategorien „Lebensplan und Grundeinstellung", „Entwicklung und Beweggründe" sowie „Der Alltag" die drei untersuchten Fälle verglichen, um daraus ein Gesamtfazit ableiten zu können.

5. Darstellung der Ergebnisse

Im Folgenden Kapitel werden die Ergebnisse der Interviews nacheinander dargestellt. Es werden sowohl die biografischen Daten der Interviewpartnerinnen als auch die sequenzielle Analyse der Fälle nacheinander gezeigt. Es soll die jeweilige Fallstruktur der Frauen dargestellt werden, die dann genauere Aufschlüsse über die Lebensmodelle und damit verbundene Bedarfe geben kann.

5.1. Fall Frau Freidinger

Zunächst soll der Fall von Frau Freidinger intensiv betrachtet werden. Hierzu werden zunächst ihre biografischen Daten dargestellt, woraufhin die sequenzielle Analyse des Interviews folgt. Zuletzt wird die Struktur ihres Falls zusammenfassend dargestellt.

5.1.1. Biografische Daten

- Alter: ca. 40 Jahre
- Studium Lehramt Sprach-, Literatur-, Politikwissenschaft, 1. Staatsexamen
- Wartezeit auf Referendariat: Ausbildung Veranstaltungskauffrau
- Praxisphase: Personalabteilung, Übernahme in Bereich Ausbildungsorganisation, erste Führungsaufgaben
- Verheiratet, Ehemann ist Werkstoffprüfer im Kundendienst, Arbeitszeit 50-60 Stunden/Woche
- 2 Söhne
- Geburt 1. Sohn Johann 2003
- Danach 8 Wochen Mutterschutz, dann Vollzeitwiedereinstieg
- 2008 Mandelentzündung, langer Krankenschein, Burnout Syndrom
- 2012 2. Sohn Thomas
- Danach 1 Jahr Elternzeit, derweil Fernstudium Personalmanagement
- Rückkehr in den Beruf 30 Stunden/Woche zzgl. Überstunden und ständige Erreichbarkeit
- Aktuelle Position: Ausbildungsorganisatorin
- 8 Mitarbeiter
- Finanzielle Unterstützung: Kindergeld
- Kinderbetreuung ganztags, 500€ pro Monat
- Angebote des Unternehmens zur Vereinbarkeit von Familie und Beruf: verschiedene Arbeitszeitmodelle

5.1.2. Interpretation

Frau Freidinger
Sequenz 1: Zeile 1-59
Die erste Sequenz der Erzählung von Frau Freidinger ist diejenige, die auf die offene Eingangsfrage zu Beginn folgt. Diese Eingangssequenz ist daher von besonderer Bedeutung, weil sie Schütze zufolge „…am ehesten die Orientierungsstrukturen des faktischen Handelns reproduziere." (Przyborski, Wohlrab-Sahr 2010, S. 93) Zudem weist dieser Interviewabschnitt einen deutlichen strukturellen Aufbau nach Labov auf. So beginnt Frau Freidinger ihre Erzählung mit einem „Abstract" (ebd. S. 232), also einer Ankündigung darüber, was sie nachfolgend erzählen wird.

> *„Ok. gut. (2) dann fang ich vielleicht mit meinem Studium an, …"*

Darauf folgt die „Orientierungsphase" (ebd.), in der sie genauer beschreibt, um wen es geht, worum es geht, was passiert und wo es passiert.

> *„also ich hab ä:hm Sprach- Literaturwissenschaft und Politikwissenschaft studiert auf Lehramt, (.) hab aber schon während dem Studium gemerkt dass ähm Lehrer sein **nicht** meine **Berufung** ist und hab dann direkt nach dem ersten Staatsexamen- es war auch Wartezeit aufs zweite Staatsexa- also auf auf ne Referendarstelle mhh hab ich ne Ausbildung als Veranstaltungsmanagerin gemacht."* (Zeile 5-9)

Zudem berichtet sie von „Handlungskomplikationen" (Przyborski, Wohlrab-Sahr 2010, S. 232), nämlich der unklaren Situation bezüglich ihrer beruflichen Position, die zu Problemen mit den Kollegen führte.

> C: *„(.) ich muss sagen was äh unglücklich gelaufen ist damals (.) also ich wurde eingestellt auf eine Stabstelle, mhh **was** aber meinen Kollegen nie kommuniziert wurde. (…) und es hat ähm (.) sechs Jahre gedauert (.) bis dieses **Miss**verständnis aufgeklärt wurde."* (Zeile 25-32)

Die Interviewpartnerin beginnt also auf die Einstiegsfrage danach, wie es dazu kam, dass sie Kinder und eine Karriere hat, sehr ausführlich ihren beruflichen Werdegang darzustellen. Dabei berichtet sie erst vom Studium, ihre Schullaufbahn erwähnt sie an dieser Stelle nicht. Dies kann bedeuten, dass die Schulzeit für sie von geringerer Bedeutung ist als das Studium, möglicherweise liegt sie ihr zeitlich auch schon recht fern.

*I: „Dann bitte ich sie zu erzählen wie es dazu kam dass sie Kinder **und** eine Führungsposition haben, (.) und erzählen sie ruhig ausführlich alle Ereignisse die ihrer Meinung nach zu der Entwicklung dazugehören. C: Ok. gut. (2) dann fang ich vielleicht beim meinem Studium an..."* (Zeile 1)

Sie berichtet hier und im Folgenden (bis Zeile 24) also insbesondere darüber, wie sich ihre berufliche Entwicklung gestaltet hat. Dabei fällt auf, dass ihre Biografie diesbezüglich durchaus ungewöhnlich ist, da sie von einem Lehramtsstudium über die Ausbildung zur Veranstaltungsmanagerin in den Bereich Personal und Ausbildung kam. Hierbei ist festzustellen, dass diese Entwicklung scheinbar nicht strategisch geplant war, sondern eher auf Kontingenzen beruhte. So diente die Ausbildung zur Veranstaltungskauffrau lediglich zur Überbrückung der Wartezeit auf das anstehende Referendariat. Auch der Weg in den Personalbereich scheint eher zufällig durch die Praxisphase der Ausbildung gekommen zu sein. Bis dahin sind ihre Schilderungen sehr sachlich und stellen lediglich die Gegebenheiten ihrer beruflichen Entwicklung dar. Dies lässt vermuten, dass der Beruf für sie eine hohe Bedeutung hat und sie sich – auch gedanklich – viel damit beschäftigt. Denkbar ist jedoch auch, dass sie ausschließlich aus chronologischen Gründen zunächst von ihrer beruflichen Entwicklung berichtet.

In Zeile 24 verändert sich die sachliche Beschreibung jedoch. Hier beginnt Frau Freidinger, die Situation in ihrem Beruf zu bewerten und zu kritisieren.

*C: „und es war halt n reiner **Männer**laden gewesen, und da hieß es da muss ne Frau rein. und ähm (.) ich muss sagen was äh unglücklich gelaufen ist damals (.) also ich wurde eingestellt auf eine Stabstelle, mhh **was** aber meinen Kollegen nie kommuniziert wurde. also die dachten (.) sie kriegen ne Kollegin, die die Verwaltung übernimmt, und für meinen Chef war ich Stabstelle, die nicht nur Führungsfunktion gegenüber den Auszubildenden die mir dann zugeordnet wurden im kaufmännischen Bereich und die Berufsakademiestudenten bekam ich später dazu- mhh also nit nur Führungsperson im Bereich **Ausbildung** sondern auch Führungs:aufgaben für meine technischen Kollegen (.) übernehmen **sollte**. (2) und es hat ähm (.) sechs Jahre gedauert (.) bis dieses **Miss**verständnis aufgeklärt wurde. (...) also es war ne **kritische** Situation. (.)"* (Zeile 24-42)

Diese Bewertungen beziehen sich zum einen darauf, dass ihre Position als Führungskraft nicht ausdrücklich klargestellt war gegenüber ihren Mitarbeitern, was zu großen Problemen innerhalb des Teams führte. Sie selbst bezeichnet diese Situation als „kritisch" (Zeile 41). Dies kann ihre Sorge darüber ausdrücken, ob sie die Führungsposition überhaupt hat und halten kann, es kann sich jedoch auf die

Stimmung unter den Kollegen beziehen, die sich verschlechtert und zu eskalieren droht.

Offenbar hat sie die Führungsposition zu diesem Zeitpunkt nicht aktiv eingefordert, sie wurde ihr zugetragen. Mit der Situation, in der sie in dieser Funktion nicht anerkannt wird kommt sie jedoch nicht gut zurecht. Zwar weiß sie selbst um ihre Position, kann dies nach außen hin aber scheinbar nicht deutlich machen. In diesem Erzählabschnitt scheinen die Ereignisse über sie zu kommen, ohne dass sie etwas dazu beträgt. So hat sie weder die Führungsposition aktiv angestrebt, noch kann sie die unklare Position gegenüber ihren Mitarbeitern und auch ihrem Chef klären. Sie wirkt hier also sehr passiv und ist offenbar nicht in der Lage, die Situation aufzuklären.

Diese Situation hat sich nach ihren Angaben jedoch heute deutlich entspannt, da nun alle Mitarbeiter wissen, welche Position sie innehat.

> C: „*heute (.) ist das ganze **entschärft** (.) da es **klar** ist (.) das ich die Stabstelle **habe** (.) das heißt ä:hm (2) fachlich (2) Dinge entwickele (.) ä:hm und gestalte strate- Strategie entwickele aber auch- also **Führungsposition** ganz klar ähm gegenüber den Industriekaufleuten Auszubildenden und äh Berufsakademiestudenten habe, das sind so im Delta sind das zwischen acht und zwölf Personen, (.) ähm (2) aber **disziplinarisch** bin ich meinen Kollegen **nicht** übergeordnet, und das ist natürlich n- vereinfacht das für mich jetzt mittlerweile sehr.(.) und **entspannt** das auch. die Arbeitssituation für mich. jo. also so-so ist die Situation, (.)"* (Zeile 42-58)

Ganz geklärt ist die Situation jedoch noch nicht, da sie nach wie vor keine Budgetverantwortung hat. Sie begründet dies mithilfe eindeutiger Genderkategorien. So erklärt sie die Tatsache, dass ihr Chef weiterhin die Budgetverantwortung behält als „typisch männliche Verfahrensweise" (Zeile 56). Auch hier fühlt sie sich offenbar nicht anerkannt weil sie ihrer Meinung nach lediglich die Arbeit hat, während der Chef den Titel trägt. Sie hat möglicherweise schon öfter Erfahrungen gemacht, durch die sie eine so eindeutige Vorstellung von typisch männlichem und typisch weiblichem Verhalten hat, wodurch sie auch hier schnell eine Erklärung für die Situation entwickelt.

> C: „*ich werde zwar nach außen nach wie vor wahrgenommen als Aus-bildungs**leiterin** weil (.) sowohl mein alter als auch mein neuer Chef mich **immer** zum Thema Ausbildungen zu sämtlichen v-öffentlichen Veranstaltungen schicken auch **intern** zu sämtlichen Besprechungen die (.) mit den Führungskräften vor Ort zu tun ham zum Thema Ausbildung ob das Einstellungszahlen sind ob das Übernahmeverfahren ist (.) mhh ich immer der Hauptansprechpartner bin- also quasi mein **Chef***

*hat den **Titel** (.) und die **Arbeit** hab ich. so siehts aus. @(.)@ (...) halt
ne typisch (.) männliche (.) @(.)@ **Verfahrensweise**. genau.* (Zeile 48-
56)

Innerhalb dieser ersten Erzählsequenz fällt auf, dass sie auf die Frage nach Kindern und Karriere nur auf die Karriere eingeht. Der Beruf hat hier also möglicherweise höhere Priorität. Es ist jedoch auch denkbar, dass sie aus chronologischen
Gründen zunächst von ihrer beruflichen Entwicklung berichtet. Die Tatsache, dass
sie von allein nicht mehr auf die Kinder zu sprechen kommt kann bedeuten, dass
sie aufgrund ihrer längeren Ausführungen über den Beruf die Eingangsfrage nicht
mehr präsent hat. Es lässt sich jedoch auch vermuten, dass sie gedanklich insgesamt sehr von ihrem Beruf gefesselt ist – möglicherweise auch aufgrund der ge-
schilderten Probleme – und daher in diesem Moment nicht an die Kinder denkt.
Zudem ist festzustellen, dass sie hier ausschließlich die Problematik ‚Frau in Führungsposition' schildert, nicht etwa Mutter in Führungsposition. Die Kinder spielen
offenbar im Beruf für sie keine Rolle, sie betrachtet sich nicht als Mutter im Beruf.
Daraus entsteht der Eindruck, dass Frau Freidinger sehr berufsorientiert ist.

Man kann in der Erzählung von Frau Freidinger neben dem „Abstract" (s. o.)
auch eine „Evaluation" (Przyborski, Wohlrab-Sahr 2010, S. 232.), also eine Kern-
botschaft erkennen. Es lässt sich vermuten, dass sie in diesem ersten Erzählabschnitt zeigen will, wie sie zu ihrer heutigen Position kam und mit welchen Kompli-
kationen diese Entwicklung verbunden war. Die Tatsache, dass es offenbar einige
Schwierigkeiten gab, scheinen ihr besonders bedeutsam zu sein. Als „Resultat"
(ebd.) dieser Entwicklung nennt sie die Tatsache, dass sie die Position nun schon
seit 12 Jahren innehat.

Auch beendet sie die Erzählsequenz deutlich mit einer Koda, die eine Verbindung zwischen der erzählten Vergangenheit und der heutigen Situation herstellt
(vgl. ebd.).

> *„genau. also so- so kam es im Prinzip dass ich zu dieser Stelle kam
> ich äh habe die Funktion Ausbildungsorganisatorin jetzt seit zwölf Jah-
> ren, (.) und ähm (2) ja. (3). °ich glaube (.) das (.) war vom Werdegang
> her,° (.) ja. is das komplett.(2)"* (Zeile 57-59)

Aus dieser Sequenz ergeben sich folgende Strukturhypothesen, die es im Weiteren zu überprüfen gilt:

- Sie hat eine hohe Berufsorientierung
- Es existiert keine strategische Karriereplanung
- Frau Freidinger unterscheidet berufliches Verhalten in klaren Gender-
  kategorien und fühlt sich von Männern nicht anerkannt

Sequenz 2: Zeile 60-106

Da Frau Freidinger in ihrer Antwort auf die erste Frage nicht auf ihre Kinder, sondern nur auf den Beruf eingegangen ist, beginnt die nächste Sequenz mit der Nachfrage nach den Kindern.

> I: mhh, (.) also das wär dann (2) die (.) **Karriereseite**, (2) <u>00:06:38-1</u>
> C: Genau. <u>00:06:38-8</u>
> I: und die Kinder? <u>00:06:40-6</u>
> C:⠀⠀⠀|Ah richtich die **Kinder**. ja. ach sehen sie das is wie im Leben.
> die Kinder. @(.)@
> (Zeile 61-64)

Frau Freidinger konstatiert auf diese Frage, dass es offenbar nicht die Ausnahme ist, dass die Kinder nicht als erstes genannt werden. Daraufhin beschreibt sie auf sehr sachliche Art und Weise wie es dazu kam, dass sie Kinder bekommen hat.

> C: „(3) ä:hm (.) die Kinder. ja. (2) ich bin ja dann durch Studium und Ausbildung erst im Berufsleben gelandet mit (.) sechsundzwanzig, (.) bis **dreißig** konnt ich mir **überhaupt** nit vorstellen dass Kinder **überhaupt** jemals stattfinden wü:rden, weil ich einfach zu: viel investiert habe (...) und irgend-wo kam dann (.) auch der **Wunsch** bei mir Kinder dann auch zu **haben**, (2)" (Zeile 66-76)

Dabei wird deutlich, dass sie sehr lange keinen Kinderwunsch hatte und dass sie sich vollständig auf ihre berufliche Laufbahn konzentriert hat. Sie ist Teil einer karriereorientierten Beziehung, in der sowohl ihr Mann als auch sie selbst sehr eingespannt sind und in der der Beruf das Sinnzentrum des Lebens darstellt. Dabei betont sie, dass sie „viel investiert" (Zeile 68) hat, was offenbar auch nicht immer leicht für sie war („sehr sehr viel gekämpft" Zeile 69). Der Wendepunkt kommt dann, als beide Ehepartner beruflich bereits viel erreicht haben, sich einen gewissen Luxus leisten konnten und sie diesen Zustand als nicht steigerbar empfinden. Hier kann auch von einem Wendepunkt in ihrem Leben gesprochen werden, also einem für „für sie wichtigen Übergang, der das eigene Leben verändert hat" (Sackmann 2007, S. 59).

Der Kinderwunsch war also kein lange gehegter Plan, vielmehr entsteht hier der Eindruck, dass dieser Wunsch plötzlich und sehr unbestimmt kam und sie selbst dabei eher passiv war („und irgendwo kam dann (.) auch der **Wunsch**..." Zeile 76).

Es fällt zudem auf, dass ihre Wortwahl bezüglich des Kinder-Bekommens besonders sachlich ist. So spricht sie davon, dass sie sich lange Zeit nicht vorstellen konnte, dass Kinder in ihrem Leben „stattfinden" (Zeile 68) würden und auch ihre Schilderung darüber, wie es dann doch zu dem Kinderwunsch kam ist nicht emotional unterlegt. Sie berichtet hiervon sehr pragmatisch und der sprachliche Vergleich mit einem Arbeitsprojekt liegt nahe.

Weiterhin berichtet sie von den Schwierigkeiten, bis es zur ersten Schwangerschaft kam und auch von der ersten Geburt.

> C: *„und äh dann gingen wir das Thema auch an, es war gar nit so einfach mit dem Kinder kriegen plötzlich (.) als dann der (.) Wunsch (.) da war Kinder zu bekommen ..."* (Zeile 76-77)

Auch hier fällt sofort die Sachlichkeit auf, mit der sie von der Kinderplanung spricht. Weder berichtet sie emotional von einer Vorfreude auf ein Kind, noch stellt sie die Geburt ihres ersten Sohnes als besonderes Ereignis dar („hats dann halt geklappt" Zeile 83). Möglicherweise ist sie es aus dem beruflichen Kontext gewöhnt, diese Art Sprache zu sprechen und überträgt diese Art auch auf ihr Privatleben. Es ist jedoch auch vorstellbar, dass sie im Interview eher die sachliche Seite ihres Lebens darstellen möchte, um nicht zu viel persönlichen Einblick zu gewähren.

Wiederum erscheint sie in einer passiven Rolle, sowohl als sie nicht sofort schwanger wird („...ham plötzlich festgestellt dass Kinderkriegen gar nit so **einfach** ist wenn man das möchte..." Zeile 79), als auch in dem Moment, als sie dann schwanger ist. Diese Dinge scheinen einfach mit ihr zu passieren, ohne dass sie viel dazu tut. Nachdem die Beschreibung der Geburt sehr kurz und rein informativ ausfällt, berichtet sie sofort wieder von ihrem „beruflichen Ehrgeiz" (Zeile 84) und davon, dass sie „...auf gar keinen Fall zuhause..." (Zeile 86) bleiben wollte. Hier erscheint sie als sehr willensstark und aktiv und scheint hier nichts dem Zufall zu überlassen. Dies wird auch in ihrer weiteren Erzählung deutlich.

> C: *„...und hatte mir das auch sehr gut vorgestellt, (.) also ich hatte Krippenplatz organisiert da war ich glaub ich im fünften Monat oder so (.) war all- alles war gut, ähm (2) es war klar nach acht Wochen Mutterschutz geh ich wieder vierzig Stunden Vollzeit arbeiten...* (Zeile 86-89)

Es zeigt sich, dass sie bezüglich des Berufes eine sehr klare Vorstellung hat, wie dieser nach der Geburt weiter laufen soll und so organisiert sie bereits während der Schwangerschaft aktiv die Betreuung ihres Kindes nach dem 8-wöchigen Mutterschutz. Sie handelt hier nach dem heutigen Normalitätsbild, denn wenn Frauen wissen, dass sie sofort nach der Geburt wieder arbeiten wollen muss die Kinderbetreuung rechtzeitig geregelt werden. Zu bedenken ist jedoch auch, dass dadurch, dass die Möglichkeit besteht, bereits Säuglinge betreuen zu lassen, bei Frau Freidinger ein gewisser Erklärungsdruck in der Firma entsteht, wenn sie dieses Angebot nicht in Anspruch nimmt. Die Betreuungsmöglichkeit kann also sowohl eine Chance sein, als auch den Druck erzeugen, die Karriere so zeitnah wie möglich fortzusetzen. Es ist demnach fraglich, inwiefern Frau Freidinger sich hier frei entscheiden konnte und wie groß der Druck von außen war.

Es kommt zu einer Krise, als sich herausstellt, dass der Krippenplatz abgesagt wurde und in Frage steht, ob Frau Freidinger tatsächlich nach 8 Wochen wieder arbeiten kann („und dann stand ich da. ohne Platz. kurz vor der Entbindung." Zeile 94). Ihrer Schilderung nach ist dies für sie eine kleine Katastrophe, da für sie offenbar überhaupt nicht zur Debatte steht, länger als 8 Wochen ihr Kind selbst zu betreuen. Hier bestätigt sich ihre Berufsorientiertheit sehr deutlich. In dieser Situation kann sie nur deshalb ihren persönlichen Plan durchführen, da ihre Mutter bereit ist, ihre persönlichen Interessen zurück zu stellen und sich in einer klassischen Großmutterrolle um das Enkelkind zu kümmern. Hier stützt also das alte Frauenbild der Mutter Frau Freidingers neues Lebensmodell. Besonders auffällig ist hier auch, dass der Mann von Frau Freidinger an dieser Stelle überhaupt nicht erwähnt wird. Es scheint also keine Option gewesen zu sein, dass er das Kind zugunsten der Karriere seiner Frau betreut. Vielmehr ist es Frau Freidinger allein, die alles organisiert und so ein Stück weit in der alten Rolle der Hausfrau und Mutter verhaftet bleibt und zusätzlich ihre Karriere macht. Ein Rollentausch des Mannes ist hier offenbar ausgeschlossen.

Die Karriereorientierung bleibt also auch hier sehr deutlich. Frau Freidinger beginnt nach den 8 Wochen Mutterschutz sofort wieder Vollzeit zu arbeiten. Es ist zu vermuten, dass sie gerade aufgrund der schwierigen beruflichen Situation nicht längere Zeit abwesend sein will, da hier ja sowieso schon die Problematik der Anerkennung der Führungsposition besteht. Jedoch hat sie offenbar einen gewissen Anspruch an sich selbst als Mutter, denn trotz ihrer 50-60 Stunden Arbeitswoche stillt sie ihr Kind zehn Monate lang. Diesen organisatorischen Aufwand nimmt sie auf sich und beschreibt diese Zeit auch hier sehr sachlich. Sie schildert im Wesentlichen organisatorische, praktische oder technische Schwierigkeiten, nicht etwa Emotionen, die sie während dieser Zeit hat. Es lässt sich vermuten, dass ihr Alltag so stark durch organisatorische Dinge geprägt ist und war, dass sich dies auch in ihrer Wortwahl widerspiegelt.

> C:"...also abgepumpt im (.) im äh im äh erste Hilfe Raum, die Milch im Büro im Kühlschrank stehn gehabt, äh übers Wochenend mehr abgepumpt- eingefroren dass meine Mutter immer genügend Portionen **hatte**, also p-(2) **Nachts** gestillt..." (Zeile 103-106)

Es lässt sich lediglich vermuten, dass sie durch das Stillen versucht, eine Bindung zu ihrem Kind herzustellen, die sie durch Anwesenheit nicht bietet. Zudem möchte sie sich und ihrer Umwelt möglicherweise beweisen, dass sie in der Lage ist, alles unter einen Hut zu bekommen. Allerdings thematisiert sie diese Dinge im Interview überhaupt nicht. Es bleibt an dieser Stelle offen, ob sie das Kind tatsächlich unter den Beruf unterordnet oder ob sie es sich lediglich nicht erlaubt, mehr Zeit mit ihrem Kind zu verbringen, um beruflich nicht benachteiligt zu sein.

Insgesamt scheint die Geburt ihres ersten Kindes also nichts an ihrer berufsorientierten Lebensweise zu ändern, es stellt lediglich eine zusätzliche und im Wesentlichen organisatorische Aufgabe dar, die es zu lösen gilt. Auch stellt es für Frau Freidinger offenbar kein Problem dar, das Kind so früh in eine Krippe zu geben. Sie erwähnt hier keine emotionalen Schwierigkeiten, ihr Kind in die Obhut einer Krippe oder ihrer Mutter zu geben. Sie ist auch gegenüber der Betreuung durch die Krippe recht unkritisch und stellt sich nicht die Frage, ob es für das Kind möglicherweise eine andere Betreuung besser wäre. Dies repräsentiert sicherlich auch den allgemeinen sozialen Rahmen um berufstätige Frauen und insbesondere solche, die Führungspositionen innehaben. Es wird gesellschaftlich kaum diskutiert, ob eine Betreuung von Säuglingen in einer Krippe sinnvoll ist. Das zentrale gesellschaftliche und politische Thema ist viel mehr die nicht ausreichende Anzahl an Krippenplätzen. Auch für Frau Freidinger war es schlicht wichtig, dass sie überhaupt einen Betreuungsplatz für ihr Neugeborenes hat und weniger, welche Lösung für das Kind (und sie selbst) am besten ist. Es ist also davon auszugehen, dass sie hier sowohl gesellschaftlichen Erwartungen unterworfen ist, als auch ihrer eigenen Berufsorientierung. Hier wird auch wiederum die gesellschaftliche und politische Ambivalenz bezüglich Kinderbetreuung und berufstätigen Frauen deutlich. Einerseits sind Frauen im Beruf mehr denn je als Fachkräfte gefragt, andererseits wird es nach wie vor vielfach verurteilt, wenn Mütter ihre Kinder recht früh in einer Kinderkrippe betreuen lassen.

Innerhalb dieser Sequenz haben sich die Strukturhypothesen aus der ersten Sequenz bestätigt. Der Eindruck einer besonders hohen Berufsorientierung hat sich bestätigt und es scheint auch bezüglich der Kinder keinen strategischen Plan gegeben zu haben. Vielmehr lässt Frau Freidinger viele Dinge eher passiv auf sich zukommen. Genderkategorien nennt sie innerhalb dieser Sequenz nicht, jedoch ist anzunehmen, dass ein Grund für ihre schnelle Rückkehr in den Beruf die oben genannte Anerkennungsproblematik unter den Mitarbeitern und dem Chef ist.

In dieser Sequenz kommt folgende Strukturhypothese hinzu:

- Die Mutter-Kind-Beziehung wird dem Beruf untergeordnet
- Sie geht das Leben sowohl im beruflichen als auch im privaten Bereich sehr sachlich und organisatorisch an, was sich auch in der Sprache zeigt
- Sie wird angetrieben durch gesellschaftliche Normalitätsvorstellungen und ihre Berufsorientiertheit, weshalb sie ihr Kind schon während der Schwangerschaft für die Kinderbetreuung anmeldet

Sequenz 3: Zeile 106-174

Die folgende Sequenz ist als solche aus praktischen Gründen in mehrere/zwei Teile gegliedert. Tatsächlich ist der nächste Erzählabschnitt sehr lang und wird hier zum besseren Überblick unterteilt. In der folgenden Sequenz beschreibt Frau Freidinger narrativ die weitere Chronologie ihres Lebens, an dieser Stelle geht es um einen krankheitsbedingten Bruch innerhalb ihres bisherigen Lebens.

Die Situation spitzte sich demnach für sie zu als sie aufgrund einer Mandelentzündung einige Zeit krankgeschrieben war.

> C: „ich weiß wir- ich weiß heut nimmer- ich hab nur noch funktioniert in dem Zeitraum. aber es **hat** funktioniert. (2) es hat solange funktioniert ja bis im Ja::hr zweitausend:**acht** (.) plötzlich meine **Stimme** versagt hat.(.) die war weg. von heut auf morgen weg. ne **Mandel**entzündung und keine Stimme mehr. (.) und ähm das hat mich gezwungen längere Zeit n Krankenschein zu machen weil ich halt auch total am Limit mit allem war (.) **war** dann auch Diagnose Burn**out**." (Zeile 106-111)

Durch das äußere Ereignis Krankheit wird ihr Leben plötzlich ins Wanken gebracht, was als kritisches Lebensereignis (vgl. Filipp 2007, S. 337) bezeichnet werden kann. So wird das „bisherige Passungsgefüge attackiert (was) in aller Regel von heftigen Emotionen begleitet ist." (ebd. S. 338). Sie schildert, dass bis dahin alles „funktioniert" (Zeile 107) hat, wenn sie auch nicht weiß, wie. Schütze spricht hier von der „Verlaufskurve des Erleidens" (Schütze 1986), innerhalb der die Betroffenen „…durch als übermächtig erlebte Ereignisse und deren Rahmenbedingungen getrieben und zu rein reaktiven Verhaltensweisen gezwungen" (ebd. S. 213) sind. Frau Freidinger erkennt erst im Nachhinein einen Konflikt und fragt sich, wie sie es geschafft hat, ihr Leben so zu führen. Für sie hat sich also ein Burnout nicht angekündigt, die Krankheit trifft sie schlagartig. Dies ist ihr scheinbar eine unwillkommene Störung innerhalb ihres durchorganisierten Lebens und so fühlt sie sich „gezwungen" (Zeile 110), eine Pause zu machen. Sie stellt dann auch nicht ihr bisheriges Leben ernsthaft in Frage sondern versucht das Problem zu lösen, indem sie ihre Leistung optimiert. Ihr ist klar, dass sie nicht weiterleben kann wie vorher („ich muss irgendwas ändern" Zeile 112), allerdings ist es offenbar keine Option für sie, sich weniger vorzunehmen („ich hab abgenommen über zwanzig Kilo ich hab äh noch zusätzlich angefangen Sport zu machen" Zeile 113). So stellt es für sie offenbar keine Möglichkeit dar, sich mehr Ruhe zu gönnen, sie wird vielmehr besonders aktiv. Möglicherweise glaubt sie, durch noch mehr Anstrengung die Probleme lösen zu können. All ihre Aktivität ändert dann aber nichts an ihrem beruflichen Stress und ihrem Zustand („hat sich die Situation immer mehr zugespitzt" Zeile 115).

Infolgedessen kommt es zu einem von ihr als solchen bezeichneten Wende-punkt, einer „Rettung" (Zeile 116), und sie schildert, wie sie ihr Leben nach der Geburt ihres zweiten Kindes zunächst ändert.

> C: *„und ähm (2) das zweite Kind wa:r meine persönliche Rettung vor dem (.) totalen Zusammenbruch glaub ich. weil ich **dann**, (.) mit dem zweiten Kind (.) ein ganzes Jahr Elternzeit gemacht hab. und (.) in dem Jahr- Thomas kam zweitausendzehn- im April zweitausendzehn zur Welt (.) ähm (.) in dem Jahr mich nochma ganz neu für mich be-sonnen hab neu aufgestellt hab neu orientiert hab, auch vor meiner Schwangerschaft hab ich bei meinem- äh äh vor meiner **Eltern**zeit hab ich bei meinem Chef auch ähm (.) den Antrag auf **Versetzung** gestellt. weil ich gesagt hab ich kann in diese (.) Arbeitskonstellation (.) nie mehr zurück, ich bin ähm gesundheitlich am Ende"* (Zeile 115-122)

Durch die Geburt des zweiten Kindes findet also eine Wende in ihrem Leben statt. Sie erlaubt es sich zu diesem Zeitpunkt, ein Jahr Elternzeit zu nehmen. Dies ist bemerkenswert, da eine so lange berufliche Auszeit nach ihrer vorherigen Be-schreibung undenkbar gewesen wäre. Die Geburt ihres zweiten Sohnes bietet ihr also die Möglichkeit, eine berufliche Auszeit zu nehmen, und sich neu zu sortieren. Auch hier erscheint sie wieder passiv. Sie wählt nicht etwa ein neues Berufsmo-dell, sondern nimmt hier die angebotene Elternzeit in Anspruch, um sich kurzzeitig aus dem gewohnten Lebensmodell zurückzuziehen, auch in der Hoffnung, nach der Elternzeit versetzt zu werden. Es fällt auf, dass sie hier weniger eine Entschei-dung für die Zeit mit ihrem Kind trifft, als vielmehr für eine Auszeit vom Beruf, in der sie sich diesbezüglich neu besinnen, aufstellen und orientieren kann (Zeile 118). Sie nutzt die Zeit, um ein neues berufliches Modell zu entwickeln und sich weiterzubilden. Sie sieht die Zeit also nur als Auszeit vom Beruf, nicht als Beginn eines anderen Lebensmodells. Offenbar ist sie nach wie vor sehr berufsorientiert, was nach dieser Krise dafür spricht, dass sie hier einen sehr starken Antreiber haben muss, der sie immer wieder in das Lebensmodell zurücktreibt.

Ausgelöst wird ihr Plan, ein neues berufliches Modell zu entwickeln durch das Gefühl, keine weitere Aufstiegsmöglichkeit zu haben („es geht für mich nimmer weiter °es war auch karrieremäßig° nix mehr (.) in Sicht, was ich erreichen was ich erreichen konnte" Zeile 122-123) und auch die Angst vor Konkurrenz („jeder BWL Student mit Schwerpunkt Personal (…)läuft mir (.) den **Rang** ab. weil ich dieses blöde Zertifikat **Persona:l**(.)abschluss nit habe" Zeile 131-133). Diese mangelnde Perspektive frustriert sie sehr und es entsteht der Eindruck, dass sie große Angst vor Konkurrenz und mangelnder Anerkennung hat.

Sie kündigt ihrem Chef an, nach dem Jahr Elternzeit nicht mehr auf die alte Po-sition zurückkehren zu wollen, weil sie „gesundheitlich am Ende" (Zeile 121) sei. Diese aktive Krisenartikulation gegenüber ihrem Chef stößt auf Entgegenkommen und Verständnis und er zeigt sich bereit, nach ihrer Rückkehr eine neue Lösung für sie zu finden. Es fällt auf, dass sie auch in dieser Sequenz sehr wenig von der Zeit mit ihren Kindern spricht und es zeigt sich, dass ihre Leistungsorientierung trotz der Elternzeit nicht nachlässt. Sie verlagert sich lediglich in eine Weiterbildung die sie macht, um bei ihrer Rückkehr besser qualifiziert zu sein. Auch hier nutzt sie die Pause nicht, um ihr Leben so umzuordnen, dass sie etwas mehr Ruhe hat, vielmehr sucht sie sich neue Herausforderungen. Sie möchte also lediglich die Position innerhalb des Unternehmens wechseln, nicht aber irgendwelche Abstriche in der Form machen, dass sie eine schlechtere Position hat als vorher. Hier drängt sich der Gedanke auf, dass Frau Freidinger sehr stark an beruflicher Anerkennung orientiert ist und dass ihre Kinder ihr diesbezüglich offenbar nicht genug bieten können.

In der darauf folgenden Sequenz schildert sie weiter ihre berufliche Reflexion während der Elternzeit und ihre Rückkehr in den Beruf.

> C: *„ja: während meines Studiums hab ich gemerkt was ich **mir** antue, und was ich aber auch durch diese vertrickte Situation meinen Kollegen antue und wie sehr mich eigentlich meine Chefs benutzt haben in den ganzen Jahren, (.) und hab äh dann schon vor meiner Rückkehr mit meinem Chef ein klärendes Gespräch geführt"* (Zeile 139-142)

Während ihrer Auszeit reflektiert sie also über ihr Leben, wobei es hier scheinbar nur um ihr berufliches Leben geht. So spricht sie nicht von der Elternzeit, während der ihr einiges klar wird, sondern von der Zeit ihres Studiums („während meines Studiums hab ich gemerkt was ich **mir** antue „ Zeile 139). Auch das unterstreicht ihre ausgeprägte Berufsorientierung. Sie stellt also in dieser Zeit fest, dass sie sich von ihrem Chef missbraucht fühlt, weil sie die Arbeit aber nicht den Titel (Zeile 144) hat. Dies verkündet sie auch mit großer Vehemenz ihrem Chef („ihm **gesagt** wie- dass ich diese Situation jetzt durch**schaut habe**, dass ich das so nimmer mitmache, mich da **nimmer** missbrauchen lasse „ Zeile 143). Sie sieht sich also als Opfer, will nun jedoch aktiv werden und ihr Leben selbst gestalten. Sie erweckt den Anschein, dass sie wirklich etwas verändern will und nicht mehr so leben will wie vorher. Zwar kehrt sie dann zunächst mit nur 20 Wochenstunden in den Beruf zurück, lehnt es jedoch ab einen ihr angebotenen Job zu machen, der weniger verantwortungsvoll ist. Sie fühlt sich dadurch aufs „Abstellgleis" (Zeile 148) gedrängt und nimmt dann sogar doch in Kauf, in ihren alten Job zurückzukehren. Bei aller Reflexion über ihre berufliche Situation hätte man vermuten können, dass sie einen ruhigeren Job anstrebt, allerdings orientiert sie sich lediglich innerhalb des gleichen Modells um. Sie will nichts an der Karriere ändern, sondern lediglich die Position innerhalb des Unternehmens wechseln, um der schwierigen Situation mit den Kollegen aus dem Weg zu gehen. Fraglich ist, warum sie nun doch nicht bereit ist, das Unternehmen zu wechseln, wofür sie sich auch weitergebildet hat. Es finden sich hier also einige Widersprüche und die Wende scheint ihr nicht so recht zu gelingen. Sie scheint hier hin- und hergerissen zu sein zwischen dem Wunsch, etwas zu verändern und der Angst, auf dem Abstellgleis zu landen.

Sie erklärt dann jedoch, dass sich die Situation durch eine Aussprache mit den Kollegen entschärft hat.

> C: *„wobei es sich jetzt wieder verändert hat, meine (.) ähm Stellvertreterin die mich in der Elternzeit vertreten hat ist jetzt ebenfalls schwanger in Elternzeit, (2) und ich hab jetzt nochmal so s' Ganze für mich bin auch mittlerweile nochmal auf dreißig Stunden, und durch die veränderte Konstellation unn auch durch diese klare Aussprache mit meinen* **Kollegen** *ähm hat sich die Situation für* **mich** *(.) im Team (.) extrem entschärft."* (Zeile 154-158)

Der anfänglich so starke Wille zur Veränderung lässt nach, als sie wieder zurück im Job ist. Aus der Ferne war sie gar bereit, das Unternehmen zu wechseln, wollte dann innerhalb des Unternehmens die Stelle wechseln und ist nun nach einer Aussprache mit den Kollegen sogar bereit, doch auf ihrer Stelle zu bleiben. Bisher scheint Frau Freidinger weder ihre Karriere noch ihr Privatleben strategisch geplant zu haben. In der beruflichen Krise fasst sie den Entschluss, etwas zu ändern, verfällt jedoch schnell wieder in ihr altes Muster. Sie hat die Stundenzahl von 20 auf 30 Stunden pro Woche aufgestockt (Zeile 156), genießt es offenbar wieder mehr Verantwortung zu haben („ich hab jetzt nochmal so s' Ganze für mich bin auch mittlerweile nochmal auf dreißig Stunden" Zeile 156). Dennoch entsteht der Eindruck, dass sie hier unfreiwillig einen Kompromiss eingegangen ist. So sagt sie, dass sich die Situation „extrem entschärft" (Zeile 158) hat und dass es ihr „auch ganz gut in der Situation" (Zeile 161) geht. All das klingt jedoch nach Einschränkungen und sie spricht hier nicht aus voller Überzeugung. Als Erklärung für die verbesserte Situation nennt sie die Anerkennung, die sie nun für ihre Arbeit und als Person erfährt („mittlerweile wird meine Arbeit **sehr** geschätzt, (.) ich auch Person sehr geschätzt" Zeile 159). Dies bestätigt die Vermutung, dass ihr Antreiber für beruflichen Erfolg die Anerkennung ist. Es zeigt sich im weiteren Verlauf der Sequenz, dass Frau Freidinger schnell wieder in dem alten leistungsorientierten Modell angekommen ist. Es entsteht sogar der Eindruck, dass sie unter einem enormen Leistungsdruck steht und es für sie von größter Bedeutung ist, dass sie sich beruflich weiterentwickelt und einen weiteren Schritt auf der Karriereleiter macht. Dieser Druck zeigt sich in ihrer Ausdrucksweise „zum Zuge definitiv kommen **muss**" (Zeile 168). In diesem Drang, erfolgreich zu sein fühlt sie sich offenbar unterdrückt und ungerecht behandelt („ich hab mich gefü:hlt wie unter einer Glasdecke. also auf der Treppe nach oben, und geschafft geschafft geschafft und es **ging** nit weiter. und es hab aber auch nach rechts nach links nach oben es gab keinen Ausgang" (Zeile 170)), was den Druck noch erhöht. Sie macht hier wiederum einen passiven Eindruck und scheint nicht die Möglichkeit zu haben, auf ihre Situation einzuwirken. All diese Dinge wiederfahren ihr von außen und ihr „massiv(es)" (Zeile 172) Ansprechen ihrer Wünsche bei ihrem Chef führen offenbar nicht zu dem gewünschten Ergebnis. So stark ihre Gefühle innerlich offenbar sind, so wenig kann sie sie in konstruktive Aktivität umsetzen.

Insgesamt fällt in dieser Sequenz auf, dass auch auf Nachfrage das Thema Kinder nur sehr knapp und sachlich behandelt wird. Frau Freidinger kehrt immer wieder sehr schnell auf den Beruf zurück, der offenbar das Zentrum ihres Lebens darstellt. Die Kinder spielen in diesem Alltag eine untergeordnete Rolle und müssen neben dem Beruf stattfinden. All das untermauert die These, dass Frau Freidinger ausgesprochen berufsorientiert ist. Im Rahmen ihrer Schilderungen über den Beruf entsteht der Eindruck, dass sie hier im Wesentlichen nach Anerkennung sucht. Dafür ist sie bereit hart zu arbeiten und die größten Rückschläge (z. B. gesundheitlicher Art) hinzunehmen. Sie erwartet offenbar nicht, die Anerkennung Zuhause bei ihren Kindern zu erfahren. Es stellt sich die Frage, ob die Betreuung ihrer Kinder sie tatsächlich nicht erfüllen kann, oder ob die gesellschaftliche Erwartung, dass Frauen schnell wieder ins Berufsleben zurückkehren hier einen entscheidenderen Einfluss hat. Die Tatsache, dass sie bisher im Beruf sehr großem Stress ausgesetzt war und nicht die Anerkennung bekommen hat, die sie sich gewünscht hat, lässt bisher vermuten, dass Letzteres der Fall ist. Alle sieben bisher erstellten Strukturhypothesen wurden hier untermauert. Zwei weitere Strukturhypothesen kommen hinzu:

- Sie wird angetrieben durch ein großes Bedürfnis nach Anerkennung
- Ihre Rolle im Beruf ist meist eine passive Opferrolle

Sequenz 4: 174-330
Auch diese Sequenz wird aus praktischen und inhaltslogischen Gründen als solche bezeichnet, da sich kein deutlicher struktureller Aufbau abzeichnet. In dieser Sequenz schildert Frau Freidinger eine weitere Krise, die durch die Betreuungssituation ihrer Kinder ausgelöst wurde.

> C: „ wir ähm (2) haben im Moment mim Kindergarten (.) **große** Probleme, (.) was die Betreuung angeht (...) das es bei dem Kleinen heißt er =e wäre (.) motorisch gestört, es wurde sogar das Wort **Behinderung** in den Mund genommen. er wäre so betreuungsintensiv dass man das in der Einrichtung (.) äh fast nicht leisten könnte. wir müssten das abklären da ansonsten in Frage steht ob das Kind dort weiter betreut wird von der Einrichtung." (Zeile 177-188)

Wiederum auf sehr sachliche Art schildert sie, dass sie große Probleme mit der Kinderbetreuungseinrichtung hat. Die Kinder seien besonders „anstrengend" (Zeile

180), woraufhin ein Kind als hochbegabt und das andere als motorisch gestört bezeichnet wurde. Frau Freidinger erklärt diese Mutmaßungen damit, dass die Erzieherinnen überlastet seien. Diese Überlastung und eine dadurch möglicherweise schlechte Qualität der Betreuung macht ihr jedoch offenbar keine Sorgen, vielmehr schildert sie die möglichen Probleme mit ihrem jüngeren Sohn wie ein Managementproblem, das es zu organisieren gilt („wir warn bei drei Ärzten bei na' Physiotherapeutin- (.) alles sagen (.) das Kind is kerngesund und normal" Zeile 188). Wieder spricht sie sehr sachlich und es kommen keine Emotionen ins Spiel. Sie konstatiert, dass diese Problematik eine zusätzliche Belastung sei, die offenkundig nicht willkommen ist („Steinchen die man dann **zusätzlich** im Weg hat" Zeile 189). Die Kinder werden wie man bereits sehen konnte um den beruflichen Alltag herum organisiert und im Grunde ist es nicht möglich, dass hier etwas nicht funktioniert weil sonst das ganze bis ins Details organisierte Konstrukt zusammenbricht. Möglicherweise liegt ihre sachliche Art auch darin begründet, dass sie sich sicher ist, dass ihr jüngster Sohn keine Behinderung hat und sie sich lediglich über den Mehraufwand, der nun ihrer Meinung nach unnötiger Weise entstanden ist ärgert. Die Tatsache jedoch, dass sie bei diversen Ärzten war, um herauszufinden, ob ihr Sohn tatsächlich Probleme hat lässt darauf schließen, dass sie sehr verunsichert war.

Daraufhin schildert sie die schwierige Betreuungssituation.

> C: „*problematisch is halt auch wir würden gerne die Einrichtung wechseln aber wir **könnten** nit. (.) wir sind **ab**hängig davon. in ((Wohnort)) is die Betreuungssituation so, (.) dass auf jeden Krippenplatz zweieinhalb Wartekinder kommen. das heißt ähm (.) wenn die uns rausschmeißen ausm Kindergarten dann hamma' ne echtes Problem*" (Zeile 190-193)

Ohne auf mögliche Sorgen, die sie sich um ihre Kinder macht, einzugehen versucht Frau Freidinger nun, die Situation durch gute Organisation zu bewältigen („hab mich **natürlich** nach der Aktion vom Kindergarten schon schlau gemacht ob es für uns die Möglichkeit gibt die Einrichtung zu wechseln" Zeile 195). Jedoch besteht aufgrund mangelnder Betreuungsplätze nicht die Möglichkeit der Situation zu entgehen, indem sie den Betreuungsplatz einfach wechselt. Und auch die Möglichkeit der Betreuung durch ihre Mutter besteht nicht mehr, sodass sie sich „abhängig" (Zeile 198) von der Einrichtung fühlt. Die Situation lässt sich also aufgrund schlechter Rahmenbedingungen nicht einfach organisatorisch bewältigen, was den von Frau Freidinger durchorganisierten Alltag ins Wanken bringt. Die Möglichkeit selbst Zuhause zu bleiben und ihre Kinder zu betreuen zieht sie nur als letzte Instanz in Erwägung und betont auch, dass dies nur eine Option ist wenn es keine andere Lösung gibt („müssen wir uns Gedanken machen ob mein Mann oder ich (.) das dritte Elternzeitjahr zuhause bleiben. (3) weils ne andere Lösung nit **gibt**."

Zeile 203). Der Beruf bleibt weiterhin zentral, die Betreuung der Kinder ist nur eine Notlösung. Auch hier zeigt sich wieder ihre hohe Berufsorientierung.

Sie empfindet die Tatsache, dass die Kinderbetreuung nicht reibungslos funktioniert als „extrem heftig" (Zeile 204) und sagt, dass sie bemüht ist, „allem gerecht zu werden" (Zeile 205). Dies zeigt, dass das Lebensmodell von Frau Freidinger sehr schwierig umzusetzen ist. Ihr Ziel ist es also, Kinder und Karriere zu vereinbaren, was jedoch offenbar eine große Herausforderung darstellt. Sowohl beruflich als auch privat stellen sich ständig neue Anforderungen, die es zu bewältigen gilt. Durch die starke eigene und möglicherweise auch gesellschaftliche Erwartung, die Berufsbiografie nicht zu unterbrechen verschärft sich die Vereinbarkeitssituation besonders. Frau Freidinger spricht auch davon, dass die Betreuungseinrichtung für sie eine „Ersatzfamilie" (Zeile 208) sein müsse, der man vertraut. Der Begriff Ersatzfamilie suggeriert hier schon, dass die Eltern ersetzt werden müssen, weil sie einen großen Schwerpunkt im Leben in den Beruf gesetzt haben. Die Erwartung an eine Betreuungseinrichtung ist jedoch nicht nur, dass jemand auf die Kinder aufpasst, sondern sie soll eine mit der Familie vergleichbare Qualität haben. Frau Freidinger sieht offenbar einen Zusammenhang zwischen ihrem Engagement für den Beruf und einer reibungslosen Kinderbetreuung. Ihrer Schilderung nach scheint sie nämlich regelrecht enttäuscht davon zu sein, dass sie selbst sich so sehr bemüht („man- man strampelt, um alles um allem gerecht zu werden" Zeile 204) und sie sich auch als unkomplizierte Mutter empfindet („da sind wir sehr pflegeleicht drin weil wir froh sind wenn unsre Kinder gut betreut sind" Zeile 212), dass aber die Kinderbetreuung dann nicht so zuverlässig ist, wie sie es für ihre Vereinbarkeit von Familie und Beruf braucht. Hinzu kommt, dass sie hier zum ersten Mal Emotionen in Bezug auf ihre Kinder äußert. So gesteht sie, dass es ihr nicht leicht fällt, ihre Kinder von morgens bis nachmittags in die Kindertagesstätte zu bringen.

> C: „es fällt mir auch nit einfach meine Kinder morgens um halb acht in die Kita zu geben, und Mittags um äh vier, also ich guck- **spätestens** um vier hol ich se Mittags ab, (.) mhh das is schon n langer Zeitraum aber da muss man auch in die Einrichtung ne groß- n großes Vertrauen ham können" (Zeile 205-208)

Diese Gefühle ändern zwar nichts an ihrer Prioritätensetzung, dennoch ist diese Bemerkung bedeutungsvoll, da sie die erste dieser Art im bisherigen Interview ist. Es war während des Interviews deutlich spürbar, dass die Problematik um die Kinderbetreuung Frau Freidinger sehr beschäftigt und berührt hat. Offenbar hat sie einen sehr hohen Anspruch an sich und will alles gut vereinbaren und ist dann dementsprechend enttäuscht, wenn seitens der Kinderbetreuung Schwierigkeiten entstehen. Der Wunsch nach hoher Qualität der Kinderbetreuung ist hier also möglicherweise Ausdruck ihres schlechten Gewissens. So will sie zumindest sicher sein, dass die Kinder hervorragend betreut sind, wenn sie sie schon abgibt.

Sie beschreibt diese Herausforderungen bezüglich der Kinderbetreuung sogar als „Kriegsschauplätze die man noch neben**bei** hat" (Zeile 215). Diese Wortwahl zeigt einerseits ihre starken Emotionen gegenüber ihren Kindern. Andererseits wird auch dadurch, dass sie die Organisation der Kinderbetreuung als „nebenbei" (ebd.) zu erledigen beschreibt. Dadurch wird wiederum die Priorisierung deutlich, die den Beruf an erste Stelle stellt. Es fällt auf, dass sie berufliche Herausforderungen deutlich weniger hinterfragt und es lässt sich vermuten, dass sie diese als selbstverständlich empfindet, während die Organisation der Kinderbetreuung als zusätzliche Last beschrieben wird. Sie hat sich für ihre Karriere entschieden und um dieses Lebensmodell durchführen zu können, ist es eine Grundvoraussetzung, dass die Kinderbetreuung möglichst reibungslos verläuft. Neben dem damit einhergehenden Zeitaufwand scheint jedoch auch die Konfrontation mit der Tatsache, dass sie ihre Kinder nicht selbst betreut schwierig für sie zu sein.

Betrachtet man die Schilderungen Frau Freidingers insgesamt so wird deutlich, wie schwierig der Alltag ist, wenn man Karriere und Familie vereinbaren will. Dies gilt insbesondere dann, wenn der Mann seine alte Rolle beibehält und die Frau zu ihrer „alten" Rolle als Hausfrau und Mutter dazu auch noch beruflich erfolgreich sein will. Sowohl der berufliche Alltag als auch der familiäre mit kleinen Kindern ist jeder für sich schon eine große Herausforderung, da sich immer wieder neue Probleme stellen, mit denen es umzugehen gilt. Sicherlich wäre es – nicht nur im Fall von Frau Freidinger – deutlich einfacher, wenn sowohl der Mann als auch die Frau gleichermaßen Verantwortung für die Familie und den Haushalt übernehmen würden. Innerhalb der heutigen Gesellschaft ist jedoch die Erwartung an die Frau, ihre Berufsbiografie zugunsten der Kinder nicht oder nicht lange zu unterbrechen, teilweise sehr hoch. Es ist offensichtlich, dass sich die Geschlechterrollen verändern. Am Fall von Frau Freidinger ist jedoch zu erkennen, dass diese Veränderung asymmetrisch verläuft, da sich hier – wie wahrscheinlich auch in vielen weiteren Fällen – lediglich die Rolle der Frau verändert. Die Frau nimmt jetzt zusätzlich zu ihrer bisherigen Rolle als Mutter und Hausfrau auch noch eine typisch männliche Rolle ein. Rein pragmatisch stellt sich hier natürlich sofort die Frage, wer eigentlich dann die ehemals typisch weibliche Rolle besetzt, sich also um Haushalt und Kinder kümmert? Die Möglichkeit, sich diese Tätigkeiten zu erkaufen, also eine Haushaltshilfe und Kinderbetreuung einzustellen ist aus finanzieller Sicht für Paare, die beide Karriere machen sicherlich ein geringeres Problem als für solche, die aus finanziellen Gründen beide arbeiten müssen. Die andere Möglichkeit wäre eine Durchbrechung auch der alten Männerrolle und eine Aufteilung aller anfallenden Tätigkeiten. Denn „aufgrund der ungleichen Verteilung der Sorgearbeit für die eigenen Kinder stellt sich (das Problem der Vereinbarkeit von Familie und Beruf) weiterhin primär für die erwerbstätigen Mütter" (Lenz, Adler 2011, S. 182). So werden die Geschlechterungleichheiten zwar allgemein abgebaut, jedoch betrifft dies die Aufteilung der Tätigkeiten rund um Kinder und Haushalt noch nicht oft (vgl. ebd. S. 184).

Betrachtet man vor diesem Hintergrund den Fall von Frau Freidinger, so werden einige ihrer Schwierigkeiten sehr viel verständlicher. Es ist davon auszugehen, dass Frau Freidinger einen starken inneren Antrieb hat, der sie hier durchhalten lässt. Geht man von den bereits aufgestellten Strukturhypothesen aus, liegt die Annahme nahe, dass dieser Antreiber ihre Suche nach Anerkennung ist. Denkt man dies weiter, so ist auch vorstellbar, dass die Kinder von Frau Freidinger – die offenkundig ihre Mutter nicht ganz für sich haben – wiederum in der Kindertagesstätte die Aufmerksamkeit und Anerkennung suchen, die sie von ihren Eltern aus zeitlichen Gründen nicht erhalten können. Dies ist zumindest ein denkbarer Erklärungsansatz dafür, dass die Kinder so fordernd sind. Sicherlich gibt es viele Kinder, die nicht den ganzen Tag von ihren Eltern betreut werden, die deshalb aber nicht unbedingt Probleme haben. Jedes Kind reagiert jedoch anders auf äußere Gegebenheiten und diese Möglichkeit ist zumindest zu überdenken.

Im weiteren Verlauf des Interviews spricht nun Frau Freidinger erstmals von ihrem Mann und seiner Rolle in der Familie. Sie schildert die Situation so, dass er gelegentlich bei der Kinderbetreuung am Nachmittag einspringen kann („er **kann** zwar oft flexibel seine Termine legen aber halt auch nit jeden Tag" Zeile 219). Demnach steht sowohl er als auch die Mutter von Frau Freidinger in Notfällen zur Verfügung und dennoch bezeichnet sie die Organisation aller Termine als „va bon Spiel" (Zeile 219). Die eigenen Bedürfnisse und Interessen bleiben dabei meist auf der Strecke („ich hab seit vierzehntagen mir n Nerv eingeklemmt in der Halswirbelsäule, ich komm nit zum Arzt, (2) es **geht** nit." Zeile 220). Die organisatorische Herausforderung ist also groß, denn es besteht ein grundsätzliches Zeitproblem. Ohne Ressourcen wie Verwandtschaft (hier insbesondere die Mutter von Frau Freidinger), die in Notfällen einspringt würde das Modell nicht funktionieren. An diesem Beispiel von Frau Freidinger zeigt sich jedoch auch ihr hoher Anspruch an sich selbst, der sie dazu antreibt, immer weiter zu machen und sich selbst zu Gunsten einer funktionierenden Karriere und Familie völlig zurückzustellen.

Die zuvor aufgestellte Hypothese, dass Anerkennung ein großer Antreiber für Frau Freidinger ist bestätigt sich wieder, als sie erläutert, was im Vergleich zu der Elternzeit an dieser – noch so anstrengenden – Zeit schön ist.

> C: „die **schönen** Seiten sind natürlich wenn ich vergleiche ähm zu der Zeit wo ich das Jahr zuhause war, (.) also Zuhause lobt einen **niemand** wenns Haus blitzeblank is und die Kinder frisch gewaschen und jeden Abend das Essen aufm Tisch steht, (2) ähm (.) das ist schon äh bisschen frus**trierend** weil man so im Mühlenrad drin is, im Job is es halt wenigstens so dass man ab und zu mal n Lob kriegt." (Zeile 224-227)

Nachdem sie also minutenlang von ihrem offenkundig anstrengenden Alltag erzählt hat konstatiert sie, dass dieses Leben dennoch schöner für sie ist, als das während der Elternzeit. Ihre Begründung dafür ist ausschließlich mangelnde Anerkennung. Offenbar fragt sie sich selbst, warum sie sich eigentlich so anstrengt und trotzdem würde sie sich nicht gegen den Beruf oder gegen ihre Karriere entscheiden. So reicht es ihr scheinbar aus, nur „ab und zu" (226) gelobt zu werden, um diese Herausforderung anzunehmen. Sollte dies auf mehrere Frauen zutreffen, ist zu überlegen, ob es möglicherweise ein gesellschaftliches Problem ist, dass Frauen (und Männer) zu wenig Anerkennung dafür bekommen, dass sie zumindest in der ersten Zeit nach der Geburt ihrer Kinder zuhause bleiben. Die Verhältnisse haben sich hier offenbar seit dem Ende des klassischen Familienbildes mit dem Vater als Ernährer und der Mutter als Hausfrau ins komplette Gegenteil gewandelt. Damals war es selbstverständlich, dass die Frau keinen Beruf ausübt und Zuhause bleibt. Ihr blieb keine Wahl. Heute ist es selbstverständlich, dass Frauen berufstätig sind (und trotzdem für Haushalt und Kinder hauptverantwortlich sind). Auch jetzt haben sie bezüglich der gesellschaftlichen Anerkennung keine Wahl. Im Fall von Frau Freidinger spielt sicherlich über die gesellschaftliche Anerkennung hinaus auch konkrete Wertschätzung durch ihren Chef oder durch Mitarbeiter eine große Rolle. Dennoch ist davon auszugehen, dass sie ihre Leistungsorientierung überhaupt erst entwickelt hat, weil sie gelernt hat, dass dies etwas gesellschaftlich Anerkanntes ist.

Sie zieht also sehr viel aus dieser beruflichen Anerkennung, sieht aber auch, dass sie es mit diesem Leben nicht leicht hat.

> C:„also das sind natürlich die **tollen** Momente die man dann hat. (2) das stimmt. nur manchmal is halt (2) also man- man fragt sich (.) oft (.) warum. tust du dir das an. (3) warum man sich halt in so n Korsett zwängt, terminlich in n Korsett zwingt, zeitlich in n Korsett zwingt" (Zeile 232-234)

Zu Beginn des Interviews schien Frau Freidinger sehr sachlich und erzählte fast ausschließlich von ihrem Beruf. Nach und nach entsteht jedoch der Eindruck, dass sie etwas reflektierter wird und beginnt, beide Bereiche ihres Lebens – Beruf und Familie – zu schildern und gegeneinander aufzuwiegen. Die akute Krisensituation mit der Kindertagesstätte bringt sie scheinbar dazu, ihr Modell etwas in Frage zu stellen. Zunehmend öffnet sie sich und spricht auch über ihre Gefühle. Die Tatsache, dass die Erzieherinnen ihres jüngeren Sohnes unterstellten, er habe eine Behinderung hat Frau Freidinger offenbar so irritiert, dass sie voller Selbstzweifel ist („bin ich in meiner Wahrnehmung **gestört**?" Zeile 242) und sogar zugibt, ein schlechtes Gewissen zu haben („man hat ja so perma**nent** so bissche schecht Gewissen. **Immer** (.) wenn man berufstätig ist als Mutter." Zeile 244) Offenbar verdrängt sie dieses schlechte Gewissen meist und es fällt auf, dass sie nicht von „ich" sondern von der allgemeineren Form „man" spricht um möglicherweise zu rechtfertigen, dass es nicht nur ihr so geht („also meinen Freundinnen geht's genauso." Zeile 245). Sie spricht sich dann scheinbar selbst Mut zu, indem sie zum einen sagt, dass sie ja eine starke Frau sei und dass sie so leicht nichts aus der Bahn wirft, außer es sei ein wirklich großes Problem.

> *„isch: bin ne (.) **taffe Frau** die ihr Leben und ihren Job und die Familie im Griff hat (.) **so:** aus der Bahn schleudern kann, (.) ähm (2) jo dass man sich selbst und seine Wahrnehmung so in Frage stellt. (2) das is stramm."* (Zeile 251-253)

Zudem erklärt sie sich die Situation inzwischen so, dass das Problem bei den Erzieherinnen liegt und nicht bei ihr selbst oder ihrem Kind („mittlerweile konnt ich die Perspektive Gott seit Dank nochmal wechseln und sehe (.) ne: (.) der **Kinder**garten. die Erzieherinnen sind über**lastet** die suchen **Aus**wege" Zeile 256). Es wird deutlich, wie sehr sie die Situation belastet hat und sie ist nun froh, dass die Ursache nicht in ihr selbst liegt. Möglicherweise bedeutet dies für sie, dass sie an ihrem Lebensmodell nichts ändern muss, was ihr die Situation erleichtert.

Hätte Frau Freidinger die Möglichkeit gehabt die Kindertagesstätte zu wechseln, hätte sie dies sicherlich getan. Da sie aber ihr Lebensmodell nicht ändern will und es keine alternative Betreuung gibt ist sie darauf angewiesen und möchte nun mit den Erziehern kooperieren.

> *C:„jetzt gehts halt drum mit dem Kindergarten zu verhandeln wie (.) schaffen wir das **gemeinsam** damit Thomas dort bleiben kann, und der Kindergarten trotzdem mein Kind nit nur (.) ja (.) beaufsichtigt sondern tatsächlich betreut dann auch."* (Zeile 269-271)

Dabei ist es ihr nun eindeutig auch wichtig, wie ihre Kinder betreut werden. Zuvor war der Eindruck entstanden, dass es nur wichtig sei, dass ihre Kinder überhaupt betreut werden, damit sie arbeiten kann. An dieser Stelle zeigt sie, dass es für sie durchaus auch mit starken negativen Emotionen verbunden ist, wenn sie ihre Kinder „in fremde Hände geben muss (.) wo man nit weiß (.) was in der Zeit passiert." (Zeile 274). Für sie ist es allerdings die einzige Möglichkeit um in der Form berufstätig zu sein, wie sie es möchte und so ist anzunehmen, dass sie ihr schlechtes Gewissen den Kindern gegenüber meist verdrängt. Sie betont auch wieder, dass sie nicht länger als ein Jahr zuhause bleiben konnte. In der darauf folgenden Erzählsequenz erläutert sie die Situation auf der Arbeit während des Jahres ihrer Abwesenheit und es wird deutlich, dass sie nicht beispielsweise aus Gründen wie dem Wunsch nach intellektueller Beanspruchung nicht zuhause bleiben konnte, sondern dass sie vielmehr fürchtete, dass sie möglicherweise zu sehr ins Abseits rückt. Sie schildert, dass die Kollegin, die sie vertreten hat sich fachlich „unersetzbar gemacht hat" (Zeile 283). Es wird deutlich, dass hier eine Konkurrenzsituation zwischen den beiden Frauen bestand und dass Frau Freidinger sich bereits nach einem Jahr unter größter Anstrengung wieder einarbeiten musste, um sich zu behaupten.

*C:" äh meine Kollegin hatte aber versucht mich auch in der Zeit e Stück weit abzukoppeln. **um** ihre **Daseins**berechtigung zu haben. und das alles nochmal aufzubrechen. (2) das wa:r schwierig gewesen. also das hat mich schon im ersten halben Jahr viel Kraft gekostet"* (Zeile 311-313)

Als diese Kollegin dann selbst schwanger wird muss Frau Freidinger ihre Stundenzahl aufstocken. Sie schildert, dass ihr Chef sie sehr lobt und ihr sagt, dass sie unentbehrlich sei, was sie von ihrem Plan abbringt, die Stelle zu wechseln („sie bleiben **da** und sie machen den Job und sie haben den Job vorher auch verdammt gut gemacht und sie machen ihn **weiter** gut" Zeile 295-297). Wieder trägt sie der Wunsch nach Anerkennung durch eine eigentlich unerwünschte und anstrengende Situation. Es ist anzunehmen, dass um länger in Elternzeit gehen zu können mehr Gewissheit und Vertrauen dahinein gebraucht hätte, dass die Vertretung keine Konkurrenz darstellt und dass sie durch ihre Abwesenheit keine Nachteile hat. Klar ist jedoch auch, dass gerade das Tempo technischer Entwicklungen in der heutigen Zeit längere berufliche Auszeiten nicht begünstigen, was ihre Sorge offenbar noch verstärkt.

In dieser Sequenz wird deutlich, dass Frau Freidinger sich zunehmend öffnet und auch von Emotionen bezüglich ihrer Kinder spricht. An ihrer leistungsorientierten Haltung und ihrer Suche nach Anerkennung im Beruf ändert dies nichts, jedoch wirken ihre Erzählungen deutlich reflektierter als zuvor. Die Mutter-Kind-Beziehung bleibt untergeordnet, bekommt jedoch deutlich mehr Raum und Emotion als in den vorangegangenen Erzählungen.

Folgende Strukturhypothesen lassen sich festhalten:

- Anerkennung kann Frau Freidinger nur im Beruf finden
- Das Bedürfnis nach Anerkennung ist größer als das schlechte Gewissen ihren Kindern gegenüber

Sequenz 5: 330-382

In der folgenden Sequenz reflektiert Frau Freidinger über Freiheiten und Zwänge in ihrem Leben. Der Erzählabschnitt weist formale „Einleitungs- und Abschlusssegmente(...)" (Przyborski, Wohlrab-Sahr 2010, S. 232) auf.

Frau Freidinger beginnt mit der zusammenfassenden Feststellung, dass die Familie in ihrem Leben oft in den Hintergrund rückt.

C:" *aber sie merken auch jetzt im Gesprächsverlauf oder auch mir wird klar also Familie rückt eigentlich immer in den Hintergrund. (.) es steht ähm* **meistens** *der Job im Vordergrund wie krieg ichs gehandelt wie krieg ich Termine hin"* (Zeile 330-332)

Es entsteht der Eindruck, dass das Interview ihr den Raum bietet, sich über ihr Leben Gedanken zu machen, was sich dadurch zeigt, dass sie zunehmend reflektierter und kritischer wird. Sie erklärt weiterhin, dass sie ständig bemüht ist berufliche Termine zu koordinieren und welcher Druck entsteht, wenn dann eine private Ausnahmesituation wie die Krankheit eines Kindes hinzukommt („is ne **Katastrophe**" Zeile 333). Sie macht deutlich, dass sie sich bezüglich der Rahmenbedingungen seitens des Arbeitgebers glücklich schätzt, da sie hier durch Vertrauensarbeitszeit und Heimarbeitsplatz eine große Flexibilität hat. Diese Dinge erleichtern ihren Alltag deutlich, dennoch gibt es Momente, in denen sich Familie und Beruf nicht vereinbaren lassen. Als Führungskraft muss sie eine große Flexibilität für das Unternehmen zeigen, andererseits verlangt ihr auch ihr Privatleben eine solche ab. Ihr Alltag wird also im Wesentlichen durch den Beruf dominiert und die Kinder müssen um diesen herum organisiert werden. Beispielhaft hierfür ist ihre Schilderung des Morgens, als ihr jüngster Sohn krank aufgewacht ist. Hier schildert sie keine Emotionen wie Mitleid, es steht auch nicht zur Debatte, dass das Kind Zuhause bleibt. Ihre einzige Sorge ist es in diesem Moment, ob der Junge eventuell nicht in die Kita darf, was ihre ganze Organisation ins Wanken bringen würde („ich dachte oh **Gott** wenn **der** jetzt (.) wenn der jetzt ne Bindehautentzündung kriegt das is no-go der **muss** zuhause bleiben vom Kindergarten was mach ich?" Zeile 339-341). Dies verdeutlicht, wie dominierend die exakte Organisation des Alltags ist und wie schmal der Grat zwischen einem funktionierenden und einem nicht funktionierenden Tagesablauf ist.

Bezeichnend dafür ist es, dass sie (an ihrem freien Tag) während dem Interview ein Telefonat auf ihrem Diensthandy entgegennimmt und es offenbar nicht möglich ist, zu bestimmten Zeiten nicht ans Telefon zu gehen. Sie scheint sehr stark durch die beruflichen Abläufe bestimmt zu sein und kann sich kaum davon abgrenzen.

Bemerkenswert ist ihre Einstellung gegenüber dem Unternehmen. Sie sieht als Führungsperson sowohl ihre persönliche Situation als auch die Bedarfe des Betriebs und ist dankbar für das Entgegenkommen seitens des Unternehmens in Form von Heimarbeitsplatz und flexiblen Arbeitszeiten, ist aber umgekehrt auch bereit, ständig erreichbar zu sein. Zu bedenken ist jedoch, dass die Diensthandys nicht nur dem Arbeitnehmer räumliche Flexibilität bieten, sondern es besteht auch die Gefahr nicht mehr zwischen Arbeit und Freizeit trennen zu können. Davon profitieren Unternehmen jedoch nur auf den ersten Blick. Bedenkt man nämlich, dass Frau Freidinger beispielsweise kaum Erholungsphasen hat, kann dies auf Dauer auch für den Arbeitgeber zum Problem werden, wenn nämlich durch mangelnde Erholung vermehrte Krankheit auftritt. Sie selbst erkennt hier sowohl eigene gesundheitliche Probleme als auch Konfliktpotenzial aufgrund der Kinder, die ihre Mutter Zuhause für sich haben wollen. Frau Freidinger fällt es offenbar besonders schwer, hier eine klare Trennung zwischen Berufsleben und Privatleben zu vollziehen, was zu ihrem bisher im Interview gezeigten Muster passt. Sie stellt es nicht in Frage, ob sie überhaupt Zuhause arbeiten sollte. Vielmehr ist es auch hier nur eine Frage der Organisation, dass sie dann arbeitet, wenn ihr Mann sich um die Kinder kümmern kann. Der Beruf nimmt auch hier einen Raum ein, der kaum in Frage gestellt wird.

> C: „der Nachteil is halt, man is permanent im Arbeitsmodus. im Abrufmodus. und das is halt die Schwierigkeit was dann auch wiederum **gesundheitliche** Probleme macht auch so in Richtung Burnout halt auch Probleme macht, (.) ähm dass man diese Ruhephasen (.) nit hat. oder ich mir die selbst nit so wirklich zugestehe. und da brauch ich ne ganz große Disziplin dazu. (2) und Gott sei **Dank** sind meine Kinder so wild und **fordern** auch und **lassen** mich dann auch nit am Rechner arbeiten, (.) mhh wenn-wenn sie zuhause sind, ich mach das auch mittlerweile nimmer. wenn die Kinder Zuhause sin mach ich keinen Computer mehr an. es hat keinen Sinn. es gibt nur Stress, weil die kommen dann zubbeln an mir wollen aufn Schoß, wollen ins Internet wollen was spielen oder sonschtirgendwas tun, (.) und dann sach ich ne: **gleich**, noch fünf **Minuten** aber es **sind** keine fünf Minuten. es is ne halbe Stunde und **länger**. und vertröstet die immer wieder dann fangen die an Quatsch zu machen mh:: um mich abzulenken um Aufmerksamkeit zu kriegen und nachher is nur riesen Trouble und Stress, also lass ich das. (.) und schau halt dann am Wochenende wenn der Kleine schläft, mein Mann mit dem Großen aufm Spielplatz is dann mach ich meinen Rechner an. oder halt-jo oder halt an meinem freien Tag." (Zeile 369-382)

Wieder bekommen Emotionen für die Kinder, z. B. in Form des Wunsches, Zeit mit ihnen zu verbringen, hier keinen Raum. Der Beruf steht im Mittelpunkt, sei es an Arbeitstagen oder am Wochenende. Dabei fühlt sie sich jedoch offenbar nicht frei, was zu der Vermutung passt, dass sie vielfach fremdbestimmt ist. Sie schließt die Erzählsequenz mit einer Evaluation und spricht hier von den Freiheiten, die sie habe. Dies klingt jedoch etwas ironisch, da im Laufe der Sequenz deutlich wurde, dass sie trotz scheinbarer Freiheiten seitens des Arbeitgebers doch gefangen ist in den Abläufen des Berufs.

In dieser Sequenz zeigt sich also, dass ihr Alltag nahezu ausschließlich durch den Beruf bestimmt ist. Alles andere muss so organisiert werden, dass Frau Freidinger beruflich keine Abstriche machen muss. Dies bedeutet für sie einen hohen organisatorischen Aufwand, was psychische und physische Beschwerden nach sich zieht.

Es lassen sich folgende Strukturhypothesen bilden:

- Die empfindet ein Geben und Nehmen zwischen ihrem Arbeitgeber und ihr selbst
- Der Alltag ist komplett durchorganisiert und bricht bei kleinsten Abweichungen zusammen
- Frau Freidinger ist durch den Beruf auch im Privatleben fremdbestimmt

Sequenz 6: 383-423

Die folgende Sequenz ist durch die Nachfragen der Interviewerin gekennzeichnet und bietet sich dadurch inhaltlich als eigene Sequenz an. In diesem Erzählabschnitt erklärt Frau Freidinger, warum sie sich dieses Leben „antut" (Zeile 384).

Nachdem Frau Freidinger in einer vorangegangenen Erzählsequenz sich selbst die Frage gestellt hat, warum sie sich das alles antut („also man- man fragt sich (.) oft (.) warum. tust du dir das an." Zeile 233), greift die Interviewerin diese Frage nochmal auf.

I: „Sie ham vorhin gesagt (.) warum tu ich mir das an." (Zeile 384)

Ihre Begründung ist dann auffallend reflektiert, was nach ihren bisherigen sachlichen Erzählungen nicht zu erwarten war. Sie führt hier selbst die Anerkennungsthematik als Begründung neben ihrem ehrgeizigen Charakter an („ich bin sehr ehrgeizig, ich bin aber auch sehr (.) mh anerkennungsbedürftig." Zeile 386). An dieser Stelle des Gesprächs wird sie von Kindergarten angerufen, weil ihr Sohn krank ist und abgeholt werden muss. Nachdem sie kurz wieder sehr sachlich wird und den weiteren Tagesablauf plant, kehrt sie jedoch schnell zum Thema Anerkennung zurück. Die Hypothese, dass ihre Leistungsorientierung eng mit dem Wunsch nach Anerkennung verbunden ist begründet sie dadurch, dass sie eine deutlich jüngere Schwester hat, die mehr Aufmerksamkeit bekam als sie selbst. Frau Freidinger hat sich dann ganz auf ihre schulische Leistung konzentriert um darüber Anerkennung und Aufmerksamkeit zu bekommen („Anerkennen war immer über Leistung da. (2) und das is **ganz** tief in mir verwurzelt." Zeile 402). Sie erkennt also, wodurch sie angetrieben wird, sieht sich hier jedoch in einer Opferrolle. So wäre es ihr offenbar lieber, wenn sie diesen Antreiber nicht hätte, allerdings stellt sie für sich fest, dass sie es nicht ändern kann („das krieg ich nimmer weg. (2) das **weiß** ich. damit muss ich heut leben." (Zeile 403). In dieser Rolle ist sie wiederum sehr passiv. Sie erkennt die Problematik genau, hält es aber für unmöglich, etwas zu verändern. Bei der Intensität ihrer Leistungsorientierung ist es auch offensichtlich, dass sie sich hier nicht so leicht verändern kann. Frau Freidinger betont nochmal, dass sie nicht aufgrund des Geldes so viel arbeitet, sondern dass es Dinge wie „Anerkennung", „Herausforderung", „Abwechslung", „gebraucht werden" und „unersetzlich sein" (Zeile 406) sind, die sie antreiben. Diese Dinge könnte sie theoretisch sicherlich auch innerhalb der Familie, bei der Betreuung ihrer Kinder erleben. Jedoch hat sie offenbar gelernt, dass Leistung in Schule und Beruf anerkennungswürdig ist und nichts anderes. Dies hat sie sicherlich zu einem großen Teil als Kind innerhalb ihrer Familie erfahren, allerdings ist hier auch ein Rückschluss auf die gesamte Gesellschaft zu ziehen. Schließlich ist es eine Frage der gesellschaftlichen Normierung, was wertgeschätzt wird und was nicht und in der heutigen Gesellschaft spielt Leistung gewiss eine besondere Rolle. Ihren persönlichen Wert legt sie also dadurch fest, ob sie beruflich Leistung erbringt oder nicht.

Sie erörtert also sehr differenziert, was genau sie antreibt („Anerkennung", „Herausforderung" etc. Zeile 406), hat aber gleichzeitig das Gefühl, an dieser Situation nichts ändern zu können. Es wird deutlich, dass sie sich hier einem Zwang unterworfen fühlt, den sie ablehnt, gegen den sie jedoch machtlos ist. Hier besteht offenbar eine psychische Abhängigkeit vom Beruf.

> C: „das sind so die Dinge weshalb man sich das antut. obwohl ichs weiß. aber ich kanns nit abstellen. es is schon (.) eh Stück weit so bisschen Workaholic is da schon dabei. (3) mhh." (Zeile 407-409)

Diese Opferrolle war auch an anderer Stelle des Interviews zu erkennen. Sie plant selten strategisch, die Dinge kommen meist über sie, ohne dass sie etwas dazu tut. Dies ist sowohl bei ihrer beruflichen Laufbahn der Fall als auch bei der Kinderplanung. Hier bestätigt sich wiederum ihre Fremdbestimmtheit und Passivität.

Auf die Frage, ob ihr die Familie diese ersehnte Anerkennung nicht bieten kann antwortet sie, dass es für Tätigkeiten im Haushalt und für die Familie keine Anerkennung gibt („für saubere Wäsche gut geputzt und solche Dinge **gibts** keine Anerkennung. weil das is normal" Zeile 413-414). Sie definiert hier also die Tätigkeiten als Hausfrau und Mutter als selbstverständlich und nicht anerkennenswert. Das bedeutet im Umkehrschluss, dass die Berufstätigkeit etwas Besonderes ist, was deshalb anerkennungswert ist. Sie wird sogar noch drastischer als sie sagt, dass es alles was sie sucht und braucht in der Familie nicht gibt (Zeile 414). Sie erkennt, dass sie diesbezüglich hilfsbedürftig ist, allerdings erscheint ihr Verhalten hier wie das einer Süchtigen, die nicht aufhören kann, ihre Droge zu nehmen.

> C: „da bräucht ich glau- ich glaub da bräucht ich wirklich (2) professionelle Hilfe und Unterstützung um von de:m (.) um vor der Denke da wegzukommen. ich weiß nit vielleicht irgendwann wenn der Körper ganz streikt wenns nimmer geht vielleicht is dann der Punkt da wo ich

mich drauf einlasse, aber solang: die Ressourcen noch da sind glaub ich nit dass ich mit aufhören kann." (Zeile 418-422)

In dieser Sequenz wird also besonders deutlich, wie groß das Anerkennungsbedürfnis von Frau Freidinger ist und warum sie es gerade und ausschließlich im Beruf sucht. Hier liegt sicherlich eine große persönliche Problematik vor, die sie allein offenbar nicht bewältigen kann. Insgesamt ist jedoch zu bedenken, welche Auswirkungen die derzeitigen gesellschaftlichen und politischen Werte und Normen auf Frauen haben, die Familie und Beruf vereinbaren wollen. Die vermehrte Integration von Frauen in den Beruf und insbesondere in Führungspositionen hat diesem Fall zufolge Vor- und Nachteile. Zweifellos ist es obligatorisch, dass Frauen die Möglichkeit bekommen berufstätig zu sein und Karriere zu machen. Dennoch kann es offenbar zum Problem werden, wenn dies zum Zwang und zur gesellschaftlichen Norm wird die ausschließt, dass sich manche Frauen dafür entscheiden, ein, zwei, drei Jahre oder länger ausschließlich ihre Kinder zu betreuen. Am Beispiel von Frau Freidinger erscheint es wünschenswert, dass Frauen (und Männer gleichermaßen) frei entscheiden können, welches Lebensmodell sie wählen.

Aus dieser Sequenz lässt sich noch eine weitere Strukturhypothese entwickeln:

- Eine freie Wahl zwischen Familie und Beruf ist hier nicht möglich, da Anerkennung nur im Beruf erhältlich ist

Sequenz 7: Zeile 424-450

In der folgenden Sequenz fragt die Interviewerin, ob Frau Freidinger schon immer Karriere machen wollte, woraufhin diese nochmal genau erklärt, was ihre Beweggründe für die Karriere sind. Sie stellt klar, dass es ihr weniger um den Titel geht als um die damit verbundene Anerkennung und das Wahrgenommen werden in der Öffentlichkeit (Zeile 433). Es bleibt unklar, warum sie so fest an das Unternehmen gebunden ist, was ihr nach eigener Aussage nicht die Position bietet, die sie sich erhofft hat. Sie macht einige widersprüchliche Aussagen darüber, warum sie Karriere macht, kommt dann jedoch zu dem Schluss, dass sie es ausschließlich aus dem Bedürfnis nach Anerkennung und dem Wunsch, „in der Öffentlichkeit zu stehn öffentlich wahrgenommen zu werden" (Zeile 433) tut. Auf Nachfrage der Interviewerin bestätigt sie, dass die höhere Position im Betrieb der einzige Weg hin zu dieser Anerkennung ist. Hier scheint also die Karriere mehr Mittel zum Zweck zu sein als Erfüllung an sich.

Weiterhin beantwortet sie die Frage danach, ob sie ihre Karriere aktiv verfolgt hat mit einem überraschenden ‚ja' und widerspricht damit dem bisher entstandenen Eindruck, dass sie keinen strategischen Plan hatte und die Dinge immer auf sie zukamen. Hier führt sie auch die bereits verwendeten Gender-Kategorien als

Begründung an. So erklärt sie, dass es eine männliche Herangehensweise sei, bestimmte Positionen einzufordern, da diese niemandem einfach so angeboten würden. Frau Freidinger habe sich diese männliche Verhaltensweise angeeignet weil sie glaubt, dass Karriere sonst – gerade für Frauen – nicht funktioniert.

> C: „es **kommt** niemand auf einen zu und fragt einen möchten sie das tun. das hab ich von meinen männlichen Kollegen gelernt. also die die Position haben die ham das weil sie die eingefordert haben. und nit weil jemand kam und sacht **du** du kannst das besonders gut willstes' machen. das war einma:l nämlich als ich gefracht wurde ob ich Ausbildungsorgani**sation** machen wollte. ähm aber ich glaube nit dass Karriere so funktioniert. un für **Frauen** erst recht nit. also ich seh ja wie viel Frauen bei uns **leisten** und Leistung **bringen** bei uns im Unternehmen und eigen- die tatsächlichen Schaffer sind, aber wie gesacht den- den Titel und die Funktion haben Männer." (Zeile 444-450)

Es bestätigt sich der Eindruck, dass sie eine recht negative Haltung gegenüber den Männern in ihrem Unternehmen hat, die Frauen unterdrücken und selbst die wichtigen Positionen für sich behalten. Dies und die Aussage, dass sie nur ein einziges Mal gefragt wurde, ob sie eine Position (die jetzige) übernehmen wolle widersprechen ihrer Aussage, sie habe sich aktiv um ihren Aufstieg bemüht. Sie scheint sich den Gepflogenheiten des Betriebs anpassen zu wollen, es wird aber nicht deutlich, inwieweit sie wirklich aktiv ihre Wünsche verfolgt.

In dieser Sequenz bestätigen sich einige bisher aufgestellte Strukturhypothesen, neue kommen hier nicht hinzu.

Sequenz 8: Zeile 452-480

Auch die folgende Sequenz bietet sich als solche aufgrund des inhaltlichen Zusammenhangs an. Die Interviewerin fragt danach, wie es zu dem Kinderwunsch kam, woraufhin Frau Freidinger zunächst kurz erwähnt, dass sie lange keine Kinder wollte und dann plötzlich zwei Kinder und weitere Berufstätigkeit plante. Es fällt wiederum auf, dass der Kinderwunsch nicht emotional besetzt ist sondern auch hier kommt deutlich die Leistungsorientierung zum Vorschein. Die Kinder werden hier auch als Mittel zur Gewinnung von Anerkennung dargestellt. Sie betont zweimal, dass sie „beweisen" (Zeile 457,459) wollte, dass sie in der Lage ist Kinder zu haben, einen Beruf erfolgreich auszuüben und auch Haushalt und Ehe erfolgreich zu managen (Zeile 456-458). Hier wird deutlich, dass dabei ein gesellschaftlicher Druck auf Frau Freidinger einwirkt („das will man ja auch **beweisen**. so dem Umfeld." Zeile 458). Dies bestätigt die Annahme, dass sie nicht nur ein persönliches Anerkennungsproblem hat sondern dass auch gesellschaftliche Einflüsse eine bedeutende Rolle spielen. An ihrer Entscheidung gegen die Möglichkeit, ein weiteres Kind zu bekommen und dafür ihren Beruf ganz aufzugeben („das kann ich nit. also (.) ich glaub dann wär ich unglücklich." Zeile 460) erkennt man wiederum, dass hier emotionale Beweggründe den Kindern gegenüber eine untergeordnete Rolle spielen. Es scheint für sie klar zu sein, dass sie ein drittes Kind neben dem Beruf nicht bewältigen könnte und da es für sie nicht in Frage kommt, weniger zu arbeiten und auch eine weniger verantwortungsvolle Stelle anzunehmen steht nur das andere Extrem, nämlich den Beruf aufzugeben zur Debatte. Dies wäre jedoch gleichzusetzen mit dem Entzug des Suchmittels einer Abhängigen und so passt es zu ihrer Struktur ihres Falls, dass sie sich gegen ein drittes Kind entschieden hat.

Auf die Frage nach dem Auslöser des Kinderwunsches gibt Frau Freidinger an, dass sie beruflich keine Erwartungen mehr hatte und dem Leben durch Kinder einen Sinn geben wollte.

> C: „ja. indem wir eingesehen ham dass nix mehr **kommt**. außer Geld verdienen Urlaub verprassen. also dieses nur (.) alleine sich selbst in den Mittelpunkt zu stellen, das wa:r befremdlich. und da war schon der Wunsch da das zu teilen mit jemandem. und dem Leben einen Sinn zu geben. und auch das was man gemacht hat auch n Stück weiterzugeben." (Zeile 470-473)

Hier klingt sie zum ersten Mal in dem Gespräch frei von dem mächtigen Drang nach beruflicher Anerkennung. Im Vergleich zu ihrer vorangegangenen Schilderung stellt sie die Kinder hier nicht als Mittel zum Zweck der Anerkennung dar, sondern als Sinn des Lebens, der ihr offenbar entgegen der bisherigen Darstellungen nicht allein durch den Beruf gegeben zu sein scheint. Es scheint also auch noch eine andere Seite in ihr zu geben, die dann erscheint, wenn der Drang nach Anerkennung durch den Beruf etwas gestillt wurde. Zudem nennt sie als Auslöser für ihren Kinderwunsch die „biologische Uhr" (Zeile 478), also ihr inneres Gefühl, Kinder haben zu wollen.

Hier wird also deutlich, dass der Kinderwunsch sowohl ein inneres, persönliches Bedürfnis ist als auch der Wunsch, gesellschaftliche Erwartungen zu erfüllen. Dieses Muster passt auch zu ihrem Verhalten bezüglich des Berufs. Sie will einerseits arbeiten um anerkannt zu sein, sie tut es jedoch auch, um der gesellschaftlichen Erwartung gerecht zu werden, dass Frauen heute Arbeit und Familie vereinbaren können.

Daraus lässt sich folgende Strukturhypothese ableiten:

- Es bestehen ein gesellschaftlicher und ein persönlicher Druck, Familie und Beruf zu vereinbaren.

Sequenz 9: Zeile 481-511

Folgende Sequenz besteht aus der Schilderung der Alltagsabläufe von Frau Freidinger. Hier wird deutlich, welch hohe organisatorische Leistung Frau Freidinger
bringt und wie sehr sie sich selbst und persönliche Interessen über den Beruf und
die Familie hinaus in den Hintergrund stellt. Es zeigt sich, dass das Lebensmodell
von Frau Freidinger zwingend an eine sehr gute Organisation gebunden ist. Dabei
richtet sich der Tagesablauf zwar nach den beruflichen Terminen von Frau Freidinger, danach verbringt sie jedoch fast all ihre Zeit damit, die Aktivitäten der Kinder zu organisieren und gestalten („bring sie noch in Verei:ne zu Aktivitäten." Zeile
499). Immer wieder betont sie, wie sehr alles organisiert sein muss („sehr gut vor-
bereite", „durchgeplant", „extrem durchstrukturiert" Zeile 484-511). Es fällt auf,
dass für die Organisation des Alltags allein Frau Freidinger zuständig ist, ihr Mann
ist nur am Wochenende an Kinderbetreuung und Haushaltstätigkeiten beteiligt. Bei
aller Organisation hat Frau Freidinger immer noch den hohen Anspruch, den
Haushalt selbst zu führen und hat offenbar keine Haushaltshilfe. Auch möchte sie
den Kindern diesen Alltag so angenehm wie möglich machen, sie sollen von der
komplizierten Organisation nichts mitbekommen.

> C: *„Also es läuft im Prinzip nur so: (3) indem ich alles sehr gut vorbe-
> reite, (.) ich steh morgens um fünf Uhr auf, gucke dann das alles was
> für den Tag- also ich muss dann gucken was steht heut an was brau-
> chen die Kinder im Kindergarten Wechselkleider steht Nachmittags
> Musikschule Turnen irgendwas an was muss ich mitnehmen was
> brauchen wir für die Arbeit wer hat was wann zu essen is noch alles im
> Kühlschrank was gibts heut Abend zum Abendessen eventuell schon
> Dinge aus der Gefriertruhe nehmen also das is so das was ich mor-
> gens zwischen fünf und halb Sieben mache, (.) das der Tag schon
> komplett durchgeplant is geguckt ist bis Abends halt was wird wie ge-
> braucht also ich geh Morgens raus hab n gepackten Trolley wo sämtli-
> che Taschen für die Kinder für mich mein Essen auf der Arbeit meine
> Unterlagen alles halt drin is gepackt wie n Esel gehn wir da raus weil
> wir kommen halt erst um halb Fünf- Fünf nach Hause. und ähm bis
> dahin muss halt alles geplant sein. dann steht die Kinder- stehn zwi-
> schen halb Sieben und Sieben auf (2) ähm dann wird hier gemeinsam
> gefrühstückt also ich gucke das die Kinder von dem allem nix mitkrie-
> gen. dass die entspannt morgens frühstücken können dass die noch
> Zeit zum spielen zum waschen haben und ähm dann gehn wir je nach
> dem was für Termine anstehn."* (Zeile 484-496)

Dabei bleibt für individuelle Aktivitäten nur sehr wenig Zeit, sie werden fast gänz-
lich zurückgestellt. („ich mach halt zweimal die Woche wo ich abends laufen geh

Mann geht einmal die Woche in die Saune, (.) das wars. (2) das is halt zu wenig Privatzeit." Zeile 406).

Entgegen der These, dass Frau Freidinger bezüglich ihrer Karriere und dem Kinderwunsch kaum plante zeigt sich bei der Organisation des Alltags, dass hier alles stark strukturiert und geplant ist. Dies liegt aller Wahrscheinlichkeit daran, dass sie ihren Beruf ansonsten nicht in dieser Form ausüben könnte. Hier zeigt Frau Freidinger einen extrem hohen Einsatz und es wird deutlich, dass sich Familie und Karriere nur durch hohen Einsatz in beiden Bereichen realisieren lässt, gerade wenn die Frau nahezu alleine für den Haushalt und die Tätigkeiten rund um die Familie zuständig ist.

Nach ihrer beruflichen Auszeit durch das Burnout Syndrom war Frau Freidinger schnell wieder in ihr altes leistungsorientiertes Muster zurückverfallen (s. o.). Bei der Beschreibung ihres Alltags wird jedoch deutlich, dass sie ihre Arbeitszeiten deutlich reduziert hat. Diese dazugewonnene Zeit nutzt sie allerdings nicht für sich, sondern ist die zweite Tageshälfte mit der Organisation von Haushalt und Kindern beschäftigt. Sie nimmt also eine hohe Belastung in Anspruch, um sowohl Familie als auch Karriere zu haben.

Hieraus lassen sich folgende Strukturhypothesen ableiten:

- Zugunsten der Vereinbarkeit von Familie und Karriere werden persönliche Interessen zurückgestellt.
- Ein hohes Maß an Organisation ist unumgänglich.

Sequenz 10: Zeile 513-554

In dieser Sequenz antwortet Frau Freidinger auf die Fragen nach Unterstützung, Hemmnissen und Wünschen für die Vereinbarkeit von Familie und Beruf.

Bezüglich der Unterstützung nennt sie ganz klar die Kinderbetreuung, die flexiblen Arbeitsbedingungen (Arbeitszeiten und Arbeitsort) und ihren Mann. Der Mann springt in diesem Fall jedoch nur in Notfällen ein, er ist nicht gleichermaßen für die Organisation der Familie verantwortlich.

Als Hemmnis nennt sie die mangelnden Betreuungsmöglichkeiten der Kinder in Notfällen („wo ich mein Kind heut Mittag krank unterbringe" Zeile 523). In solchen Situationen ringt sie mit sich darum, was nun Priorität hat, was ihr merklich schwer fällt („im dümmsten Fall geht halt das Kind vor" Zeile 525). Interessanterweise nennt sie auch ihre Gesundheit als Hemmnis für die Vereinbarkeit von Familie und Beruf („Ich würd gern mehr machen wenn ich könnt" Zeile 526). Hier zeigt sich zum wiederholten Mal ihre ausgeprägte Leistungsorientierung, die sie sogar über die eigene Gesundheit stellt. Allerdings erkennt sie auch, dass Krankheit das einzige Mittel für sie ist, sich nicht vollständig zu übernehmen. Sie muss also von ihrem Körper zur Pause gezwungen werden, weil sie sich sonst keine Ruhezeit gönnt.

Ihre Antwort auf die Frage nach ihren Wünschen verdeutlicht ihre optimale Vorstellung einer gelingenden Vereinbarkeit von Familie und Beruf.

> C: „(3) Ich würd mir wünschen dass ich die ersten drei Jahre mein Kind- meine Kinder selbst erziehen könnte und nit abhängig wär für ne Kita, dass das ähnlich wie in Amerika Firmen machen man in den drei Jahren trotzdem Firmenkontakt hat, stundenweise arbeiten kann, Weiterbildungen genießt und garantiert dort anknüpft wo man vorher aufgehört hat. (2) das würd ich mir wünschen. dass ich nit die grundlegenden Jahre fremden Leuten überlassen muss was mit meinen Kindern passiert, dass ich die selbst erleben darf und keine Angst zu haben brauch dass ich im Beruf nit weiterkomme oder nimmer ankomme oder irgendwo hin abgeschoben werd, wenn ich ähm nit Schritt halte. (2) das wär schön. (11)" (Zeile 533-539)

Hier wird deutlich, dass sie eigentlich gleichermaßen an ihren Kindern und ihrem Beruf interessiert ist. Durch äußere und innere Zwänge jedoch kann sie nicht beidem gerecht werden. Offenbar ist es ihr Wunsch, die ersten drei Jahre ihre Kinder selbst zu betreuen, die Angst davor, den Anschluss zum Beruf zu verlieren lässt sie jedoch gegen ihren eigentlichen inneren Wunsch handeln. Da ihre Prioritätensetzung aufgrund der Anerkennungsproblematik eindeutig eine berufliche ist, ist klar, dass sie in diesem Fall keine Wahl hat. Bedenkt man jedoch auch den großen gesellschaftlichen Einfluss (und Druck), den sie geschildert hat ist zu überlegen, ob Frauen wirklich die freie Wahl haben, wie sie Familie und Beruf vereinbaren wollen.

Als persönliche Bilanz des Interviews sagt Frau Freidinger, dass sie es schade findet, dass sie so negativ über ihr Leben spricht.

> „wenn ich mir selbst jetzt so in der Rückschau mir mein Gespräch so durch den Kopf gehen lasse find ichs eigentlich traurig, (.) wie vie:l, also wie viel Negatives **ich** im Prinzip wahrnehme" (Zeile 545-546)

Besonders enttäuschend ist es für sie, dass selbst eine Frau wie sie, die seitens des Arbeitgebers viele Freiheiten genießt die Vereinbarkeit von Familie und Beruf als so schlecht empfindet, wo es doch viele Frauen gibt, die diese Flexibilität nicht haben. Diese Aussage ist offenbar politisch zu verstehen und sie drückt damit ihre Enttäuschung über die Rahmenbedingungen für berufstätige Mütter aus. Zudem zeigt sich, dass sie sich mit ihren Problemen nicht als Einzelfall betrachtet.

Wiederum stellt sie sich die Frage, warum sie diese Last auf sich nimmt und schließt für sich mit der Hoffnung, dass sie später, wenn die Kinder sie nicht mehr brauchen ihren heutigen Einsatz ausbezahlt bekommt. Sie vergleicht ihr jetziges

Leben mit einer Investition, die sich zu einem späteren Zeitpunkt auszahlt. Die Parallele zu ihrer Leistungsorientiertheit wird hier wieder besonders deutlich.

C: *„wenn man so betrachtet dass man über so viel negatives sprechen muss und sich über so wenig positives freuen kann und dann stellt sich wirklich die Frage warum mach ich das. wenn eigentlich die Bilanz eher negativ is. statt positiv. (2) aber ich denke dass es sich mal auszahlt dass man sich- das auf sich genommen hat nachher auch im Hinblick auf die Rente, im Hinblick auf die Jahre wo die Kinder einen nimmer brauchen, dass man dann beruflich trotzdem was erreicht hat. (2) tja."* (Zeile 549-554)

Ihre Bilanz ist also recht negativ und es erscheint wie ein eigener Trost, alle Hoffnung in die Zukunft zu richten.

Aus dieser letzten Sequenz lassen sich folgende Strukturhypothesen ableiten:

- Die flexiblen Arbeitsbedingungen sind entscheidend für die Vereinbarkeit von Familie und Beruf
- Öffentliche Kinderbetreuung ist unerlässlich
- Der Ehemann ist eine wichtige Stütze
- Es fehlen Notfall-Betreuungsangebote
- Die eigene Gesundheit ist Hemmnis und Chance zugleich

5.1.3. Fallstruktur

Insgesamt ist das Interview mit Frau Freidinger positiv verlaufen und hat viele Einblicke in ihr Leben und ihre Vereinbarkeit von Familie und Beruf gegeben. Die Eingangsfrage hat den gewünschten Effekt erzielt, eine lange narrative Erzählung zu bewirken. Frau Freidinger hat hier recht strukturiert und chronologisch die Dinge erzählt, die für sie wichtig sind. Auch im Nachfrageteil kam es zu längeren Narrationsphasen, wodurch Schlüsse auf Frau Freidingers Erleben gezogen werden können. Die Interviewerin hätte bestimmte Fragen kürzer formulieren können, um weniger Antwortmöglichkeiten zu suggerieren. Dies scheint die Qualität der Ergebnisse jedoch nicht wesentlich beeinflusst zu haben. Die beiden Unterbrechungen des Interviews durch die Telefonate von Frau Freidinger waren ärgerlich, allerdings bestätigten sie auch die von Frau Freidinger berichteten Abläufe des Alltags, der voller Termine und straffer Organisation ist. Zudem fand sie nach den Gesprächen schnell wieder ins Interview und knüpfte an die vorangegangenen Erzählungen an. Auch dadurch dürften keine wichtigen Erzählinhalte verloren gegangen sein.

Zusammenfassend lässt sich feststellen, dass Frau Freidinger ein Beispiel für einen nur halb vollzogenen Geschlechterrollenwandel ist. Sie ist beruflich erfolgreich, dennoch ist sie aber auch verantwortlich für Haushalt und Kinder, während ihr Mann im Wesentlichen das alte Rollenbild ausfüllt und sich vornehmlich um seinen Beruf kümmert. Um dieses Modell zu leben bringt Frau Freidinger einen unglaublich hohen Einsatz und von dieser Perspektive betrachtet ist es nicht weiter verwunderlich, dass nicht mehr Frauen Karriere und Kinder vereinbaren. Es wird deutlich, dass dieses Lebensmodell nur durch die hohe Organisationskompetenz von Frau Freidinger realisierbar ist. Dazu bedarf es bestimmter Rahmenbedingungen wie Kinderbetreuungseinrichtungen und flexible Arbeitsbedingungen. Wenn diese nicht gegeben sind, bricht das ganze Modell zusammen. Hier zeigt sich die Bedeutung der Strukturen in Unternehmen aber auch innerhalb der Gesellschaft (Kinderbetreuung).

Frau Freidinger möchte mit diesem von ihr gewähltem Lebensmodell zum einen die persönlichen Leistungsansprüche an sich selbst erfüllen um dadurch Anerkennung zu erhalten. Hinzu kommt jedoch der Wunsch, gesellschaftlichen Erwartungen zu entsprechen, indem sie beweist, dass sie Karriere und Familie verbinden kann. Sie hat dabei kaum die Möglichkeit, freie Entscheidungen ganz aus sich selbst heraus zu treffen. Sie scheint stark von außen gelenkt zu sein und steht hier unter großen Zwängen. Nur in Krisensituationen reflektiert sie über ihr Leben und erkennt ihren Wunsch, bestimmte Dinge zu verändern. In der Realität unterliegt sie jedoch immer wieder von neuem den äußeren Zwängen, sodass es in ihrem Leben nur in geringem Maße zu Veränderungen kommt. Es zeigt sich, dass sie allein nicht in der Lage ist ihr Leben wesentlich zu verändern und es lässt sich vermuten, dass sie sich beispielsweise selbst nur dann mehr Zeit für ihre Kinder zugestehen kann, wenn dies mit einer höheren gesellschaftlichen Anerkennung verbunden ist. Hier liegt sicherlich ein wichtiger politischer und gesellschaftlicher Anknüpfungspunkt. Erst wenn beiderseits sowohl die Entscheidung von Frauen für den Beruf und für die Familie (oder auch eine Mischung) anerkannt ist, wird es Frau Freidinger und aller Wahrscheinlichkeit nach auch vielen anderen Frauen möglich sein, freie Entscheidungen zu treffen.

Kennzeichnend für den Fall von Frau Freidinger ist die außergewöhnlich hohe Leistungsorientierung, die sich insbesondere auf den Beruf fokussiert. Der klare Antreiber hierfür ist der Wunsch nach Anerkennung. Im Interview zeigt sich dies sehr deutlich daran, dass sie auffallend viel über ihren beruflichen Ehrgeiz spricht und im Verlaufe ihrer Ausführungen von allein zu reflektieren beginnt. Sie stellt selbst fest, dass sie ihr ganzes Leben an dem Wunsch nach Anerkennung ausrichtet und dafür jegliche Anstrengung auf sich nimmt. Selbst die Beziehung zu ihren Kindern ordnet sie diesem Bedürfnis nach Anerkennung unter. Zudem verkörpern offenbar Männer für sie das Leistungsmodell, das sie zu leben versucht. Sie verwendet äußerst kritische Genderkategorien und macht deutlich, dass sie sich durch Männer benachteiligt fühlt.

Zu den Rahmenbedingungen seitens des Arbeitgebers ist festzustellen, dass es zweifellos notwendig und wünschenswert ist, dass Frau Freidinger die Möglichkeit gegeben wird, von Zuhause zu arbeiten und dazu auch ein Diensthandy zur Verfügung gestellt bekommt. Allerdings ist es für sie dadurch besonders schwer, Beruf und Freizeit zu trennen.

Insgesamt zeigt sich am Beispiel von Frau Freidinger eine große Asymmetrie bezüglich ihrer Wünsche und der Wirklichkeit. Sie ist hin- und hergerissen zwischen einer Passivität (z. B. bezüglich ihrer Karriere oder dem Kinderwunsch) und einer Aktivität (bezüglich des Wunsches nach Veränderung nach dem Burnout). In der Theorie möchte sie einiges verändern, fällt aber in der Realität schnell wieder in gewohnte Muster zurück. Ihr hoher Anspruch, sowohl eine perfekte Karriere als auch eine perfekte Familie zu managen, erlauben ihr eine rundum gelingende Vereinbarkeit offenbar nicht.

5.2. Fall Frau Meyer-Baron

5.2.1. Biografische Daten

- Französin
- Alter: ca. 40 Jahre
- Diplom Betriebswirtschaftslehre Frankreich
- Beginn Diplom Betriebswirtschaftslehre Deutschland, jedoch vorzeitiger Berufseinstieg
- Aktuelle Position: Einkaufsleiterin Automobilbranche
- 7 Mitarbeiter
- verheiratet
- Tochter: 4 Jahre alt
- Nach Geburt 8 Wochen Mutterschutz
- Danach Vollzeit Wiedereinstieg
- Kinderbetreuung ganztägig durch Tagesmutter in Frankreich
- Wohnort: Frankreich, Arbeitsort: Deutschland
- Kindergeld aus Deutschland, steuerliche Vergünstigungen wegen Tagesmutter aus Frankreich
- Angebote des Unternehmens zur Vereinbarkeit von Familie und Beruf: Keine

5.2.2. Interpretation

Sequenz 1: Zeile 1-30
Die erste Erzählsequenz des Interviews mit Frau Meyer-Baron ist ihre Antwort auf die Eingangsfrage, wobei sie zwischendurch nochmal nachfragt, was genau die Interviewerin wissen will. In dieser Sequenz ist ein deutlicher struktureller Aufbau erkennbar, wenngleich auch die Eingangsfrage nicht die gewünschte Narrationsphase hervorgebracht hat.

> I:" ja dann bitte ich sie zu erzählen wies dazu kam dass sie Kinder und eine Führungsposition ham, und wichtig wärs dass sie **alle** Ereignisse erzählen die ihrer Meinung nach zu dieser Entwicklung beigetragen ham."
> B: „Also wie kam das. ganz einfach weil isch war schon Abteilungsleiterin als ich mein Kind bekommen habe. das ist äh vor so (2) ich mei:ne Tochter ist in 2008 geboren genau und äh die Ei:nkaufsabteilung von ((Arbeitgeber)) wurde offiziell gegründet Februar 2007 **s**o also das heißt ich war schon in eine leitende Position als isch meine Tochta: bekommen habe. (2) was möschten sie dann genau- w:ie::"
> I: „Wie wirklich die Entwicklung wies dazu kam. also wie das angefangen hat (.) haben sie das angestrebt so**woh**l die Führungsposition **als** auch das Kinder bekommen, wussten sie immer schon dass sie gerne-„ (Zeile 1-12)

Es ist nicht klar, ob die Interviewerin die Eingangsfrage unklar formuliert hat, ob Frau Meyer-Baron sie aufgrund dessen, dass Deutsch nicht ihre Muttersprache ist nicht ganz verstanden hat oder ob es andere Gründe (sie war z. B. sehr nervös) dafür gab.

Sie erklärt also, dass sie schon vor der Geburt ihrer Tochter die heutige Führungsposition erreicht hatte, weiß dann jedoch nicht, was sie weiter erzählen soll. Erst die neuerliche Fragestellung seitens der Interviewerin setzt dann eine (eher kurze) Narrationsphase in Gang, innerhalb der man den oben genannten strukturellen Aufbau nach Labov (Przyborski, Wohlrab-Sahr 2010, S. 232) erkennen kann. Sie sagt, dass es für sie fest stand, dass sie Kinder und eine Führungsposition haben wollte („**ja**. also für misch das war klar" Zeile 16), was auch als „Abstract" (Przyborski, Wohlrab-Sahr 2010, S. 232) verstanden werden kann, da sie daraufhin genauer erklärt, was sie mit dieser Aussage meint. Sie erklärt daraufhin, dass für sie Karriere und Familie gleichermaßen wichtig sind und dass sie beides schon immer geplant hat.

B: „ähm also Karriere is wischtisch aber für misch äh (.) muss sisch auch mein parallel äh mein Privat- äh leben (so) Fami::lien weiter also is genauso wischitisch wie äh eine mein Berufsleben. und deswegen für misch Karriere heißt, bis zu den Zeitpunkt wo isch **beide immer** parralel ähm (.) beherrschen kann also durschführen kann" (Zeile 20-23)

Sie stellt also von vornherein klar, dass sich Familie und Karriere vereinbaren lassen müssen, wobei auch deutlich wird, dass im Zweifel für sie immer die Familie Vorrang hat („wenn man misch jetzt morgen sagen wird sie können Direktorin werden aber dann müssen sie dre:i Tage in der Woche weg von ihrem Famil dann is die Karriere für misch dursch. so." Zeile 23-25). Frau Meyer- Baron hat hier offenbar eine sehr klare Vorstellung von Vereinbarkeit von Familie und Beruf. Sie betont, dass sie sich beruflich weiterentwickeln will, was für sie automatisch eine Karriere beinhaltet, dass sie dies aber nur dann tut, wenn ihr Privatleben nicht darunter leidet.

Zudem betont sie, dass dieses Lebensmodell für sie immer schon fest stand, dass sie also diesbezüglich immer einen Plan hatte.

B: „von Anfang an für misch war es klar dass isch ein leitende Posision haben wollte und parallel dann ein Kind haben wollte" (Zeile 28-30)

Sie wirkt hier sehr entschlossen und geradlinig und ist sich offenbar sehr genau darüber im Klaren, was eine gelingende Vereinbarkeit von Familie und Beruf für sie bedeutet.

Eine „Koda" (Przyborski, Wohlrab-Sahr 2010, S. 232) ist hier nicht erkennbar, jedoch bringt sie mit dem letzten Satz ihre „Evaluation" (ebd.), nämlich die Tatsache, dass sie immer schon ein Kind und Karriere haben wollte zum Ausdruck.

Aus dieser Erzählsequenz lassen sich folgende Strukturhypothesen ableiten:

- Familie und Karriere sollen in einem ausgewogenen Verhältnis stehen
- Im Zweifel hat die Familie Priorität
- Es existierte immer ein strategischer Plan, Kinder und Karriere zu haben

Sequenz 2: Zeile 32-95
In der folgenden Sequenz berichtet Frau Meyer-Baron über ihre berufliche Entwicklung und ihre diesbezüglichen Vorstellungen. Dies erfolgt auf die Frage der Interviewerin nach ihrem Lebensplan. Auch hier lässt sich wieder ein deutlicher struktureller Aufbau des Erzählabschnittes erkennen. Sie beginnt mit der Feststellung, dass sie Französin ist, was für sie offenbar grundlegend für das Verständnis

ihrer folgenden Erzählung ist und daher als Abstract (Przyborski, Wohlrab-Sahr 2010, S. 232) verstanden werden kann.

B: *„Also isch bi:n (.) Fransösin. @das is wischisch@ weil in dem Fall in Frankreisch ist für eine F- oder in Fra:nkreisch entscheidet sisch nischt so oft eine Frau zuhause zu bleiben wenn man ein Kind hat und das ist für misch ein Unterschied zu den **deu**tschen Frauen und das System in Frankreisch oder auch der Umfeld is auch ganz anders als in Deutschland."* (Zeile 36-39)

Es ist ihr sehr wichtig zu betonen, dass sie als Französin ein anderes System kennt und dass es einen deutlichen Unterschied zwischen dem deutschen und französischen Umgang mit Müttern im Beruf gibt. Es wird auch deutlich, dass sie das französische System bevorzugt, weil es ihre Vorstellung von einer Vereinbarkeit von Familie und Beruf widerspiegelt.

B: *„in Frankreisch ham wir dann sehr viel (.) Sachen die das Leben von einer Frau erleischtert wie Kinderkrippen (.) ähm finanzielle Unterstützung ähm Tagesmutter also **ofizielle** Tagesmutter die äh ein Gehalt kriegen un Steuer dazu bezahlen"* (Zeile 42-44)

Sie empfindet es also als selbstverständlich, dass Mütter berufstätig sind und demnach ist es nur selbstverständlich, dass sie durch verschiedene Rahmenbedingungen wie Kinderbetreuung und steuerliche Vergünstigungen unterstützt werden. Hingegen empfindet sie die diesbezüglichen Rahmenbedingungen in Deutschland als Hemmnis für die betroffenen Mütter.

Entscheidend für ihre Einstellung ist für sie die Tatsache, dass sie ihre karriere-orientierte Mutter als Vorbild hatte und für sie dadurch immer klar war, dass sie ihr Leben genauso gestalten würde wie sie es bei ihren Eltern erlebt hat. Frau Meyer-Baron betont mehrfach, dass dieses Lebensmodell für sie „selbstverständlich" (Zeile 52) ist, da sie so sozialisiert sei. Es entsteht der Eindruck, dass sie durch das Vorbild ihrer Mutter einen grundlegend anderen Umgang mit dem Thema Vereinbarkeit von Familie und Karriere hat als Frauen in Deutschland ihn haben, die dieses Lebensmodell gewählt haben und dabei (insbesondere in Westdeutschland) teilweise gegen viel Widerstand zu kämpfen haben. Es ist allerdings auch festzustellen, dass in beiden Fällen fraglich ist, inwiefern Frauen wirklich frei entscheiden können, welches Lebensmodell für sie das Beste ist.

Frau Meyer-Baron empfindet es als normal, dass Kinder nicht von ihren Eltern betreut werden, da diese berufstätig sind. Sie selbst hat die Erfahrung gemacht, dass sie unter der Betreuung durch ihre Großmutter nicht gelitten hat. Ob es für sie einen Unterschied macht, ob Kinder von Familienangehörigen wie den Großeltern betreut werden oder durch Erzieher in einer öffentlichen Betreuungseinrichtung bleibt hier offen.

Weiterhin bezeichnet sie es als „Glück" (Zeile 53), dass ihr Mann sie unterstützt. Dies ist für sie also offenbar nicht selbstverständlich aber sehr wesentlich für das Gelingen der Vereinbarkeit von Familie und Karriere.

Ein wichtiger Grund für ihre Karriere ist zudem die Tatsache, dass sie ein 7 Jahre dauerndes Studium gemacht hat, was sie als Investition sieht, die sie nicht verschwenden wollte. Aus dieser Investition in ihre Bildung ging also die klare Schlussfolgerung hervor, dass sie zunächst auch von dieser Ausbildung profitieren wollte. Aus diesem Grund wollte sie erst einige Jahre arbeiten, bevor sie Kinder bekam. Zu ihrer Karriere scheint Frau Meyer-Baron also ein recht sachliches und betriebswirtschaftliches Verhältnis zu haben. Sie spricht hier von der „Investition" (Zeile 88) in ihr Studium und beschreibt die daran zwangsläufig anschließende Karriere wie den daraus folgenden Profit. Zudem fühlt sie sich auch gegenüber ihren Eltern schuldig, die ihr das teure Studium in Frankreich bezahlt haben. Offenbar wäre es für sie eine Verschwendung finanzieller Art, wenn sie nach dem Studium direkt schwanger geworden wäre und dann auch noch zwei bis drei Jahre zuhause geblieben wäre. Für sie ist es also eindeutig eine selbstverständliche Logik, Karriere zu machen. Sie verwendet sehr oft das Wort „selbstverständlich" was zeigt, dass sie über diese Entscheidungen nicht viel nachdenken muss, sondern dass sowohl die Karriere als auch das Kinder bekommen für sie ganz natürlich sind. Dies zeigt sich insbesondere auch noch einmal daran, dass für sie von vornherein klar war, dass sie nach der Geburt ihrer Tochter nach 8 Wochen Mutterschutz wieder arbeiten wollte, was sie auch nicht davon abgehalten hat in den ersten Monaten zu stillen. Denkbar ist es jedoch auch, dass sie die Selbstverständlichkeit ihrer Karriere deshalb so oft betont, weil sie sich selbst von der Richtigkeit zu überzeugen versucht. Insgesamt scheint sie jedoch eher unreflektiert zu sein, was vermuten lässt, dass sie die Karriere tatsächlich nicht hinterfragt. Sie erlebt hier offenbar eine gelingende Vereinbarkeit von Familie und Karriere. Dabei wirkt sie sehr klar in ihren Vorstellungen, die sie offenbar ohne größere Hindernisse umsetzt („also wirklich für **misch** mein Job war nie ein Hindernis zu mein Privatleben umgekehrt genauso nischt" Zeile 94-95)

Sie schließt die Erzählsequenz mit einer „Evaluation" (Przyborski, Wohlrab-Sahr 2010, S. 232) darüber, dass sich bei ihr Beruf und Privatleben nicht gegenseitig hemmen.

Aus dieser Sequenz ergeben sich folgende weitere Strukturhypothesen:

- Vorbilder sind entscheidend für die eigene Vorstellung von einem Lebensmodell
- Sozialisation hat hohen Einfluss auf Normalität von Vereinbarkeit von Familie und Karriere

Sequenz 3: Zeile 97-234

Die folgende Sequenz ist gekennzeichnet durch den thematischen Fokus auf das Studium und die Karriere von Frau Meyer-Baron. Sie berichtet hier sehr detailliert von allen Entwicklungen, doch hier sollen nur die wesentlichen Inhalte betrachtet werden.

Auf die Frage, wie sich ihre Karriere entwickelt hat beginnt sie mit der Erläuterung ihres an ihr Diplom in Frankreich anschließende Studium in Deutschland. Hier wird deutlich, dass sie sehr zielgerichtet ist. So erklärt sie, dass sie die deutsche Sprache lernen wollte und aufgrund dessen in Deutschland studierte. Dabei machte sie auch ein Praktikum, da sie herausfand, dass in Deutschland – mehr als in Frankreich – Praxiserfahrung wichtig ist. Und wieder zeigt sich ihre betriebswirtschaftliche Betrachtungsweise.

> B: *„isch wollte dann in Deutschland äh arbeiten. (.) weil nochmal (.) Studium gleisch Investition und isch hab soviel Zeit dann in Deutschland verbracht dass isch gedacht hab isch muss zuerst in Deutschland anfangen. dann sollt isch meine Sprachkompetenzen äh verbessern und dann ä:hm meine diese **berufliche** Seite die gefehlt hatte, dann wollt isch dieses Praktikum machen **aber** isch wollte auch meine Schwäsche wissen und isch hab misch **parallel** einfach beworben bei bestimmten (.) Unternehmen"* (Zeile 120-125)

Sie wollte also als Profit aus dem Studium in Deutschland auch hier beginnen zu arbeiten und verfolgte dieses Ziel, indem sie sich parallel zum Studium bewarb. Sie scheint sehr genau zu wissen, was sie will und ihre Ziele sehr geradlinig zu verfolgen. Als ihr dann noch vor Beendigung des Studiums eine Stelle angeboten wird, wägt sie ab und entscheidet, dass sie mehr von der Berufstätigkeit profitieren würde. Wiederum scheint sie zu wissen, was sie will und ihre Ziele nicht aus dem Blick zu verlieren. Dies zeigt sich auch daran, dass sie sich kurze Zeit später gegen den Job entscheidet („hat nisch zu mir gepasst un isch bin gewechselt" Zeile 135). Sie hat offenbar ein klares Bild vor Augen und scheut nicht davor zurück, Entscheidungen rückgängig zu machen um ihr großes Ziel im Blick zu behalten. Offenbar ist sie sehr ehrgeizig, denn sie betont, dass es lediglich einen Misserfolg in ihrem Berufsleben gab (Zeile 139). Als sie nämlich aus rein administrativen Gründen einen Titel nicht anerkannt bekam, entschied sie sich das Unternehmen zu wechseln, weil es für sie den Wert verloren hatte (Zeile 154). Sie ist also sehr selbstbewusst, ehrgeizig und zielstrebig und lässt sich von ihrem Ziel, Karriere zu machen nicht abbringen. Dabei zeigte sie sich offen für Neues und so nahm sie eine Stelle bei ihrem heutigen Unternehmen an, ohne genau zu wissen, worum es dabei ging. Aus dieser Stelle wurde dann eine ganze Abteilung, deren Leitung ihr dann übertragen wurde und sie berichtet mit Stolz, welch große Verantwortung sie trägt. Es wird an dieser Stelle nicht sofort deutlich, wie sie zu der Führungsposition kam, sie schildert diese Situation hier neutral („isch hatte die Verantwortung für das Team" Zeile 174). Nachdem sie von diesem beruflichen Erfolg berichtet hat schließt sie die Erzählung mit der Feststellung, dass sie parallel dazu geheiratet und ein Kind bekommen hat, was sich für sie offenbar problemlos vereinbaren ließ. Es wird deutlich, dass sie bei allem beruflichen Ehrgeiz und Stolz den Bogen zur Familie bewusst wieder spannt, was den Eindruck bestätigt, dass ihr beides gleichermaßen wichtig ist. Sie hatte also stets ihr Ziel, Karriere zu machen vor Augen und hat es sehr ehrgeizig verfolgt.

Auf die Frage danach, ob sie die Karriere forciert hat antwortet sie mit einem klaren Ja.

> I: mhh @(.)@ (2) mhh würden sie sagen (.) dass sie das forciert haben? mhh die karriereschritte?
> B: „ja. ⌊ja. ⌊ja.also als **Frau hat** (.) **man** (.) es **nischt leischt**, besonders nischt in der **Automobilindustrie** (.) äh man muss einfach gucken isch glaub bei ((Unternehmen)) gibt es jetzt ähm (.) achzisch Führungskräfte und davon vielleischt fünf sechs Frauen. mehr nischt." (Zeile 185-191)

Sie begründet die Notwendigkeit, ihre Karriere in dieser Form forciert zu haben damit, dass es als Frau und im Besonderen in der Automobilindustrie schwer sei, eine Führungsposition zu bekommen. Sie nennt also sowohl Genderkategorien für die Begründung als auch branchenspezifische Gesichtspunkte. Sie sieht sich in einer besonderen Situation und zieht daraus offenbar den Schluss, dass sie sich besonders anstrengen muss, um dennoch ihr Ziel zu erreichen.

> B: „wenn man **wirklisch** ein Ziel hat muss man wirklisch äh das forcieren." (Zeile 193)

Dabei bleibt sie sehr sachlich und es kommen keine Gefühle wie Ärger oder Frustration darüber zum Ausdruck. Sie schildert diese Situation eher wie eine von vielen Herausforderungen, die sich im Berufsleben stellen und die sie zu bewältigen hat. Sie bleibt wiederum sehr zielgerichtet und schildert, dass sie sehr hart daran gearbeitet hat, dass sie die Führungsposition erreicht indem sie oft mit ihrem Chef darüber gesprochen hat und immer wieder aktiv die Initiative ergriffen hat („isch hab **wirklisch** dran gearbeitet" Zeile 197, „also man muss kämpfen" Zeile 215). Für ihre Ziele ist sie offenbar bereit, einen hohen Einsatz zu bringen, was sich dadurch erklären lässt, dass sie den Profit ihrer vorher getätigten Investition erreichen will. Sie bleibt bei der gesamten Schilderung ihrer beruflichen Laufbahn sehr sachlich und es wird nicht klar, wie sie gefühlsmäßig dazu steht. Weder spricht sie davon, dass ihr ihr Beruf viel Spaß macht noch scheint es eine große Belastung zu sein. Dies lässt wieder auf die Selbstverständlichkeit schließen, von der sie zu Anfang sprach.

Auf die Frage der Interviewerin, ob die Tatsache, dass ihre Eltern ihr ihr Studium finanziert haben, Druck auf sie ausgeübt hat antwortet sie, dass dies nicht der Fall sei.

> *I:" würden sie sagen oder wars ähm sie haben ja eben gesagt ähm ihre Eltern haben auch Geld bezahlt für das Studium dass das-„*
> *B:*   *|"das is Frankreisch ja"*
> *I: „genau dass das so ne bißchen natürlich dann auch- is das n Druck? oder (.) n Ansporn oder-„*
> *B: „Für misch nisch. das war selbstverständlich wenn (.) schon (.) Zeit von meiner Seite investiert wurd und meine Eltern ham noch für diesen Diplom sag isch für das **Studiengang** weil in Frankreisch die Wirtschaftsschulen sin nischt äh die sind privat. das ist dieses Geld was isch nenne also nisch um den **Diplom** zu haben (.) aber um in diese Schule integriert zu werden (.) ä::hm und dann hab isch gedacht isch kann nisch innerhalb von zwei drei Jahre plötzlisch aufhören zwei drei Jahre und dann wieder irgendwann anfangen, non. für misch war diese **Investition** sollte sich rentieren. (.) das is wie ein **Investment**. wenn sie jetzt ein Haus bauen möschten sie dieses Haus weiterhin **pflegen, schöner** machen und das is genau das gleische mit mein Leben." (Zeile 220-234)*

Trotz der suggestiven Frage verspürt sie also offenbar keinen Druck von außen, sondern hat sich vielmehr selbst zum Ziel gesetzt, Karriere zu machen da sie mit ihrem zeitlichen und dem finanziellen Engagement ihrer Eltern eine Investition getätigt hat, die rentabel sein sollte. Sie vergleicht ihre Ausbildung und ihr Berufsleben hier mit einem Investment, was wieder den Eindruck ihrer sachlichen, betriebswirtschaftlichen Betrachtungsweise bestätigt. Fraglich ist es an dieser Stelle, wie reflektiert sie ihre Beweggründe hier betrachtet. Möglicherweise ist diese Vorgehensweise aufgrund ihrer Sozialisation und Erziehung für sie so normal, dass sie nicht darüber nachdenkt oder gar eine andere Möglichkeit für sich sieht.

Der Vergleich mit einer Investition ist strukturell wiederum als „Evaluation" (s. o.) zu betrachten, denn es fasst ihre berufliche Laufbahn zusammen und stellt den „Kernpunkt" (Przyborski, Wohlrab-Sahr 2010, S. 232) ihrer Erzählung dar.

Folgende Strukturhypothesen lassen sich aus dieser Sequenz entwickeln:

- Ziele werden aktiv und ehrgeizig verfolgt und erkämpft

Sequenz 4: 236-251

Folgende Sequenz lässt sich durch die Nachfragen der Interviewerin nach dem Kinderwunsch von Frau Meyer-Baron abgrenzen. Im Nachfrageteil sind die Antworten von Frau Meyer-Baron eher kurz, es kommt selten zu längeren narrativen Elementen.

Bezüglich ihres Kinderwunsches berichtete sie bereits, dass sie sich immer Kinder gewünscht hat und betont hier noch einmal, dass es ihr Plan war, bis zu ihrem dreißigsten Geburtstag ausschließlich berufstätig zu sein und dann ein Kind zu bekommen. Durch äußere Umstände – einen Partnerwechsel mit 33 Jahren – hat sich ihr Plan jedoch verschoben. Es bleibt hier offen, ob sie erst mit 33 Jahren einen Partner kennengelernt hat und es zuvor, also zu dem eigentlichen Zeitpunkt ihrer Kinderplanung, gar keinen Partner gab. Tatsächlich konnte sie offenbar ihren ursprünglichen klar benannten Plan, Anfang Dreißig ein Kind zu bekommen aufgrund äußerer Einflüsse nicht umsetzen („gut mein Leben hat sisch so: geändert dass isch ein anderen Partner mit dreiundreißisch hatte" Zeile 240). Mit dem neuen Partner wollte sie dann zunächst individuelle Interessen ausleben und so planten sie gemeinsam, noch zwei Jahre zu warten, bis sie ein Kind bekommen wollten. Sie begründet den neuen Plan so, dass sie erst noch ihr „Leben **genießen**" (Zeile 241) wollten, da ein Kind das Leben komplett verändere (vgl. Zeile 242). Es wird also deutlich, dass sie den Individualismus als Genuss empfindet, den sie nicht ohne weiteres aufgeben möchte. Frau Meyer-Baron hatte also lange einen klaren Plan was Karriere und Familie angeht, den sie dann jedoch den entsprechenden äußeren Einflüssen angepasst hat. Letztendlich bekommt sie nicht mit Anfang Dreißig ihr erstes Kind, sondern mit Siebenunddreißig. Wie auch bei ihrer beruflichen Planung fällt auf, dass sie ihr Ziel vor Augen hat, sich aber den äußeren Gegebenheiten dennoch flexibel anpasst, ohne jedoch das Ziel dadurch aus den Augen zu verlieren. Im Unterschied zu ihrer Karriere scheint sie jedoch bei der Familienplanung nicht ganz so ehrgeizig und kämpferisch ihre Ziele zu verfolgen. Ihre Vorgehensweise war im Beruf sehr erfolgreich, die Familienplanung lässt sich jedoch nicht beliebig verschieben und so könnte ihr Wunsch nach einem zweiten Kind durch ihr inzwischen erreichtes Alter (ca. 41 Jahre) ausgeschlossen sein. Sie macht auf Nachfrage der Interviewerin noch einmal sehr deutlich, dass sie immer zwei Kinder wollte, jedoch sei dies inzwischen aufgrund des Alters schwierig („Jajajaja das war (.) also zwei aber dann mit dem Alter @(.)@ is bisschen schwieriger jetzt das zweite zu kriegen.(.)" Zeile 250-251). Hierbei fällt auf, dass sie sehr sachlich spricht und es wird nicht klar, wie sie emotional zu diesen Entwicklungen steht. Sie berichtet gleichermaßen sachlich von ihrer Karriere und von der Familie. Sie geht also offenbar in den beiden Bereichen Beruf und Karriere gleichermaßen strategisch vor und überlässt nichts dem Zufall. Diese Planung scheint für sie einerseits selbstverständlich, andererseits auch sehr wichtig zu sein.

In dieser Sequenz bestätigen sich einige Strukturhypothesen, wobei hier keine neuen hinzukommen.

Sequenz 5: Zeile 253-308

In der folgenden Sequenz geht es um die Organisation des Alltags von Frau Meyer-Baron. Wiederum bietet sich die Sequenz aus inhaltlichen Gründen als solche an und auch hier sind die Erzählsequenzen recht kurz, es kommt nicht zu längeren Narrationsphasen.

Auf die Frage nach der Organisation des Alltags konstatiert sie zunächst, dass diese etwas „anstrengend" (Zeile 256) sei. Ihr Alltag ist gekennzeichnet von einer recht hohen Organisation, die sie sehr sachlich schildert. Ihre Tochter wird von einer Tagesmutter betreut und Frau Meyer-Baron kümmert sich morgens um sie, bis sie zur Tagesmutter oder in den Kindergarten geht. Sie selbst arbeitet zu lange, um ihre Tochter am Nachmittag abzuholen, dies übernimmt ihr Mann. Abends bringt sie ihre Tochter dann noch ins Bett. Sie schildert diesen Ablauf zunächst besonders sachlich, spricht von „Zuständigkeit" (vgl. Zeile 258) und von „dem Kind" (vgl. Zeile 258). Später wird sie ihn ihrer Ausdrucksweise deutlich sanfter und spricht von ihrer Tochter als „die Kleine" (Zeile 261). Dies zeigt, wie sehr die Abläufe einerseits von organisatorischen Fragen geprägt sind und wie sehr sie andererseits bemüht ist, in einem bestimmten Rahmen für ihre Tochter da zu sein. Es fällt auf, dass sich Frau Meyer-Baron und ihr Mann recht gleichberechtigt um die Tochter kümmern. Sie empfindet es als normal, dass dies so ist, betont aber, dass es ihre „Pflicht" (Zeile 269) sei, sich morgens und abends um ihre Tochter zu kümmern, weil sie ihre Priorität sei. Dies klingt einerseits sehr sachlich, andererseits zeigt es ihr Verantwortungsbewusstsein. Es fällt auf, dass sie auch hier eine sachliche Ausdrucksweise hat und nicht beispielsweise davon spricht, dass sie sich gerne in der neben dem Beruf verbleibenden Zeit um ihre Tochter kümmert. Möglicherweise liegt dies daran, dass sie an dieser Stelle lediglich die organisatorische Seite des Alltags beschreibt. Es ist jedoch auch denkbar, dass sie ein schlechtes Gewissen hat, weil sie wenig Zeit für ihre Tochter hat und sich daher selbst unter Druck setzt, alle verbleibende Zeit mit ihrer Tochter zu verbringen.

Sie beschreibt weiterhin, dass sie sich an den Wochenenden besonders viel um ihre Tochter kümmere, weil sie während der Woche so viel arbeite. Hier scheint sie einerseits ein schlechtes Gewissen zu haben und die Zeit, die sie im Alltag nicht für sie hat ausgleichen zu wollen. Andererseits spricht sie davon, dass sie diese Zeit „opfere" (Zeile 271) und sie von ihrer persönlichen Zeit abginge. Sie sagt, dass sowohl sie selbst als auch ihr Mann ihre eigenen Interessen (vgl. Zeile 273) zurückstellen, um für ihre Tochter da zu sein. Sie betont hier mehrmals, dass ihre Tochter ihre „Priorität" (vgl. Zeile 273) sei und dass sie jegliche über die Arbeit hinaus verfügbare Zeit mit dem Kind verbringt. Es entsteht der Eindruck, dass hinter dieser besonderen Herausstellung dieser gemeinsamen Zeit ein schlechtes Gewissen steht. Dies erklärt sich dann in der Antwort auf die Frage nach ihren Arbeitszeiten. Sie konstatiert, dass sie jede Woche mindestens 50 Stunden arbeitet, hinzukommen Dienstreisen oder zusätzliche Sitzungen. Hier bleibt nicht viel

Zeit für das Privatleben übrig, sie erklärt jedoch sofort, dass dies normal sei als Führungskraft und auch nichts mit dem Geschlecht zu tun habe.

> B: „aber das gehört dazu. (.) Überstunden sin selbstverständlisch für Führungskräfte. @weiblisch oder männlisch. das hat damit nischts zu tun@(.)@ (Zeile 287-288)

Sie erscheint hier sehr unkritisch gegenüber den diesbezüglichen Abläufen im Unternehmen und empfindet diese hohen Arbeitszeiten als normal. Die Tatsache, dass sie hier besonders betont, dass dies nichts mit dem Geschlecht zu tun habe lässt vermuten, dass es ihr sehr wichtig ist, dass sie gleichberechtigt behandelt wird und genauso arbeitet wie es im Unternehmen (also nach ihrer eigenen Aussage bei Männern) normal ist. Sie möchte hier offenbar nicht als Ausnahme betrachtet werden und sie beschreibt sich in ihrer beruflichen Tätigkeit weder als besonderen Fall, weil sie eine Frau in einer Führungsposition ist noch weil sie Mutter ist. Dies mag mit ihren Erfahrungen in Frankreich, wo Frauen selbstverständlicher berufstätig sind als in Deutschland zusammen hängen. Dennoch lässt sich aufgrund ihrer zuvor getätigten Aussage, dass Frauen für Führungspositionen kämpfen müssen, annehmen, dass Genderfragen für sie durchaus eine wichtige Rolle spielen. Ihr Weg des Umgangs damit ist möglicherweise, sich anzupassen und möglichst als Frau gar nicht aufzufallen um keine Nachteile zu haben.

Auf die Frage nach dem Umgang mit organisatorischen Notsituationen erklärt sie, dass sie viel Unterstützung seitens der Tagesmutter, ihrem Mann, ihrer Mutter aber insbesondere auch seitens ihres Arbeitgebers erfährt. Sie stellt besonders heraus, dass ihr seitens des Unternehmens viel Flexibilität, z. B. in Form von Homeoffice gewährt wird.

> B: „isch auch (.) Glück hier bei ((Unternehmen)) hab isch sehr gute Vorgesetzte un in dem Fall wenn äh mein Kind krank is dann mach isch Homeoffice, (.) das heißt isch höre nisch auf zu **arbeiten** aber es is sehr flexibel. oder mein (.) Mann bleibt oder meine Mutter auch (.) also isch hab wirklisch Lösungen (.) **Not**lösungen. das is jetzt nisch das Problem. aber isch hab (.) äh (.) Glück dass hier auch (.) Flexibilität gezeigt wird gegenüber (.) Lei- also Frauen die Führungskräfte" (Zeile 293-297)

Für sie stellt sich also die Problematik von Notsituationen aufgrund eines guten Netzwerkes an Betreuungsmöglichkeiten und flexiblen Arbeitsbedingungen nicht. Sie empfindet es also als Glück, dass ihr das Unternehmen diese Flexibilität in Form von Homeoffice bietet, auf Nachfrage stellt sich jedoch heraus, dass es keine besonderen Angebote für die Vereinbarkeit von Familie und Beruf seitens des Unternehmens gibt. Vielmehr scheint es sehr stark davon abhängig zu sein, welche Einstellung der jeweilige Vorgesetzte zu dem Thema hat. Frau Meyer-Baron schildert es in ihrem Fall als Glück, dass ihr Chef hier eine offene Einstellung hat. Es fällt auf, dass sie mehrfach betont, dass diese Situation Glück sei, dass sie also nicht beeinflussbar ist. Dies widerspricht ihrer bisher so zielstrebigen und aktiven Art, die Dinge selbst in die Hand zu nehmen. Es ist fraglich, ob sie sich aktiv für mehr Flexibilität einsetzen würde, wenn diese ihr nicht gewährt werden würde oder ob sie auch hier eventuell nicht auffallen oder eine Sonderbehandlung erfahren möchte.

Festzuhalten bleibt in dieser Sequenz, dass sie eine eher unkritische Haltung gegenüber der Unternehmenspolitik und Zuständen wie Arbeitszeiten zeigt.

Bezüglich der Organisation der Familie zeigt sich in diesem Erzählabschnitt, dass Rahmenbedingungen wie eine flexible Kinderbetreuung und zusätzlich familiäre Unterstützung seitens des Mannes (der in diesem Fall gleichberechtigt Verantwortung übernimmt) und der Eltern von entscheidender Bedeutung sind.

Aus dieser Sequenz lassen sich folgende Fallstrukturhypothesen erstellen:

- Familie und Beruf lassen sich nur durch verschiedene, flexible Rahmenbedingungen erfolgreich vereinbaren
- Es besteht ein schlechtes Gewissen gegenüber dem Kind aufgrund der hohen Arbeitszeiten
- Persönliche Interessen werden zugunsten des Kindes vernachlässigt
- Sie erkennt eine Genderproblematik im Unternehmen und ihre Strategie ist es, möglichst wenig als Frau aufzufallen, um nicht benachteiligt zu werden

Sequenz 6: 310-422
In der folgenden Sequenz geht es um die Frage nach Hemmnissen für die Vereinbarkeit von Familie und Beruf. Frau Meyer-Baron beantwortet diese Frage recht ausführlich. Es fällt auf, dass sie zunächst keine äußeren Rahmenbedingungen als Hemmnisse nennt, sondern sofort darauf eingeht, dass es eine Schwierigkeit werden könnte, wenn ihre Tochter beginnt Fragen zu stellen.

*B: „mhh (3) isch glaub das wird schwie:riger wenn das Kind wächst (2) weil dann das Kind wird Ansprüche haben oder fängt an Frage zu stellen (.) äh waru:m: (.) kommst du so spä:t oder kannst du heute bleiben (.) also **das** wird wahrscheinlich immer **schwieriger** für misch weil jetzt fängt sie an zu sagen ja: (.) äh isch war 2 Tage (2) ähm also hatt isch vor kurzem Urlaub un dann hat sie misch gefragt ja oder hat sie mir gesagt ja du-isch **vermiss** disch äh (2) selbst mit vier-sie is nur vier Jahre alt, das sind Momente wo man denkt naja mhh (2) äh es is **schwer"** (Zeile 314-319)*

Sie geht also von vorneherein davon aus, dass ihre Tochter ein Problem damit haben könnte, dass sie so viel arbeitet und dass sie sich dementsprechend rechtfertigen muss. Dies ist für Frau Meyer-Baron eine Herausforderung, die sie als schwierig (vgl. Zeile 316) betrachtet. Auch jetzt gibt es schon diese Momente, in denen ihre Tochter sagt, dass sie sie vermisst, was für Frau Meyer-Baron offenbar nicht leicht ist. Es wird deutlich, dass sie ein schlechtes Gewissen gegenüber ihrer Tochter hat und sie rechtfertigt sich immer wieder, indem sie erklärt, dass sie ihrem Kind oft erklärt, warum sie nicht so viel Zeit hat und dass sie in ihrer Freizeit sehr viel Zeit mit ihr verbringt. Hier fällt auf, dass sie ihrer Tochter sagt, warum sie ebenso viel arbeitet wie ihr Mann (vgl. Zeile 322). Es stellt sich die Frage, wieso sie hier den Vergleich zu ihrem Mann aufstellt, wo sie doch zuvor betont hat, dass es für sie selbstverständlich sei, dass beide Partner berufstätig sind. Zudem vergleicht sie sich auch mit Frauen, die länger für ihre Kinder zuhause bleiben (vgl. Zeile 327) und betont, dass sie sich nicht schlechter fühlt als diese Frauen. Ihre Wortwahl („also eigentlisch isch fühle misch jetzt nischt äh (.) **schleschter**" Zeile 326) und die immer wiederkehrenden Rechtfertigungen („isch wurde auch so erzogen" Zeile 325) lassen jedoch darauf schließen, dass sie doch größere Zweifel hat, ob das Lebensmodell das sie führt, so richtig ist. Möglicherweise trägt ihr Leben in Deutschland dazu bei, dass es nun doch nicht mehr so selbstverständlich und alternativlos ist, Karriere und Kind zu vereinbaren. Dadurch, dass es in ihrem Umfeld nicht normal ist, dass Frauen Karriere machen wird sie wohlmöglich etwas kritischer, da ihr Lebensmodell nun nicht mehr das einzig normale ist. Denkbar ist es jedoch auch, dass sie durch die Geburt ihrer Tochter einen anderen Blickwinkel bekommen hat und nun erkennt, dass es nicht leicht ist, wenig Zeit für sein Kind zu haben. Nachdem sie zu Beginn mehrfach betonte, dass ihr Lebensmodell für sie selbstverständlich sei ist hier anzunehmen, dass sie es bisher nicht hinterfragt hat.

Sie hat also nach eigener Aussage „negative Gedanken" (Zeile 325) bezüglich der wenigen Zeit, die sie für ihre Tochter hat. Sie scheint hier einerseits zu wissen, was gut und richtig für sie selbst ist („ja das is einfach der Weg den isch gewählt habe um misch wohlzufühlen" Zeile 322), andererseits plagt sie jedoch ein schlechtes Gewissen gegenüber ihrer Tochter. Sie rechtfertigt sich also dadurch, dass sie ihrem Kind immer wieder erklärt, warum sie nicht so viel Zeit für sie hat und nutzt auch das französische Schulsystem als argumentative Unterstützung ihres Lebensmodells. Da ihre Tochter nämlich nach dem Kindergarten eine französische Schule besuchen wird, die grundsätzlich ganztags stattfindet, verwendet sie dieses System als Rechtfertigung dafür, dass sie und ihr Mann berufstätig sind. Zwar ändert dies nichts an dem schlechten Gewissen von Frau Meyer-Baron, jedoch scheint es ihr eine Erleichterung zu sein sich darauf berufen zu können, dass das französische Schulsystem nun mal so ist. Hieran sieht man, welche Bedeutung die gesellschaftlichen und politischen Regelungen haben können. Sie stellen den Regelfall und die Normalität dar, an der alles gemessen wird.

Dies kann sowohl unterstützend als auch hemmend auf die Menschen wirken. Frau Meyer-Baron nennt das französische Schulsystem „bequemer für Eltern" (Zeile 344). „Bequem" könnte hier zum einen bedeuten, dass die Eltern es organisatorisch leichter haben, wenn die Kinder den ganzen Tag betreut werden. Es kann jedoch andererseits auch bedeuten, dass Eltern auch ein Stück Verantwortung abgenommen wird, wodurch sie sich noch mehr auf ihren Beruf konzentrieren können. Aus dem Gesagten lässt sich auch schließen, dass sowohl die öffentliche Betreuung (in diesem Fall Schule und Kindergarten), sowie weitere privat organisierte Unterstützung wie Tagesmutter und Mutter eine große Unterstützung für Frau Meyer-Baron darstellen.

Im weiteren Verlauf des Interviews berichtet sie davon, dass es zu einer Krise in ihrem Leben kam, als das Unternehmen seinen Hauptsitz in eine andere Stadt verlagert und damit fraglich wird, ob Frau Meyer-Baron in ((Wohnort)) bleiben kann oder nicht und ob es gegebenenfalls eine Zwischenregelung für sie geben kann. In diesem Moment stellt sich ihr entgegen ihrer bisherigen Aussage „zum **ersten** Mal die Frage" (Zeile 386), ob die Familie oder der Beruf die höchste Priorität hat. Bisher hatte sie mehrmals betont, dass es selbstverständlich sei, dass ihre Familie die höchste Priorität hat, dieser Aussage unterstreicht jedoch ihre Hin-und-Her-Gerissenheit zwischen beiden Polen. Sie wirkt hier sehr unsicher bezüglich einer Entscheidung. Zwar betont sie auch hier immer wieder, dass die Familie ihre Priorität ist, jedoch möchte sie sich möglicherweise eine Option für die Karriere offen halten und wägt immer wieder Modelle ab, die für sie akzeptabel wären. Es ist hier offenbar sehr schwer oder sogar unmöglich, Beruf und Familie zu vereinbaren, sobald seitens der Arbeit ein räumlicher Wechsel nötig ist. In Familien, in denen nur ein Partner berufstätig ist, besteht in solchen Situationen die Möglichkeit, für den Beruf gemeinsam umzuziehen. Sind jedoch beide berufstätig, stellt es sich wie im Fall von Frau Meyer-Baron so dar, dass ein Partner verzichten muss. Sie sieht sich hier offenbar stark verantwortlich für das Familienleben und betont, dass sie dieses durch Pendeln in eine andere Stadt nicht zerstören möchte. Dieser Wunsch kollidiert natürlich mit ihrem Anliegen, ihre Karriere zu verfolgen. Dieses Ereignis kann auch als kritisches Lebensereignis bezeichnet werden, welches das bisher „aufgebaut(e) Passungsgefüge" (Filipp 2007, S. 338) ins Schwanken bringt. Hier wird Frau Meyer-Baron wie schon zuvor auf ihre „Bewältigungskompetenz" (ebd.) zurückgreifen müssen, die sie ihr Leben wieder in gleichmäßige Bahnen bringen lässt.

All das Gesagte lässt darauf schließen, dass das Verhältnis zwischen Beruf und Familie hier nicht so ausgewogen ist, dass Frau Meyer-Baron vollständig zufrieden ist. Sie wirkt hier sehr hin- und hergerissen und es scheint zweifelhaft, ob Familie und Karriere wirklich in ausgeglichenem Maße vereinbar sind. Der Anspruch, den Frau Meyer-Baron an sich hat, sowohl ihrem Kind als auch allen beruflichen Anforderungen gerecht zu werden scheint hier schwer erfüllbar zu sein. Zuletzt betont sie auch hier noch einmal, dass sie diese Probleme, vor denen sie steht nicht als solche sieht, die sich nur Frauen stellen. Dies untermauert die Annahme, dass sie Gender-Kategorien im beruflichen Kontext ablehnt, da sie sie möglicherweise als unerwünschte Sonderbehandlung empfindet.

Aus dieser Sequenz ergibt sich folgende Strukturhypothese:

- Es besteht eine große Ambivalenz zwischen dem Wunsch, Familie und Karriere auf gleichem Niveau zu vereinbaren und der Realität, in der der Beruf aus zeitlichen Gründen an erster Stelle steht.

Sequenz 7: Zeile 424-464
Nachdem Frau Meyer-Baron die vorangegangene kürzere narrative Erzählsequenz beendet hat folgt nun eine Sequenz die durch Fragen und Antworten geprägt ist. Zunächst geht es dabei inhaltlich um ihren Kinderwunsch.

I: „ja ja. (2) ähm (.) ich wüsst nochmal gern (.) der Wunsch (.) Kinder zu haben. wie früh hatten sie den oder wann kam der auf oder wodurch" (Zeile 424-425)

Daraufhin macht Frau Meyer-Baron sehr deutlich, dass bei ihr immer schon ein Kinderwunsch vorhanden war und dass es für sie immer „selbstverständlich" (Zeile 431) war, dass sie eine Familie haben wollte. Jedoch konstatiert sie an dieser Stelle, dass es dafür „keinen Zeitpunkt" (Zeile 431) gab. Hiermit widerspricht sie ihrer vorherigen Aussage, dass sie bis zu ihrem 30. Lebensjahr ausschließlich berufstätig sein wollte um dann Kinder zu bekommen (s. o.). Ihre Aussage in dieser Sequenz „es hat sich nur nach hinten °verzögert°" (Zeile 432) zeigt aber wieder, dass sie offenbar doch einen Zeitpunkt im Hinterkopf hatte. Weiterhin sagt sie an dieser Stelle, dass sie sich als Ziel gesetzt hatte, bis fünfunddreißig ein Kind zu haben, was sich dann durch den bereits erwähnten Partnerwechsel verzögerte. Es wird also deutlich, dass Frau Meyer-Baron für beide Bereiche – Beruf und Familie – eine klare Vorstellung davon hat, was hier ihre Ziele sind. Dies zeigt sich dadurch, dass sie vielfach den Begriff „selbstverständlich" verwendet um zu erklären, was sie zu ihren Plänen bewegt hat. Sie ist sehr zielgerichtet und hat gerade auch was die Vereinbarkeit von Familie und Beruf angeht eine genaue Vorstellung, wie dies ablaufen soll.

*B: „aber Ziel war zwischen dreißisch un fünfundreißisch ein Kind zu haben weil dann mein- mein- mein Berufsleben sollte (.) schoon äh (2) **etabliert** sein und dann mein Familienleben parall- mein Familienleben parallel."* (Zeile 444-446)

Ihre starke Zielorientierung zeigt sich auch in der Antwort auf die Frage danach, was passiert wäre, wenn sie bereits ein Kind bekommen hätte, bevor sie eine Füh-

rungsposition hatte. Sie erklärt hier, dass sie weiter „Engagement" (Zeile 456) gezeigt hätte und im Zweifel auch das Unternehmen gewechselt hätte, um ihr Ziel
Führungsposition zu erreichen. Auch dies scheint Teil eines bestehenden Planes
gewesen zu sein, dass nämlich die Führungsposition in ihrer beruflichen Laufbahn
höchste Priorität hat und sie diesbezüglich auch nicht auf ein Unternehmen festge-
legt ist. Am Ende dieser Sequenz formuliert sie selbst den „Kernpunkt der Erzählung" (Przyborski, Wohlrab-Sahr 2010, S. 232), nämlich **klare** Ziele" (Zeile 464).
Dies unterstreicht gerade durch die besondere akustische Hervorhebung des Wor-
tes „klar" die hohe Bedeutung dieser Ziele. Dies ist bereits weiter oben als Strukturhypothese festgehalten und bestätigt sich hier sehr eindrücklich.

Sequenz 8: Zeile 466-518

Die folgende Sequenz ist geprägt von der Frage nach den Wünschen von Frau
Meyer-Baron bezüglich der Vereinbarkeit von Familie und Beruf. Hier kommt es zu
keiner Narrationsphase, vielmehr besteht die Sequenz aus Fragen und kurzen
Antworten.

Auf die Frage nach ihren Wünschen antwortet sie sehr spontan damit, dass eine Kinderkrippe im Unternehmen ihr „Traum" (Zeile 469) sei. Dies wäre also in
ihrer Vorstellung eine besondere Erleichterung. Zudem wünscht sie sich – jedoch
etwas weniger nachdrücklich – die Möglichkeit, Zuhause zu arbeiten. Hier wird
weiterhin deutlich, dass es seitens des Unternehmens keine Modelle gibt, die diese Anforderungen berücksichtigen. Im Fall von Frau Meyer-Baron scheint sich das
Unternehmen ihrem Wunsch angepasst zu haben, nach der Geburt zunächst zu
stillen und trotzdem Vollzeit zu arbeiten. Es wird hier zwar nicht deutlich, ob sie
sich sehr dafür einsetzen musste, nur vormittags im Büro zu sein und den Rest
des Tages von Zuhause zu arbeiten, jedoch scheint es in jedem Fall eine Aus-
nahmeregelung zu sein. Es wird deutlich, dass es offenbar durchaus Spielräume
und Flexibilität seitens des Unternehmens gibt, jedoch werden diese – in diesem
Fall – nicht in allgemeingültigen Modellen manifestiert sondern sie müssen indivi-
duell ausgehandelt werden. Hier kam Frau Meyer-Baron ihre Zielstrebigkeit sicherlich zu Gute, denn auch hier hatte sie den klaren Plan, sowohl zu stillen als auch
Vollzeit zu arbeiten.

Es fällt weiterhin auf, dass äußere (politische) Regelungen einen hohen Einfluss auf Frau Meyer-Baron haben.

> I: *„Also sie warn acht Wochen ganz Zuhause, (.)"*
> B: *„|Ja das is die Regelung die sechs und acht al-*
> *so sechs Wochen vor Geburt acht Wochen nach dem Geburt, (.) dann*
> *hab isch direkt nach diesem acht Wochen gearbeitet"* (Zeile 490-493)

Sie passt sich hier einfach den Gegebenheiten des gesetzlichen Mutterschutzes
an, ohne sie zu hinterfragen. Hier wäre es interessant zu hinterfragen, ob sie wenn

es den 8-wöchigen Mutterschutz nicht gäbe möglicherweise gerne früher wieder gearbeitet hätte oder ob sie – gesetzt den Fall, dass der Mutterschutz länger als 8 Wochen dauerte – auch länger Zuhause geblieben wäre. Aufgrund ihrer Karriereorientierung ist anzunehmen, dass sie möglichst früh wieder in den Beruf zurückkehren möchte. Dennoch ist hier zu hinterfragen, welchen Einfluss die bestehenden Rahmenbedingungen tatsächlich haben. Gerade im Fall von Frau Meyer-Baron, die in Frankreich sozialisiert ist und dementsprechend ein ganz anderes Normalitätsbild hat zeigt sich, dass diese Rahmenbedingungen offenbar eine große Bedeutung haben. So hat sie für sich scheinbar nie hinterfragt, ob es ein Modell neben der Vereinbarung von Familie und Karriere gibt, genauso wenig wie sie hinterfragt, ob der 8-wöchige Mutterschutz für sie ein angemessenes Modell ist.

Sie betont also, dass für sie Kinderkrippen im Unternehmen und die Möglichkeit, von Zuhause zu arbeiten eine entscheidende Erleichterung wären. Sie untermauert diesen Wunsch sogar dadurch, dass sie sagt, dass sie diese Rahmenbedingungen einführen würde, wenn sie selbst Geschäftsführerin wäre. Sie geht also davon aus, dass dies für alle Frauen eine große Erleichterung wäre und es lässt sich vermuten, dass sie sich hier eine größere Verantwortungsübernahme für die Belange von Müttern im Unternehmen wünscht. Sie sieht hierin die Möglichkeit, dass Frauen sich nicht entscheiden müssen zwischen Familie und Arbeit, sondern dass sie beides vereinbaren können. Es zeigt sich also wieder, dass für sie klar ist, dass sie sowohl Familie als auch Beruf haben möchte und dass sie nicht bereit ist, auf eines von beiden zu verzichten.

Es lässt sich folgende Strukturhypothese ableiten:

- Für Frau Meyer-Baron ist die Vereinbarkeit von Familie und Beruf eine Selbstverständlichkeit, die sie kaum hinterfragt

Sequenz 9: 520-597
Die letzte Sequenz wird eingeleitet von der Frage nach weiteren Themen, die Frau Meyer-Baron bezüglich ihrer Situation wichtig sind. Hier suggeriert die Interviewerin bereits einige Antwortmöglichkeiten, indem sie auf das Thema Frauen im Unternehmen lenkt. Es ist nicht sicher, wie Frau Meyer-Baron geantwortet hätte, wenn die Interviewerin nur die offene Frage nach weiteren wichtigen Dingen gestellt hätte, es fällt jedoch auf, dass nach diesem Teil der Frage eine längere Pause entsteht, woraufhin die Interviewerin die Frage präzisiert und so in eine Richtung lenkt.

I: „Haben sie sonst noch irgendetwas was ihnen einfällt, was ihnen wichtig ist (.) bezüglich des Themas (3) auch so allgemein was sie glauben was für Frauen wichtig ist oder was für Unternehmen wichtig wäre oder (3)" (Zeile 520-522)

Offenbar gab es kein wichtiges Thema, das im bisherigen Interview noch nicht angesprochen wurde, weshalb sie länger überlegt. Nach längerem Überlegen beginnt Frau Meyer-Baron recht ausführlich von einer Projektgruppe innerhalb ihres Unternehmens zu berichten, der auch sie selbst angehört.

Diese Projektgruppe besteht aus verschiedenen Frauen in Führungspositionen, die „die Position von Frauen (...) fördern" (Zeile 529) sollen. Dieses Projekt ist offenbar noch nicht weit vorangeschritten und das Ziel wird hier auch nicht ganz deutlich. Offenbar hält sie diese Projektgruppe für wichtig sowohl für Frauen, als auch für ihr Unternehmen, da hier die Interessen von Frauen berücksichtigt werden sollen. Es fällt jedoch auf, dass es hier nicht um Mütter im Unternehmen geht sondern insbesondere um Frauen im Allgemeinen. Sie nennt als Beispiel für ein Thema, mit dem sich die Mitglieder der Projektgruppe befassen die Tatsache, dass Frauen ab sofort auch als Testpersonen für neue Produkte des Unternehmens gefragt sind, dass sie also bei dem „Layout", „Design" und der „Funktionalität" des Produktes (Zeile 574) mitwirken können. Es geht hier also um sehr allgemeine Gleichberechtigungsfragen, weniger um die Vereinbarkeit von Familie und Beruf. Frau Meyer-Baron unterstützt diese Maßnahmen („isch find das wirklisch prima" Zeile 547). Offenbar beginnt das Unternehmen also, sich mit Maßnahmen für Gleichberechtigung zu befassen, diesbezügliche Projekte stehen jedoch noch am Anfang ihrer Entwicklung. Hier wird deutlich, dass Frau Meyer-Baron durchaus daran interessiert ist, dass für mehr Gleichberechtigung geworben wird. Bedenkt man ihrer bisherigen Aussagen im Interview, in denen der Eindruck entstand, dass sie Genderkategorien eher ablehnt und am liebsten als Frau keine Sonderbehandlung wünscht, so lässt sich vermuten, dass sie es unterstützt, dass Frauen sich zusammenschließen und dabei seitens der Unternehmensleitung unterstützt werden. Allerdings scheint sie nicht alleine für mehr Gleichberechtigung kämpfen zu wollen, da sie nicht als Einzelperson dastehen möchte und dann eventuell benachteiligt werden würde. Ihre Strategie scheint es also zu sein, als Individuum geradlinig ihre Ziele zu verfolgen und sich dabei den Gegebenheiten weitestgehend anzupassen. Daneben kann sie sich innerhalb der Projektgruppe im Schutz der Gruppe für mehr Gleichberechtigung engagieren, ohne persönliche Nachteile zu haben.

Auf die Frage danach, ob sich die Projektgruppe auch mit dem Thema Vereinbarkeit von Familie und Beruf befassen könnte, antwortet sie mit einem klaren ja, jedoch geht sie nicht näher darauf ein. Dies könnte bedeuten, dass sich diese Gruppe noch nicht mit der Thematik befasst hat, Frau Meyer-Baron es aber durchaus wichtig findet.

Es zeigt sich also, dass es wichtig ist, dass Frauen nicht nur als Einzelkämpferinnen für mehr Gleichberechtigung kämpfen müssen. Es ist vielmehr wichtig, dass sie Rückendeckung seitens der Unternehmensleitung erfahren und auch offizielle Wege eingeschlagen werden.

5.2.3. Fallstruktur

Insgesamt konnte das Interview sehr aufschlussreiche Informationen über die Vereinbarkeit von Familie und Beruf bei Frau Meyer-Baron bieten. Die Narrationsphasen sind insgesamt eher kurz und die Eingangsphase erzielte nicht sofort den gewünschten Effekt einer längeren Narration. Dies lässt sich sicherlich dadurch erklären, dass Frau Meyer-Baron sehr nervös war, schnell sprach und dadurch, dass Deutsch nicht ihre Muttersprache ist möglicherweise einige Unsicherheiten bestanden.

Kürzere und weniger lenkende Fragen der Interviewerin wären wünschenswert gewesen, dennoch wird in Laufe des Interviews sehr deutlich, welche Dinge Frau Meyer-Baron wichtig sind. Es lassen sich deutliche Strukturhypothesen bilden, die sich auch immer wieder wiederholen.

Insgesamt fällt auf, dass Frau Meyer-Baron sehr klare Vorstellungen davon hat, wie sich ihr Leben sowohl bezüglich des Berufs als auch bezüglich ihres Privatlebens gestalten soll. Ihren Plan, Familie und Karriere zu vereinbaren, verfolgt sie ihren Schilderungen zufolge stets zielstrebig und sie lässt sich nicht von ihrem Weg abbringen. Sie betont immer wieder, dass ihre Familie im Zweifelsfall immer den Vorrang hat, es wird jedoch auch deutlich, dass dies aufgrund äußerer Umstände nicht immer leicht umzusetzen ist. Aufgrund ihrer Erzählungen entsteht der Eindruck, dass eine gewisse Ambivalenz zwischen ihrer theoretischen Vorstellung von einer ausgewogenen Vereinbarkeit von Familie und Beruf und der Realität besteht. So betont sie zwar, dass ihre Familie immer den Vorrang habe, dennoch wird immer wieder deutlich, dass Ihre Tochter rein zeitlich deutlich hinter dem Beruf steht. Dieser Zustand ist für Frau Meyer-Baron jedoch offenbar erträglich, wenngleich sie unter der wenigen Zeit für ihre Tochter durchaus leidet. Es wird zudem immer wieder deutlich, dass sie aufgrund der wenigen Zeit für ihre Tochter ein schlechtes Gewissen hat und sich daher besonders bemüht, die gemeinsame Zeit intensiv zu erleben. Hierzu stellt sie ihre persönlichen Interessen stark zurück.

Im Fall von Frau Meyer-Baron wird deutlich, welch große Bedeutung die Sozialisation für eine Normalitätsvorstellung der Vereinbarkeit von Familie und Beruf hat. Dadurch, dass ihre Mutter auch berufstätig war und sie selbst im Wesentlichen von ihrer Großmutter betreut wurde, ist dieses Lebensmodell für sie selbstverständlich. Sie scheint dadurch auch lange eher unreflektiert mit dem Thema umgegangen zu sein und erst durch die Geburt ihrer Tochter und ihr Berufsleben in Deutschland beginnt sie, ihr Lebensmodell etwas kritischer zu sehen, wenngleich sie es auch nicht hinterfragt.

Weiterhin fällt auf, dass sie sich bei der Schilderung ihres Berufslebens weder in ihrer Rolle als Mutter noch als Frau beschreibt. Im Gegenteil betont sie sogar hin und wieder, dass ihre Probleme nicht damit zusammenhängen, dass sie eine Frau ist. Zwar erkennt sie durchaus Unterschiede und auch die Ungleichbehandlung von Männern und Frauen im Beruf, ihre persönliche Strategie scheint es jedoch zu sein, sich anzupassen und nicht als Frau mit typisch weiblichen Problemen aufzufallen. Offenbar hält sie diese Strategie für die einzige Möglichkeit, ihre Karriereziele erreichen zu können.

Frau Meyer-Baron scheint eine recht ausgewogene Vorstellung von der Vereinbarkeit von Familie und Beruf zu haben. Die Rahmenbedingungen wie Kinderbetreuung, Unterstützung durch die Familie, insbesondere ihren Mann, beschreibt sie als Optimalfall und scheint diesbezüglich sehr zufrieden zu sein. Dennoch fällt auf, dass es sie sehr beschäftigt, dass sie so wenig Zeit für ihre Tochter hat. So scheint sie beruflich sehr zufrieden zu sein, jedoch bleibt durch ihre langen Arbeitszeiten wenig Zeit für die Familie übrig. Die Situation scheint hier ausweglos zu sein, da mit ihrer beruflichen Position zwangsläufig ein hoher Zeitaufwand verbunden ist und es keine Option ist, den Beruf aufzugeben. Ein Mittelweg, der geringere Arbeitszeiten bei gleicher Position und dadurch mehr Zeit für die Familie beinhalten würde scheint ausgeschlossen zu sein.

Aus organisatorischer Sicht scheint Frau Meyer-Baron die Vereinbarkeit von Familie und Beruf zu gelingen. Dennoch ist sie offenbar nicht ganz zufrieden, was zeigt, dass man von erfolgreicher Vereinbarkeit von Familie und Beruf nicht nur sprechen kann, wenn die Rahmenbedingungen wie die Kinderbetreuung gut sind, sondern es kommt auch auf die innere Zufriedenheit der betroffenen Person an.

5.3. Fall Frau Abel-Dupont

5.3.1. Biografische Daten

- Alter:
- Studium: Betriebswirtschaftslehre
- Aktuelle Position: Bereichsleiterin HR Management, Energiebranche
- 10 Mitarbeiter
- Verheiratet
- Ehemann arbeitet von Zuhause
- Geburt Sohn: 2010
- Danach 5 Monate Elternzeit inklusive 8-wöchigem Mutterschutz
- Wiedereinstieg Vollzeit
- Arbeitszeit: 40 Stunden zzgl. regelmäßige Überstunden durch Dienstreisen
- Kinderbetreuung ganztags
- Kosten Kinderbetreuung: 2800€/Monat, trägt Unternehmen
- Angebote des Unternehmens zur Vereinbarkeit von Familie und Beruf: finanzielle Unterstützung der Kinderbetreuung bei Führungspositionen, Bonuszahlungen bei früher Rückkehr in den Beruf

5.3.2. Interpretation

Sequenz 1: Zeile 1-76
Das Interview wird wie die anderen Interviews eingeleitet durch die Frage, wie es dazu kam, dass die Interviewpartnerin Kinder und Karriere hat. Darauf beginnt Frau Abel-Dupont eine längere narrative Erzähleinheit, die sie mit dem Thema Beruf einleitet. Sie erklärt, dass sie bereits einige Jahre lang Führungsverantwortung für zwei Mitarbeiter hatte, bevor sie die heutige Position einnahm. Es fällt auf, dass sie dafür entscheidet, zunächst von ihrem Beruf zu berichten. An dieser Stelle ist nicht klar, ob sie dies aus chronologischen Gründen tut oder ob sie den Schwerpunkt aus anderen Gründen setzt.

Bei der Schilderung dessen, wie es zu ihrem jetzigen Job kam, erscheint sie zunächst passiv.

C: *„vor zwei Jahren im Sommer ähm war klar dass mein Vorgesetzter nochmal nach Brüssel wechseln wird dass er uns verlassen wird und eigentlich war auch allen klar, dass ich diesen Job kriegen sollte. (2) Mir auch."* (Zeile 7-9)

Sie beschreibt die Tatsache, dass sie die Führungsposition bekommen würde als selbstverständlichen Vorgang, der nicht hinterfragt wird. Es bleibt auch unklar, wie sie selbst dazu steht. Im nächsten Satz zeigt sich dann jedoch, dass sie die Position haben wollte und sich auch nicht von der Tatsache, dass sie zu dem Zeitpunkt bereits schwanger war davon abbringen ließ. Sie schildert, dass sie auf die Frage, ob sie den Job übernehmen wolle klar gesagt hat, dass sie es will („hab ich ihm gesacht dass ich das **will**" Zeile 12). Gleichzeit sagte sie jedoch auch offen, dass sie schwanger ist, wobei sie sofort klar stellt, dass das für sie kein Hinderungsgrund ist.

C: *„ähm ich hab zu dem Zeitpunkt aber schon gewusst dass ich schwanger bin, habs aber noch niemandem erzählt weils noch ganz frisch war, (2) ähm mein ähm der Chef meines Chefs hat mich dann noch angesprochen ob ich die Position übernehmen will und dann hab ich ihm gesacht dass ich das **will** und hab ihm dann aber auch gesacht dass ich schwanger bin ne? und dass äh (.) ich nich davon ausgeh dass das irgendwas ändert aber dass (3) mhh ja im Rahmen eines fairen Miteinanders dass ich ihm das sagen will weil das halt bedeutet dass er halt im Prinzip kurz nachdem ich die Position übernehme auch äh ähm n Ersatz für mich sicherstellen muss über mehrere Monate ne? (2)"* (Zeile 9-17)

Sie wirkt hier sehr klar und zielorientiert. Es wird deutlich, dass sie durchaus der Tatsache bewusst ist, dass ihre Schwangerschaft ein Problem darstellen könnte, entscheidet sich jedoch dafür, sehr offensiv mit dem Thema umzugehen. Sie hat also ihr Ziel, die Führungsposition zu erlangen klar im Blick und wirkt hier sehr entschlossen. Mit dieser Strategie hat sie dann auch Erfolg und es zeigt sich an ihrer Ausdrucksweise, dass sie durchaus Zweifel daran hatte, dass sie die Position trotz der Schwangerschaft zugeteilt bekommen würde.

> C: „aber es is dann halt auch so gekommen wie ich das erhofft und ei-
> gentlich auch erwartet hätte dass es eben keinen Unterschied ge-
> macht hat und ich hab die Position gekriegt" (Zeile 17-19)

Sie hoffte also, dass es hier keine Schwierigkeiten geben würde und sagt sogar, dass sie es auch „erwartet" (s. o.) hat, jedoch zeigt die Verwendung des Begriffs „eigentlich" (s. o.), dass sie doch etwas unsicher war. Sie berichtet weiterhin sehr sachlich darüber, dass sie aufgrund der Geburt ihres Kindes 5 Monate „pausiert" (Zeile 20) hat und betont dann, dass sie mit kleineren Einschränkungen sofort wieder Vollzeit berufstätig war. Hier zeigt sich deutlich, dass sie sehr berufsorien-tiert ist. Sie schildert sehr sachlich, wie es zu der Führungsposition kam und im Rahmen dessen auch, wie sie organisatorisch mit dem Thema Kind umging. Die Beschreibung ist nicht emotional, die Geburt des Kindes wird eher aus organisato-rischer Sicht geschildert.

Im weiteren Verlauf schildert sie die Betreuung ihres Sohnes. So hatte sie in den ersten Monaten eine Tagesmutter, die das Kind zuhause betreut hat, bevor es dann in eine Ganztagskindertagesstätte kam. Hiermit ist sie offenbar sehr zufrie-den („das läuft super." Zeile 28), wenngleich sie im nächsten Satz schildert, dass dieser Zustand ausschließlich ihrem großzügigen Arbeitgeber zu verdanken ist, der die Betreuung finanziert.

> C: „also äh was man wirklich sagen muss wenn (2) wenn mein Arbeit-
> geber nicht so **groß**zügig wär und diese Kita sponsern würd für mich in
> meiner Position ähm wär mir gar nich- gar nix anderes übrig geblieben
> als länger Zuhause zu bleiben oder Christian und ich hätten das uns
> ähm nochmal anders aufteilen müssen weil äh als ich noch kein Kind
> hatte dacht ich ok ich werd schon irgendne Kita finden die so Kleine
> nehmen ähm äh und dann geh ich nochma arbeiten ähm das stimmt
> zwar die **gibts** die Kinder unter einem Jahr nehmen aber es is wirklich
> super hart n Platz zu finden" (Zeile 29-35)

Offenbar bekommt sie also eine besondere Unterstützung seitens ihres Arbeitge-bers, wobei hier nicht klar wird, ob jeder Mitarbeiter des Unternehmens in dieser Form unterstützt wird oder ob dies eine Sonderleistung speziell für Frau Abel-

Dupont ist. Auffällig ist ihre Aussage, dass sie ohne diese Unterstützung keine andere Möglichkeit gesehen hätte, als ihr Kind selbst bzw. in Absprache mit ihrem Mann zu betreuen. Es wird deutlich, dass sie ihr Kind nur im Notfall selbst tagsüber betreuen möchte und die Kindertagesstätte als nahezu alternativlose Selbstverständlichkeit betrachtet wird.

Es zeigt sich im weiteren Verlauf, dass es offenbar sehr schwer ist, in ((Wohnort)) einen Betreuungsplatz für Säuglinge zu finden, womit Frau Abel-Dupont offenbar nicht gerechnet hatte. Sie scheint hier vor der Geburt ihres Kindes wenig informiert gewesen zu sein ihre damalige Einstellung war offenbar sachlich, möglicherweise auch optimistisch und entspannt.

C: „als ich noch kein Kind hatte dacht ich ok ich werd schon irgendne Kita finden die so Kleine nehmen ähm äh und dann geh ich nochma arbeiten" (Zeile 32-34)

Auch hier wirkt sie sehr berufsorientiert, was sich daran zeigt, dass sie sich vor der Geburt offenbar keine intensiven Gedanken darüber gemacht hat, wie ihr Kind betreut wird. Sie behandelte dies vielmehr als rein organisatorisches Problem und Mittel zu dem Zweck, schnellstmöglich wieder in den Beruf zurückkehren zu können. Offenbar stellt sich mit zunehmender Beschäftigung mit dem Thema während der Schwangerschaft auch ein steigender Anspruch an die Betreuung ein. Sie schildert zum einen, dass es schwer ist, überhaupt einen Platz zu finden, insbesondere beklagt sie sich jedoch über die Qualität der Betreuung. Sie ging also davon aus, dass sie ihr Kind kurz nach der Geburt in verlässliche Hände geben könne, um sich weiter ihrem Beruf zu widmen. Es wird jedoch deutlich, dass sie einen sehr hohen Anspruch an die Erzieher hat. Dies wird durch ihre Wortwahl „achtzig Prozent Durchschnittsleute" (Zeile 39), „Durchschnittserzieher" (Zeile 40) sehr deutlich. Sie erwartet also überdurchschnittliche Qualität der Kinderbetreuung. Im nächsten Satz betont sie dies sehr stark:

C: „da willste das **Beste** haben was du kriegen kannst. Oder es halt selbst machen ne, ähm (3) das is- das is n echtes Problem." (Zeile 41)

Hier wird deutlich, dass es für Frau Abel-Dupont offenbar doch mehr als ein organisatorisches Problem ist, wie das Kind versorgt wird. Zwar schildert sie es sehr sachlich, dennoch lässt sich vermuten, dass ihr hoher Anspruch an die Qualität der Betreuung eine Art Ersatz für ihre eigene Abwesenheit darstellen soll. Zwar sagt sie, dass die Option besteht, das Kind selbst zu betreuen, jedoch führt sie diesen Gedanken nicht weiter aus. Vielmehr scheint sie damit die Bedeutung einer guten Betreuung zu unterstreichen, indem sie sagt, dass sie bei aller Berufs-Orientierung sogar lieber ihr Kind selbst betreuen würde, bevor es schlecht gemacht wird. In ihren weiteren Ausführungen lässt sich erkennen, dass sie die

Betreuung eines Kindes durch die Mutter für das Beste für das Kind hält und dass demzufolge eine externe Betreuung dies durch ein qualitativ hochwertiges pädagogisches Konzept ausgleichen muss.

C: *„ich glaub dass- dass es bestimmt auch mehr Frauen gibt die bereit wären ihr Kind äh abzugeben wenn die n' ähnlich gutes Gefühl hätten im Bezug auf die Person die das Kind dann äh statt einem selbst betreut. aber das das is echt n' Problem also in Deutschland gibts ja keine Spezialisierung auf die Kleinstkinderbetreuung also die beiden Erzieher die diese Kita bei uns machen die kommen aus der Schweiz, da gibts das, da is das auch mehr n Studiengang als ne Berufsausbildung und das merkst du denen halt in **allem** an. also die die ham halt n Konzept- n' pädagogisches Konzept und das ziehn die halt von A bis Z durch in **jeder** Handlung in **jeder** Ansprache an das Kind das is das is halt (.) unglaublich und ähm sowas hab ich noch in keinem Kindergarten oder keiner Kita erlebt die ich hier sonst gesehn hab"* (Zeile 42-51)

Die Qualität der Kinderbetreuung ist für Frau Abel-Dupont also maßgeblich dafür, ob Frauen ihr Kind abgeben würden oder nicht. Offenbar hat sich ihre Einstellung hier verändert. Ihr Verhalten vor der Geburt ihres Kindes beschrieb sie so, als sei sie sehr berufsorientiert gewesen und habe sich keine Gedanken über die Kinderbetreuung gemacht. Dies hat sich durch Schwangerschaft und Geburt deutlich verändert und sie hat nun nicht mehr nur einen hohen beruflichen Anspruch sondern sie hat diesen Anspruch auch bezüglich der Rahmenbedingungen für ihr Kind entwickelt. Die Geburt ihres Sohnes ist also als Wendepunkt in ihrem Leben zu bezeichnen, da sich ihr Blickwinkel in verschiedener Hinsicht hier stark verändert hat. Dies entspricht auch den Aussagen von Filipp, die dies als „kritisches Lebensereignis" (Filipp 2007, S. 338) bezeichnet, welches „…Stadien des relativen Ungleichgewichts in dem bis zu dem gegebenen Zeitpunkt aufgebauten Passungsgefüge zwischen der Person und ihrer Umwelt" (ebd.) hervorruft. Infolgedessen ist es notwendig, dass bestimmte „Bewältigungskompetenzen" (ebd.) vorhanden sind, mithilfe derer das Passungsgefüge neu aufgebaut wird. Frau Abel-Duponts Vorstellung war noch während der Schwangerschaft besonders berufsorientiert. Nach der Geburt veränderte sich ihr Blickwinkel jedoch so, dass es ihr besonders wichtig ist, wie ihr Kind betreut wird. Dazu wurde es erforderlich, dass sie sich aktiv mit dem Thema Kinderbetreuung befasste, um die bestmögliche Lösung für ihren Sohn zu finden.

Die qualitativ hochwertige Kinderbetreuung kann man ihrer Erfahrung nach nur durch viel Geld erhalten und es klärt sich hier auch, warum sie ihren Arbeitgeber als so maßgeblich für das Gelingen der Betreuung einstuft. Diese Kindertagesstätte, mit der Frau Abel-Dupont sehr zufrieden ist kostet 2800 Euro pro Monat, was wiederum verdeutlicht, welchen hohen Anspruch sie daran hat, was es ihr selbst, aber auch ihrem Arbeitgeber Wert ist, dass das Kind gut betreut wird. Diese Kosten unterstreichen wiederum auch ihre hohe Berufsorientierung, denn es ist es ihr offenbar wert – wenn auch der Arbeitgeber zahlt –, so viel Geld in die Kinderbetreuung zu investieren. Ihre Ausdrucksweise ist hier abermals sehr sachlich („wenn du halt echt nen Profi ranlässt dann kost' das Geld" (Zeile 57). Sie konstatiert, dass sie und ihr Mann es sich zwar auch leisten könnten, das Geld für die Kinderbetreuung selbst zu bezahlen, allerdings empfindet sie die Summe als so groß, dass sie hierfür sogar überlegen würde, selbst zuhause zu bleiben. Diese Aussage erweckt den Eindruck, dass sie es lediglich aus finanziellen Gründen ernsthaft in Erwägung ziehen würde, ihr Kind selbst zu betreuen. Zwar hat sie im Zusammenhang mit der Qualität der Kindertagesstätten bereits erwähnt, dass sie im Zweifel ihr Kind lieber selbst betreuen würde, bevor es in schlechte Hände käme. Jedoch wirkte diese Aussage nicht so nachdrücklich wie im Zusammenhang mit den Kosten der Kinderbetreuung.

C: *„also wenn ich mir dann überleg zahl ich dann n Jahr wirklich knapp zwanzigtausendeuro für für ne Fremdbetreuung oder bleib ich Zuhaus und machs selbst also da- da käm ich schon ziemlich ins überlegen ne, was ich da machen würde. (3)"* (Zeile 62-64)

Nach diesen Ausführungen fasst Frau Abel-Dupont ihre Einstellung zum Thema Kinderbetreuung in Deutschland zusammen, was auch als Evaluation (Przyborski, Wohlrab-Sahr 2010, S. 232) bezeichnet werden kann. Sie hält es demnach für problematisch, dass es sowohl schwierig ist überhaupt einen Betreuungsplatz in einer Kindertagesstätte zu bekommen (Zeile 65), aber auch die ihrer Meinung nach geringe „Qualität der Betreuung" (Zeile 65) sei für viele Frauen ein Hemmnis. Weiterhin sieht sie eine besondere Problematik für Akademiker, die oftmals nicht in ihrem Heimatort berufstätig seien und dadurch keine Angehörigen hätten, die in Notsituationen das Kind betreuen könnten. Sie hält also offenbar neben der externen Betreuung familiäre Unterstützung für sehr hilfreich. Die Tatsache, dass man unter Umständen aus beruflichen Gründen in eine andere Stadt ziehen muss hinterfragt sie nicht, es scheint für sie völlig normal zu sein.

Die mangelnde Unterstützung durch die Familie hält sie also für problematisch gerade für „…Frauen die äh aufgrund ihrer Ausbildung halt leider schnell nochmal in den Beruf zurückkehren (2) wollen oder würden ne, (3) jo. (3)" (Zeile 75-76). Hier ist schwer einschätzbar, warum sie den Begriff „leider" verwendet. Es bleibt unklar, ob sie es für besser hielte, wenn auch hoch qualifizierte Frauen längere berufliche Auszeiten nach der Geburt ihrer Kinder nehmen könnten oder ob sie die oben genannten Probleme wie mangelnde Qualität der Kinderbetreuung als Hinderungsgrund für einen schnellen beruflichen Wiedereinstieg hält.

Insgesamt zeigt sich in dieser narrativen Eingangssequenz, dass Frau Abel-Dupont sehr berufs- und leistungsorientiert ist. Wenngleich auch die Schwanger-

schaft und Geburt ihres Kindes ihren Anspruch auf die Qualität der Kinderbetreuung sehr stark erhöht hat, so ändert sich doch nichts daran, dass sie uneinge-
schränkt berufstätig sein möchte. Offenbar hält sie die Betreuung eines Kleinkin-
des durch die Mutter für das Beste für das Kind, wenn dies jedoch durch die Berufstätigkeit der Mutter nicht möglich ist, so muss dieses Defizit durch die hohe
pädagogische Qualität der externen Betreuung ausgeglichen werden. Es ist zu
vermuten, dass es Frau Abel-Dupont durchaus nicht leicht fällt, ihr Kind in fremde
Hände zu geben und sie möchte durch ihr Engagement bezüglich einer – nicht
zuletzt finanziell – hochwerten Betreuung sicherstellen, dass es ihrem Kind trotzdem gut geht. Insgesamt wirkt Frau Abel-Dupont etwas ambivalent bezüglich der
Vereinbarkeit von Familie und Beruf. Sie macht mit relativ wenigen Worten klar,
dass ihre Vollzeit-Karriere für sie von größter Bedeutung ist. Dennoch spricht sie
in dieser narrativen Eingangssequenz auf die Frage nach Karriere und Kindern
insbesondere vom Thema Kinderbetreuung. Dies zeigt, dass es für sie eine große
Bedeutung hat, da sie einerseits ihr Kind in guten Händen wissen will, andererseits aber dadurch ihre eigene Berufstätigkeit in Frage gestellt wird.

Aus dieser Sequenz lassen sich folgende Strukturhypothesen ableiten:

- Hohe Berufs- und Leistungsorientierung
- Eine qualitativ hochwertige Kinderbetreuung ist Grundlage für ihre Berufstätigkeit und somit unumgänglich
- Als Mutter ist sie die beste Betreuung für ihr Kind, da sie jedoch arbeiten
  will muss ihre Abwesenheit durch hohe Qualität der Kinderbetreuung ausgeglichen werden
- Hofft auf Meritokratie im Unternehmen, die frei von Geschlechterungleich-
  berechtigung ist

Sequenz 2: Zeile 79-113
Die Folgende Sequenz ist gekennzeichnet durch die Antwort auf die Frage danach, ob Frau Abel-Dupont einen Plan bezüglich Kindern und Karriere hatte. Zunächst ist ihr die Frage nicht ganz klar, weil die Interviewerin sie möglicherweise
nicht klar genug formuliert hat. Nachdem die Frage präzisiert ist, beginnt eine weitere narrative Sequenz, in der Frau Abel-Dupont zunächst erklärt, dass sie weder
Kinder noch Karriere geplant hatte. Bezüglich des Kindes betont sie, dass sie besonders lang gebraucht hat, um sich „...überhaupt dazu zu entscheiden..." (Zeile
92). Sie verspürte also nicht den Wunsch nach einem Kind, wenngleich sie sich
offensichtlich Gedanken darüber gemacht hat, was der Begriff „entscheiden" zeigt.
Sie begründet die Tatsache, dass sie so spät ihr Kind bekam damit, dass sie
nichts vermisst habe. Dies zeigt, dass sie möglicherweise durch den Beruf so aus-
gefüllt war, dass sie entweder keine Zeit oder kein Interesse hatte, sich über Kinder Gedanken zu machen. Sie bestätigt dies dann auch mit der Aussage, dass die

„berufliche Entwicklung" (Zeile 93) nach dem Studium zunächst deutliche Priorität hatte. Dies lässt vermuten, dass sie aufgrund des Engagements für ihr Studium zunächst darauf fokussiert war, das Gelernte auch anzuwenden. Es ist anzunehmen, dass sie die Berufstätigkeit als Lohn für die vorherigen Bemühungen betrachtet. Dies spricht wiederum für eine gewisse Zielorientierung, wenngleich sie auch betont, dass sie nie eine Führungsposition angestrebt hat. Offen bleibt hier jedoch, wodurch es dann zu dem Kinderwunsch kam.

> C: „also es war- ich war nie jemand der gesacht hat dass ich ne Führungsposition anstrebe aber es war irgendwann so dass es sich sehr natürlich ergeben hat. also es es war dann so dass (2) ich eigentlich **sowieso** schon die Führungskraft war für die andern Mitarbeiter die da waren ohne dass ich in dieser Rolle war aber wenns wenns irgendwas zu regeln zu entscheiden gab dann sind die zu mir gekommen und nicht zu zu demjenigen der eigentlich ihr Vorgesetzter war" (Zeile 94-99)

Sie betont mehrfach, dass es sich ganz natürlich ergeben hat, dass sie die Führungsposition bekam. Diese Passivität scheint ihr sehr wichtig zu sein und lässt vermuten, dass sie so viel Leistung erbracht hat, dass sie es für eine logische Schlussfolgerung hielt, dass sie die „nächste Stufe" (Zeile 102) erreicht. Sie hat es offenbar nicht aktiv angesprochen, sondern durch hohe Leistung keine andere Option gelassen. Dies lässt zumindest ihre Aussage vermuten, dass es auch für Kollegen und Vorgesetzte eine „logische äh Entwicklung" (Zeile 105) war. Sie verallgemeinert diese Vorgehensweise sogar als typisch weibliche. Ihrer Meinung nach unterscheiden sich demnach Männer und Frauen im Beruf dadurch, dass Männer einen „Schlachtplan" (Zeile 11) haben, den sie „taktisch verfolgen" (ebd.), während Frauen eher durch „Glück" oder „Zufall" bzw. dadurch, dass sie einen Mentor haben (Zeile 109 ff) Führungspositionen erlangen. Sie verwendet hier also klare Genderkategorien, um den Weg von Männern und Frauen in eine Führungsposition zu beschreiben. Entgegen der gegenwärtigen Debatte über Frauen in Führungspositionen scheint es ihrer Erfahrung nach also ein gelingendes Modell zu sein, durch Leistung und ohne aktives Thematisieren eines Führungsanspruches Karriere zu machen. Hier lässt sich nicht erkennen, ob oder wie Frau Abel-Dupont diesen Ablauf bewertet. Aufgrund ihrer bisher gezeigten Leistungsorientierung lässt sich jedoch vermuten, dass sie ihr „weibliches Modell", das eher auf Leistung und Passivität oder auch Bescheidenheit beruht, dem „männlichen" Modell vorzieht.

Es fällt auf, dass sich ihre Aussagen hier widersprechen. Sie spricht zum einen davon, dass Frauen durch Glück oder Zufall in Führungspositionen gelangen, andererseits beschreibt sie Karriere als natürliche Folge von Leistung. Möglicherweise meint sie damit, dass Frauen viel leisten und dann lediglich darauf hoffen, dass diese Leistung anerkannt wird und zu einem entsprechenden Aufstieg führt, während Männer ihre Karriere nicht dem Zufall überlassen.

Aus dieser Sequenz heraus lässt sich folgende Strukturhypothese ableiten:

- Frauen erreichen Führungspositionen durch Glück/Zufall, Männer erreichen sie durch taktisches Handeln
- Karriere soll die natürliche Folge von Leistung sein

Sequenz 3: 115-132

In dieser Sequenz antwortet Frau Abel-Dupont auf die Nachfrage der Interviewerin, ob sie ihre Karriere aktiv vorangetrieben habe. Diese Frage ergab sich aus ihren Ausführungen, die vermuten ließen, dass sie sich eher passiv bezüglich des Führungsanspruches verhält. Hier erklärt sie nun, dass sie durchaus ihre Karriere aktiv vorangetrieben hat, betont dabei aber, dass ihre Aktivität sich stets durch hohe Leistung zeigte und nicht durch einen lang gehegten, strategischen Karriereplan, den sie verfolgt hätte. Sie verwendet hier wiederum Gender-Kategorien, um ihr Verhalten zu erklären. Sie beschreibt sich als „fleißiges Bienchen" (Zeile 120), was sie als typisch weibliche Verhaltensweise betrachtet. Sie sagt also, dass sie immer eine sehr hohe Leistung gebracht hat und dann durch eine natürliche Entwicklung, also ohne Strategie, begann, Führungsaufgaben zu übernehmen. Sie beschreibt dies als eine Entwicklung, die für sie ganz selbstverständlich aufeinander folgt und woraus sich dann zwangsläufig ein Führungsanspruch ergibt. Wichtig ist ihr dabei zu betonen, dass sie ihre Karriere nicht „von langer Hand" (Zeile 127) geplant hat, also nicht typisch männlich gehandelt hat. Es bestätigt sich also die Vermutung, dass sie die „weibliche" Karriere der „männlichen" vorzieht. Auffällig ist hier jedoch, dass sie entgegen ihrer eigenen Aussage über Karriere bei Frauen nicht durch Glück oder Zufall zu ihrer Führungsposition kam, sondern ausschließlich durch Leistung. Demzufolge war der Aufstieg eine natürliche Folge ihrer erbrachten Leistung, was nichts mit Glück oder Zufall zu tun hatte. Möglicherweise ist die Leistungstheorie ihre Wunschvorstellung und es besteht eine gewisse Unsicherheit, ob dies tatsächlich immer reell ist. Offenbar ist es ihr jedenfalls besonders wichtig deutlich zu machen, dass sie mit dieser hohen Leistung nicht von vornherein beabsichtigt hat, eine Führungsposition zu erreichen, wodurch sie sich von der „männlichen" Vorgehensweise abheben will. Das, was sie also eher gering schätzt ist eine langfristige Karrierestrategie, die vielleicht nicht nur aus besonderer Leistung besteht, sondern aus taktischem Handeln.

Es lässt sich folgende Strukturhypothese bilden:

- Sie schätzt den „typisch männlichen", strategischen Karriereweg gering, während sie Leistung als einzig wahren Weg bezeichnet

Sequenz 4: Zeile 134-188
In dieser Sequenz geht es weiterhin um die Frage nach der beruflichen Entwicklung.

> I: „Mhh also du hast ja gesagt dass nach dem Studium der Beruf- die
> berufliche Entwicklung schon erst mal im Vordergrund stand"
> D: |"Ja absoulut."
> I: „Aber n Karriereplan in dem Sinn gabs nich."
> D: „Ne: gabs nich, auch n Stück weit dadurch geprägt mhh dass die
> wirtschaftliche Situation so ungewiss war, ähm (2) äh und ich so keine
> Vorstellung davon hab wie sich Dinge so weiterentwickeln werden. und
> dazu kommt dass ich auch noch ne gewisse Zeit davon ausgegangen
> sind - also Christian und ich örtlich quasi festgebunden sind weil Chris-
> tian ja auch ähm äh den Job in ((Heimatort)) hatte" (Zeile 134-145)

Es fällt auf, dass sie als Begründung dafür, dass sie keinen Karriereplan hatte im
Wesentlichen äußere Einflüsse nennt. So spielte die unsichere wirtschaftliche Situation, sowie die örtliche Gebundenheit durch den Beruf ihres Mannes eine entscheidende Rolle. Offenbar hält sie eine räumliche Flexibilität für eine Karriere für
unabdingbar, sonst wäre dies kein Grund, der gegen eine solche sprechen könnte.
Es fällt auf, dass Frau Abel-Dupont zwar immer wieder sagt, dass sie keine Karrie-
repläne hatte, jedoch passt dies nicht so recht zu der Aussage, dass dies daran
lag, dass die äußeren Gegebenheiten es nicht zuließen. Vielmehr lässt sich hier
vermuten, dass sie sich durchaus vorstellen konnte, Karriere zu machen, dass sie
durch die örtliche Gebundenheit durch ihren Mann jedoch gebremst war. Zu dieser
Vermutung passt auch die Tatsache, dass sie zu einem bestimmten Zeitpunkt
sogar begann, von ((Heimatort)) nach ((Wohnort)) zu pendeln, um dort einen ihr
angebotenen Job anzunehmen. Dies ging sogar so weit, dass auch ihr Mann sich
beruflich nach ((Wohnort)) orientierte, damit sie beide dort leben und arbeiten
könnten. Sie hat also die Angebote wahrgenommen, sich beruflich weiter zu entwickeln. Dies ließe sich durchaus als Karriereweg beschreiben, entscheidend für
Frau Abel-Dupont scheint dabei jedoch die Tatsache zu sein, dass sie dabei eher
an Fleiß und Leistung dachte als an Karriere. Von außen betrachtet handelt sie
also sehr zielorientiert, sie selbst beschreibt sich jedoch als prozessorientiert. Interessanterweise schließt sie selbst diese Sequenz mit der Aussage, dass Kinder zu
dieser Zeit noch kein Thema waren. Dies betont einerseits ihre damalige Berufsorientiertheit, andererseits zeigt es aber auch, dass sie hier das Thema Beruf und
Kind gemeinsam betrachtet. Aufgrund ihres Themenwechsels von Karriere zu
Kind fragt die Interviewerin nach, ob der Gedanke an Kinder überhaupt da war
oder ob sie in dieser Zeit überhaupt nicht darüber nachdachte. Hier zeigt sich,
dass Frau Abel-Dupont das Thema durchaus immer im Hinterkopf hatte und sich

jedoch zunächst sehr bewusst dagegen entschied, ohne es grundsätzlich auszu-schließen.

> C: „Also es war- mir war immer klar, äh dass ich irgendwann ne Ent-scheidung treffen muss was ich äh - also ich habs nie drauf ankom-men lassen ob ich schwanger bin. es war mir schon äh das hab ich schon sichergestellt dass ich nich schwanger werd, aber es war weder so dass ich das ausgeschlossen hätte noch so dass ich gesacht hätte in _jedem_ Fall. es war wirklich offen.(4)" (Zeile 171-174)

Hieraus wird deutlich, dass der Gedanke an Familie und Kinder also durchaus immer vorhanden war, dass er jedoch zunächst noch keine Bedeutung bekam, da die berufliche Entwicklung lang im Vordergrund stand.

Nach diesem thematischen Wechsel von Karriere zu Kind fragt die Interviewe-rin erneut nach der beruflichen Entwicklung von Frau Abel-Dupont und danach, wie es zur Karriere kam. Diese erklärt, dass sie aufgrund „steigender Berufserfah-rung" (Zeile 180) immer deutlicher Schwächen bei ihren Vorgesetzten erkannte, woraus sich bei ihr ein Führungsanspruch ergab. Es fällt auf, dass sie ihre eigene Leistung als die Beste ansah und es daher für selbstverständlich befand, dass sie die Führungsposition übernehmen sollte. Diesen Führungsanspruch formuliert sie hier indirekt:

> C: „also insbesondere bei der letzten Entscheidung war mir total klar wenn ich das jetzt nicht werd werd ich keinen andern akzeptieren für diesen Job. weil ähm (2) äh da hatt ich grad n paar Jahre nen Vorge-setzen von dem ich nich überzeugt war und das das hätt ich nich nochma- ähm gemacht. dann hätt ich mir nen andern Job gesucht."
> (Zeile 182-186)

Sie wirkt hier ausgesprochen entschlossen und zielorientiert, was sich dadurch zeigt, dass sie sogar bereit gewesen wäre, den Job zu wechseln. Es wird hier nicht deutlich, ob und wie klar sie diesen Führungsanspruch auch artikulierte, bzw. wie sehr sie davon ausging, dass ihre Leistung anerkannt wird indem ihr die Posi-tion zugesprochen wird. Es wird also nicht deutlich, ob sie ihren Führungsan-spruch artikuliert hat, jedoch erwartet sie offenbar als logische Konsequenz auf ihre Leistung die Anerkennung dafür in Form der Führungsposition. Es stellt sich die Frage, aus welchem Grund sie es ablehnt, sich strategisch für ihre Karriere einzusetzen, die sie zweifellos anstrebt und auch schon erreicht hat. Es ist zu vermuten, dass sie lediglich Leistung für eine ehrliche Methode hält, Karriere zu machen. Möglicherweise bedeutet eine Strategie („Schlachtplan" s. o.) für sie, nicht immer die bestmögliche Leistung zu bringen, sondern auch bereit zu sein, sich die Karriere mit anderen, „unehrlichen" Mitteln zu erkämpfen.

Aus dieser Sequenz lässt sich folgende Strukturhypothese schließen:

- Leistungsorientierung ist nicht gleichzusetzen mit Karrierestreben

Sequenz 5: 190-256

Die folgende Sequenz wird eingeleitet durch die Frage, wie der Alltag von Frau Abel-Dupont aussieht. Sie schildert daraufhin einen „typische(n) Tag" (Zeile 212), an dem sie also weder auf Dienstreise ist noch beispielsweise ihr Kind krank ist. Hierbei wird deutlich, dass ihr Mann eine tragende Rolle spielt. So kümmern sich die beiden morgens gemeinsam um ihren Sohn, ihr Mann holt das Kind jedoch um halb sechs in der Kindertagesstätte ab, da sie selbst erst etwas später Nachhause kommt. Sie nehmen sich vor und nach der Arbeit Zeit für ihr Kind, allerdings fällt auch auf, dass es offenbar nicht ganz leicht für Frau Abel-Dupont ist, jeden Abend um 18 Uhr das Büro zu verlassen, wie sie es sich vorgenommen hat. So verbringt sie morgens recht viel Zeit mit ihrem Sohn, da dieser früh wach ist. Abends jedoch ist die Zeit sehr knapp, was für sie offenbar nicht leicht ist. Zudem fällt auf, dass sie betont, dass auch die Zeit am Abend, in der das Kind schon schläft und Frau Abel-Dupont und ihr Mann sich nur um sich kümmern können eine große Bedeutung hat. Trotz alledem erscheint sie nicht überlastet, offenbar ist alles gut organisiert. Die tragende Rolle des Mannes wird deutlich, als Frau Abel-Dupont schildert, wie ein „untypische(r)" (Zeile 220) Tag verläuft. Offenbar ist sie regelmäßig auf Dienstreise, was bedeutet, dass sie morgens früh aufbricht und abends spät zurückkommt. In dieser Zeit kümmert sich ihr Mann alleine um ihr Kind und sie betont, dass dadurch, dass ihr Mann von Zuhause aus arbeitet eine große Flexibilität besteht. Auch wenn ihr Kind krank ist, kann er sich meist darum kümmern. Dies scheint eine maßgebliche Säule für das Funktionieren der Vereinbarkeit von Familie und Beruf bei Frau Abel-Dupont zu sein. Auffällig ist hier jedoch auch die Tatsache, dass sie sehr selbstbestimmt mit ihrer Arbeitszeit umgeht. Sie betont, dass sie einfach eine gewisse zeitliche Flexibilität für sich beansprucht und fragt auch nicht danach (ich bin da nit sehr (2) bittstellerisch" (Zeile 246). Der Vergleich mit ihrer Definition einer weiblichen Berufslaufbahn liegt hier nahe. Auch hier scheint sie selbstverständlich davon auszugehen, dass sie aufgrund ihrer Leistung bestimmte Privilegien genießen kann und nimmt sich diese ohne darüber zu sprechen heraus. Sie übernimmt hier zweifellos auch viel Verantwortung für das Unternehmen und wägt stets ab, ob ihre Anwesenheit nötig ist oder nicht, wenn sie jedoch den Eindruck hat, dass sie von Zuhause aus arbeiten kann dann tut sie dies, indem sie ihre Kollegen lediglich darüber informiert.

C: „wenn jetzt auf der Arbeit n:::ix arg dringendes ansteht dann teile ich mit dass ich Zuhause bleiben muss weil der Kleine nit in die Kita gehn kann. also (.) äh (.) jo. (2) also ich bin da nit sehr (2) bittstellerisch. (2) weil ähm auch umgekehrt. also wenn ne - wenn ne Anforde-

*rung ne berufsbezogener Sicht an dich gestellt wird dann wird da auch nich gefragt ob das grad gut passt mit irgendwelchen privaten Themen die ich äh die ich am Start hab. ähm (.) äh aber ich d:: mach da ne Priorität und dann (.) setz ich diese um. also das is für mich auch (2) das kann natürlich nit oder das wird wahrscheinlich auch nit jeder Mitarbeiter so machen, aber das is halt glaub ich was anderes wenn du Führungskraft bist oder Mitarbeiter. un: ich **kann** mir und **darf** mir glaub ich als Führungskraft auch anderes rausnehmen weil ich auch anderes gebe, als n Mitarbeiter."* (Zeile 243-252)

Sie begründet ihre Verhaltensweise hier damit, dass sie einerseits als Führungskraft eine besonders hohe Leistung erbringt, dass aber andererseits auch das Unternehmen hohe Anforderungen an sie stellt, die sie stets zu erfüllen hat. Sie wirkt hier sehr entschlossen und zielstrebig und stellt auch fest, dass sie diesbezüglich keine Schwierigkeiten mit ihrem Arbeitgeber hat und der Erfolg ihr bezüglich dieser Strategie Recht gibt.

Hieraus kann man folgende Strukturhypothese bilden:

-   Grundhaltung ist ein Geben und Nehmen zwischen Arbeitgeber und Arbeitnehmer
-   Der Ehemann spielt eine tragende Rolle
-   Flexible Arbeitszeiten sind von großer Bedeutung
-   Die organisatorischen Rahmenbedingungen funktionieren sehr gut, es fehlt jedoch oft mehr Zeit für das Kind und sich selbst

Sequenz 6: Zeile 258-324
Folgende Sequenz wird eingeleitet durch die Frage danach, wie Frau Abel-Dupont als Führungsperson bei ihren Mitarbeitern mit dem Thema Vereinbarkeit von Familie und Beruf umgeht. Hier macht sie deutlich, dass sie seit sie selbst Mutter ist deutlich mehr Verständnis für die Situation hat, in der sich die Mütter (sie hat nur Mitarbeiterinnen) befinden. Erst aufgrund der eigenen Erfahrungen mit Schwierigkeiten wie dem Finden eines Betreuungsplatzes oder dem Umgang mit Krankheit des Kindes kann sie sich wirklich in die Lage ihrer Mitarbeiterinnen hineinversetzen.

I: „Und wie gehst du - hast du Mitarbeiter mit Kindern?"
C:"Ja."
I: „Wie gehst du da mit dem Thema um?"
*C: „Anders als vorher. also mit sehr viel mehr Verständnis. als vorher. das hab ich eben ja schon gesagt ne, ich - ich war halt vorher auch der Meinung ok es gibt ja **zich** Kitas ne da wirds halt - es gibt ja **immer***

jemand der sich kümmern kann und so weiter aber nä. das is halt nich
so ne, äh jetz und wenn dein Kind krank is dann willsche dich um dein
Kind kümmern." (Zeile 257-266)

Sie erwähnt also mehrfach, dass sie nun mehr „Gespür" (Zeile 271) habe, die Situationen besser „einschätzen" (ebd.) könne und dass es ihr leichter fiele, „locker zu lassen." (Zeile 272) Nach ihren Schilderungen erlaubt sie ihren Mitarbeiterinnen auch einige Flexibilität und erklärt dass sie den Eindruck hat, dass gerade die Mitarbeiterinnen mit Kindern sich besonders anstrengen.

C: „also die Mütter bemühen sich extre:m das zu kompensieren was
äh (2) was allein durch ihre Mutterrolle (2) vielleicht dann auch ma (3)
ja jetzt nich so leistungsorientiert is. das is also das spürt man ganz
oft." (Zeile 277-279)

Interessant ist hier ihre zögerliche Feststellung, dass Mütter gegebenenfalls etwas weniger leistungsorientiert sind. Dieser Kommentar ist deshalb so bemerkenswert, da sie sich selbst aller Wahrscheinlichkeit nach mit einschließt. Frau Abel-Dupont wirkte bisher besonders leistungsorientiert und gesteht hier nun ein, dass sich dies aufgrund des Kindes nun etwas verändert habe. Gleichzeitig konstatiert sie jedoch auch, dass diese Mütter deshalb besonders bemüht sind, diese geringere Leistungsorientierung auszugleichen und es stellt sich die Frage, ob sie dadurch im Endeffekt doch wieder mehr Leistung bringen als kinderlose Mitarbeiter. Bemerkenswert für Frau Abel-Dupont ist in jedem Fall die Tatsache, dass sie sich offenbar mit dem Gedanken, dass eine geringere Leistungsorientierung auch möglich ist auseinandersetzt, wenngleich auch fraglich ist, ob sie (sowie ihre Mitarbeiterinnen) tatsächlich weniger Leistung bringt. Festzustellen ist hier in jedem Fall, dass sie einen Konflikt zwischen Muttersein und Leistungsorientierung sieht. Dies verdeutlicht die Veränderung ihres Blickwinkels seit der Geburt ihres Kindes. Es ist anzunehmen, dass sie diesbezüglich kein Einzelfall ist und dass Mütter in Führungspositionen durch ihr Verständnis für die Situation anderer Mütter im Unternehmen wirklich etwas verändern können.

Offenbar ist es Frau Abel-Dupont ein Anliegen, über das Thema Home Office zu sprechen, denn sie konstatiert im Zusammenhang mit dem Umgang mit der Vereinbarkeit von Familie und Beruf bei ihren Mitarbeitern, dass dieses Thema oft zur Sprache kommt. Sie macht deutlich, dass für sie der Mehrwert von Home-Office überhaupt nicht ersichtlich ist, da sie sich nicht vorstellen kann, von Zuhause aus konzentriert arbeiten zu können, wenn ihr Kind da ist. Sie betont hier mehrfach vehement, dass sie die Debatte nicht versteht („... das is für mich ja n Rätsel. Wie Home Office für irgendwen ne Erleichterung sein kann..." Zeile 281). Diese ablehnende Haltung ist insofern erstaunlich, als sie bereits betonte, dass es ein besonderer Vorteil sei, dass ihr Mann von Zuhause aus arbeitet und dadurch eine große Flexibilität hat, die bei der Betreuung des Kindes oftmals von Vorteil ist. Hier stellt sie das Thema jedoch so dar, dass lediglich ein langer Anfahrtsweg zur Arbeit für sie rechtfertigen würde, von Zuhause zu arbeiten. Es stellt sich hier die Frage, ob sie hier mehr aus der Sicht der Führungsperson spricht, die ihren Mitarbeiterinnen diese Möglichkeit bietet oder eben nicht, oder ob sie hier lediglich von sich selbst und ihrer Situation spricht, in der für sie Home Office kein Thema ist. Die Interviewerin bringt an dieser Stelle die Perspektive ein, dass Home Office beispielsweise dann eine Erleichterung sein kann, wenn ein Kind krank ist und die Eltern dann Zuhause bleiben können und trotzdem erreichbar sind.

> I: „Also da gibts dann so die Debatte zum Beispiel auch wenn Kinder dann so mh - älter sind meinetwegen oder dass die Frauen dann sagen sie arbeiten Abends noch wenn das Kind schon schläft oder ähm wenns Kind krank is und wirklich im Bett liegt dass man dann sagt ich bin zuhause kann aber Emails beantworten oder mehr so in die Richtung.“ D: „Ok gut also normalerweise jetzt in Zeiten von Smartphones also das gilt für mich eigentlich immer. also ich krieg ja meine Mails (2) vierundzwanzig Stunden am Tag und ab Acht und am Wochenende check ich halt wer mir da was schickt aber wenn ich halt von von unserm CEO oder irgendnem Vorstand von uns Sonntags ne Mail krieg dann kriegt der auch sofort ne Antwort. also (.) ähm und zwar ohne dass ich sagen würd ich hab Home Office. ich find auch dass das d- auch dazu gehört ab nem bestimmten Niveau natürlich erst. wenn du Führungskraft bist dass du da ne andere Verfügbarkeit ähm hast.“
> (Zeile 293-304)

Hier zeigt sich, dass Frau Abel-Dupont einen deutlichen Unterschied zwischen „von Zuhause arbeiten“ und „Zuhause erreichbar sein“ sieht. Für sie ist es also nicht vorstellbar, Zuhause konzentriert arbeiten zu können, wenn auch das Kind da ist. Jedoch wird deutlich, dass sie ständig per Email oder Telefon erreichbar ist, was sie jedoch nicht als Arbeitszeit sondern als selbstverständliches Engagement einer Führungskraft beschreibt. Sie macht hier sehr deutlich, dass sie diesen Einsatz von ihren Mitarbeiterinnen nicht erwartet, dass sie als Führungsposition jedoch davon ausgeht, dass dies eine Selbstverständlichkeit ist. Hier bestätigt sich wiederum die Hypothese, dass ihrer Meinung nach ein Geben und Nehmen zwischen Arbeitgeber und Führungskraft bestehen muss, um Familie und Karriere zu vereinbaren. Diese ständige „Verfügbarkeit“ (Zeile 305) ist also eine Form der Leistung, die sie in ihrer Rolle als Führungskraft als selbstverständlich empfindet. Umgekehrt erlaubt sie sich dafür, ihre Arbeitszeiten und Präsenz recht frei zu gestalten. Dennoch entsteht hier der Eindruck, dass ihr Engagement besonders groß ist und sie die angesprochenen Freiheiten selten für sich in Anspruch nimmt. Dies passt wiederum gut zu ihrer Leistungsorientierung und ihrem Selbstverständnis als „fleißiges Bienchen" (s. o.).

Bei allem Unverständnis für das Thema Home Office erkennt sie doch an, dass in bestimmten Berufen, in denen Präsenz nicht erforderlich ist, Home Office unproblematisch sein kann.

> C: „also das is wenn du in na Expertenfunktion bist (.) da is es glaub ich echt scheiß egal. und ich kriegs ja mit bei Christian. ob der im Büro is oder hier das is so: egal. weil der is in Kontakt zum Kunden, da - das is die wichtige Beziehung die er haben muss, aber der Austausch findet halt komplett über Email oder Telefon statt, (2) wo der da sitzt is total egal ne, bei mir überhaupt nich. also ich bin ja den ganzen Tag am sprechen, un: halt entweder mit Kollegen oder mit meinen Mitarbeitern. ähm das wär nich hilfreich wenn wenn ich im Home office wär. (2) also (2) äh und wer das hinkriegt ne, dann halt quasi zu sagen ich arbeit dann beispielsweise nich zwischen vier und sechs, was ich normalerweise tun würde un häng zwei Stunden hintendran also von Acht bis Zehn, wer das hinkriegt, ok. da kann das vielleicht wirklich ne Erleichterung sein. aber das wär für mich überhaupt nich denkbar." (Zeile 307-316)

Hier zeigt sich also, dass sie die Ablehnung von Home Office speziell auf ihren Beruf und ihre Position bezieht und durchaus auch tolerieren würde, wenn ihre Mitarbeiterinnen es als Erleichterung empfinden würden, wenn sie von Zuhause aus arbeiten könnten. Es ist also nicht ganz klar, weshalb sie so lange und vehement über dieses Thema spricht, es lässt sich jedoch vermuten, dass sie als Führungskraft in der Personalabteilung damit konfrontiert ist und sich möglicherweise aktuell damit auseinandersetzen muss. Abschließend zu dieser längeren narrativen Sequenz schließt sie in Form einer Evaluation (Przyborski, Wohlrab-Sahr 2010, S. 232) mit der Aussage, dass sie generell dafür ist, Home Office als Option anzubieten, dass sie es für sich selbst jedoch nicht in Betracht zieht.

Aus dieser Sequenz lassen sich folgende Strukturhypothesen bilden:

- Sie sieht einen Konflikt zwischen Mutterrolle und Leistungsorientierung
- Ihr Blick auf das Thema Mütter im Beruf hat sich durch ihr eigenes Kind stark verändert
- Die Möglichkeit von Zuhause zu arbeiten sollte seitens des Unternehmens gegeben sein, ist jedoch nicht für jeden Beruf relevant

Sequenz 7: 326-345

Die folgende Sequenz besteht aus der Antwort auf die Frage, was Frau Abel-Dupont als Unterstützung bezüglich der Vereinbarkeit von Familie und Beruf empfindet. Hier konstatiert sie ohne zu überlegen, dass ihr Mann von größter Bedeutung dafür ist („Äh in aller erster Linie mein Mann" Zeile 328). Sie unterscheidet ihren Mann hier klar von anderen Männern, mit denen dieses Lebensmodell ihrer Meinung nach so nicht realisierbar wäre. Sie führt mit ihrem Mann offenbar eine sehr gleichberechtigte Beziehung, was sie als Grundlage für das Gelingen der Vereinbarkeit von Familie und Beruf beschreibt. Hier stellt sich jedoch die Frage, warum sie trotz ihrer eigenen positiven Erfahrungen bezüglich der Gleichberechtigung innerhalb der Ehe davon ausgeht, dass ihr Mann hier eine Ausnahme darstellt. Möglicherweise hat sie hier noch ein altes Rollenbild vor Augen oder aber sie erlebt in ihrem Umfeld, dass Frauen deutlich weniger von ihrem Mann unterstützt werden.

> C: „also mit mit extre:m vielen andern Männern wär das so nit drin wie ichs machen würd. weil er fühlt sich halt **exakt** genauso zuständig für alles, ähm wie ich, so dass das eigentlich nie ne Diskussion is wer macht jetzt was wann wie sondern es macht einfach der ders kann. ders grad machen kann." (Zeile 227-230)

Eine weitere wichtige Unterstützung stellt für Frau Abel-Dupont ihr Arbeitgeber dar, der sie insbesondere finanziell stark unterstützt, was sie als „super großzügig" (Zeile 332) empfindet. Im Gegensatz zu einem früheren Zeitpunkt innerhalb des Interviews sagt sie hier nun ausdrücklich, dass sie ohne die Finanzierung der Kita durch den Arbeitgeber „mit Sicherheit länger Zuhause geblieben" (Zeile 334) wäre. Es bleibt jedoch unklar, ob sie lediglich aufgrund des Geldes ihr Kind länger selbst betreut hätte oder ob sie möglicherweise diesen Wunsch sowieso hatte, ihn aufgrund ihres hohen Anspruches an sich jedoch nicht zuließ. Offensichtlich bedauert sie es jedenfalls, „nur 4 Monate" (Zeile 335) nach der Geburt zuhause geblieben zu sein und spricht davon, dass sie 6 oder sogar 8 Monate ihr Kind betreut hätte, wenn der Arbeitgeber nicht die teure Kindertagesstätte finanzieren würde. Wie schon weiter oben wirkt sie hier etwas ambivalent und ist zu vermuten, dass beide Faktoren eine Rolle spielen. Insgesamt wird jedenfalls deutlich, dass es einen auffällig hohen Einfluss hat, ob sich ein Unternehmen für die frühe Rückkehr von Müttern in den Beruf einsetzen oder nicht.

Frau Abel-Dupont stellt jedoch auch fest, dass es für sie nicht in Frage gekommen wäre, länger als 8 Monate Zuhause zu bleiben, da sie sich intellektuell unterfordert fühlte, wenngleich sie die Betreuung ihres Kindes als „körperlich und psychisch" (Zeile 339) sehr anstrengend empfand. Es ist also davon auszugehen, dass die Vereinbarkeit von Familie und Beruf ihr auch dazu dient, ein ausgewogenes Verhältnis zwischen physischer, psychischer und geistiger Beanspruchung zu finden.

> C: „also beides zu haben find ich wirklich optimal. also n Kind zu haben is die die größter Bereicherung die man haben kann, und äh das würd ich auch **nie** in Frage stellen, aber **nur** sich um Kind um n Kind oder Kinder zu kümmern das würde mir auf gar keinen Fall ausreichen. mhm. (3)" (Zeile 341-344)

Es lässt sich folgende Strukturhypothese bilden:

- Vereinbarkeit von Familie und Beruf bedeutet auch ein ausgewogenes Verhältnis zwischen physischer, psychischer und geistiger Beanspruchung

Sequenz 8: 347-364
In dieser Sequenz geht es um die Hemmnisse bezüglich der Vereinbarkeit von Familie und Beruf, die sie empfindet. Es fällt zunächst auf, dass sie sehr lange überlegt, was sie antworten soll, was dafür spricht, dass sie keine großen Hemmnisse empfindet. Dies bestätigt sich auch in ihrer Erklärung, dass dadurch, dass aktuell alles gut organisiert ist keine Probleme bestehen. Jedoch empfindet sie grundsätzlich die Betreuungssituation in Deutschland als sehr schlecht und verallgemeinert hier, dass dadurch die Situation für alle jungen Eltern stark erschwert sei.

> C: „also grundsätzlich die (2) die (2) echt beschissene Situation in der du als äh junge Eltern bist in Deutschland, in Bezug auf die Kinderbetreuung, das is n großes Hemmnis zur Vereinbarkeit von äh Beruf und Familie" (Zeile 349-351)

Es ist also davon auszugehen, dass für sie eine gute Organisation besonders bezüglich der Kinderbetreuung von entscheidender Bedeutung ist. Sie erklärt weiterhin, dass sie die Erziehung eines Kindes generell als große Anstrengung empfindet, wobei sie hier davon ausgeht, dass dies alle Eltern so erleben. Jedoch konstatiert sie, dass dadurch, dass sowohl sie als auch ihr Mann Vollzeit arbeiten und ihre Familie nicht in der Nähe ist, um in Notsituationen einzuspringen ihre Situation deutlich erschwert ist. Jedoch betrachtet sie diese Situation sehr selbstverantwortlich, da sie dieses Lebensmodell und auch den Wohn- und Arbeitsort selbst bestimmt haben. Sie wirkt hier sehr zufrieden, was vermuten lässt, dass die Vereinbarkeit von Familie und Beruf ihr weitestgehend gelingt. Dies bestätigt sie mit der Aussage, dass sie gerade ein weiteres Kind planen, was sie nach eigener Aussage nur deshalb tun, weil sie mit der Situation zufrieden und auch zuversichtlich sind, dass sie auch ein weiteres Kind in ihr Lebensmodell integrieren können.

C: „ich bin ich bin momentan sehr zufrieden. wie wies' läuft. (2) also wir überlegen ja auch ähm ob wir noch n weiteres Kind kriegen sollten und ich glaub das würden wir auch nit tun wenn wir uns jetzt groß (.) gehemmt fühlen würden und oder wenn wir der Meinung wären das können wir auf gar keinen Fall auf die Reihe kriegen. (2)" (Zeile 361-364)

Hieraus lässt sich folgende Strukturhypothese ableiten:

- In Notsituationen wäre es hilfreich, wenn Angehörige einspringen könnten, Betreuungsengpässe lassen sich jedoch auch anders organisieren
- Insgesamt gelingt ihr die Vereinbarkeit von Familie und Beruf

Sequenz 9: 366-420
In folgender Sequenz geht es um Wünsche von Frau Abel-Dupont. Hier betont sie zunächst den Bedarf an einer qualitativ hochwertigen Ausbildung von Erziehern und entsprechenden Konzepten für Kindertagesstätten. Es wird hier wiederholt deutlich, dass sie einen sehr hohen Anspruch an die Kinderbetreuung hat, den sie nicht nur für ihr Kind beansprucht sondern auch als allgemeinen Standard unumgänglich findet.

C: „also die ham in der Regel <u>gar</u> kein Konzept. also da kommt das Kind und mit dem wird dann vielleicht auch gespielt und mit dem wird dann vielleicht auch gesungen und das wird dann halt auch gefüttert oder kriegt was zu essen, aber n echtes <u>Konzept</u> das die verfolgen. ne Philosophie die hinter dem Tun stecken soll. gibts da nit. das find ich total krass. das is echt so intuitiv ne, und da muss ich ganz ehrlich sagen (.) wä? was is das denn? das is nit professionell." (Zeile 371-376)

Sie empfand also die Phase der Suche nach einem Betreuungsplatz für ihr Kind offenbar sehr eigenartig, hatte sie doch ganz andere Ansprüche und Vorstellungen. So hält sie es nicht nur für problematisch, dass es nicht genügend Plätze gibt, sie bezeichnet die Verteilung der vorhandenen Plätze in ((Wohnort)) sogar als „mafiös(...)" (Zeile 381). Erstaunlicherweise beschreibt sie auf diese extreme Bewertung hin nicht etwa die komplizierte Platzvergabe, sondern empört sich darüber, wie ihr die Erzieherinnen begegnet sind, als sie ihr Kind für das Alter von 4-5 Monaten in der Kindertagesstätte anmelden wollte.

C: „wie dir begegnet wird wenn du sagst, äh dass du das Kind halt gern schon nach vier fünf Monaten anbringen oder äh vorbeibringen willst dass selbst die Betreuer dir das Gefühl geben das wär viel zu fürh das (3) also erstens is das nit an denen das zu beurteilen und vor allem wenn <u>die</u> mir schon das Gefühl geben das ist zu früh ä' was

denken die denn was ich dann glaube wie die mit meinem Kind um-
*gehn? also **ganz** ganz ganz merkwürdig."* (Zeile382-386)

Entrüstete sie sich eben noch darüber, dass die Erzieher keine Konzepte haben, nach denen sie arbeiten, so ereifert sie sich nun darüber, dass einige Erzieher offenbar das von Frau Abel-Dupont geplante Alter ihres Kindes bei Eingliederung in die Kindertagesstätte zu früh finden. Hier ist zu vermuten, dass sie selbst auch eine gewisse Unsicherheit bezüglich der frühen Fremdbetreuung ihres Sohnes hatte und nicht damit konfrontiert werden wollte. Dies lässt sich deshalb annehmen, da sie zuvor feststellte, dass sie ihr Kind länger selbst betreut hätte, wenn nicht der Arbeitgeber die Kosten für die Kinderbetreuung übernommen hätte. Zudem hat sie sich einen genauen Plan zurechtgelegt, der offenbar einfach funktionieren und nicht hinterfragt werden soll. Sie fordert also einerseits, dass in den Kindertagesstätten nach einem klaren pädagogischen Konzept gehandelt wird, jedoch darf dadurch nicht ihr Lebensmodell in Frage gestellt werden. Hier wird eine gewisse Ambivalenz zwischen ihrem hohen Anspruch an eine qualitativ hochwertige Betreuung („ne Philosophie die hinter dem Tun stecken soll" Zeile 375) und dem Wunsch, kritiklos ihre geplantes Lebensmodell durchführen zu können („…wie dir begegnet wird wenn du sagst, äh dass du das Kind halt gern schon nach vier fünf Monaten anbringen oder äh vorbeibringen willst dass selbst die Betreuer dir das Gefühl geben das wär viel zu früh das…" Zeile 382ff).

Weiterhin wünscht sie sich, dass ein gesellschaftliches Bewusstsein für die Bedürfnisse von Müttern im Beruf entsteht. Sie fordert, dass Eltern insofern besonders behandelt werden müssen, als sie durch die Geburt ihrer Kinder neue Prioritäten haben. Es fällt auf, dass sie hier von Eltern und Müttern im Allgemeinen, nicht in Ich-Form spricht. Dennoch ist zu vermuten, dass sie stark von sich selbst ausgeht, da sie selbst bisher sehr viel Leistung gebracht hat und nun auch andere Dinge in ihrem Leben wichtig sind. Ihre Wortwahl „ weil das halt eben keine Maschinen sondern Menschen…" (Zeile 396) lässt vermuten, dass sie ihre hohe Leistungsorientiertheit und sich selbst als das „fleißige Bienchen" (s. o.) als Maschine empfunden hat, die für das Unternehmen funktioniert. Nach der Geburt ihres Sohnes kam jedoch zu der beruflichen Leistungsorientierung die hohe Bedeutung der Familie hinzu, die sie innerhalb des Unternehmens anerkannt wissen will.

Sie führt hier wieder ihr Bild von Männern, die ihre Frauen nicht sehr unterstützen an, was ihrer Meinung nach vom Arbeitgeber besonders berücksichtigt werden muss. Sie stellt zudem fest, dass das Thema Frauen in Führungspositionen zwangsläufig auch bedeutet, dass sich Unternehmen mit den Bedürfnissen von Müttern auseinandersetzen müssen.

C: „dass ab dem Moment wo aus Arbeitnehmern auch Eltern werden
dass deren Prioritäten sich ziemlich stark verschieben und dass man
da natürlich Rücksicht drauf nehmen muss. weil das halt eben keine

Maschinen sind sondern Menschen und ähm (.) insbesondere wenns
um weibliche Führungskräfte geht ähm die halt man nicht davon aus-
gehn kann dass die so ne fall- back-optioin zuhause haben wie das
halt bei vielen Männern immer noch der Fall is ne, das und wenn es
Arbeitgebern ernst damit is mehr Frauen in Führungspositionen zu
kriegen dann muss man sich mit dem Thema auseinander setzten."
(Zeile 394-400)

Sie spricht hier meist nicht in der Ich-Form, jedoch lässt sich vermuten, dass sie
ihre persönlichen Erfahrungen und die als Führungskraft in der Personalabteilung,
die sich mit diesen Themen befasst zusammenfasst. Sie beschreibt weiterhin auch
ihre Erfahrung mit einem weiblichen Vorstandsmitglied ihres Unternehmens, das
für sei ein wichtiges „Vorbild" (Zeile 401) und sogar eine „Inspiration" (Zeile 409)
darstellt. Es wird deutlich, welch große Bedeutung es für sie hat, dass sie eine
Frau in einer vergleichbaren Situation als Vorbild hat. Dies lässt darauf schließen,
dass sie aufgrund mangelnder Regelungen viele Unsicherheiten im Umgang mit
ihrer Rolle als Mutter in Führungsposition verspürt. Diese Unsicherheiten können
durch Vorbilder, bei denen man sich Verhaltensweisen abgucken kann entschärft
werden.

> C: *„weil (.) ich nach wie vor glaube dass viele Frauen einfach verunsi-*
> *chert sind. wie sie mit der Situation dann (.) äh ungeh- umgehn sollen.*
> *weil es einfach so wenig weibliche Vorbilder gibt bei denen sie sich*
> *abschauen können wie mans auch machen kann und was immer noch*
> *akzeptiert is ne,"* (Zeile 416-419)

Sie schließt diese Sequenz mit der Aussage: „ja. das wärn eher so die Wünsche
die ich hätte." (Zeile 419ff). Dieser Satz kann als Evaluation (Przyborski, Wohlrab-
Sahr 2010, S. 232) und Abschluss der Narrationsphase betrachtet werden.

Aus dieser Sequenz lassen sich folgende Strukturhypothesen ableiten:

- Weibliche Vorbilder könnten Unsicherheiten von Müttern in Führungspositionen verringern
- Sie hat einen hohen Anspruch an professionelle Konzepte in Kindertagesstätten, diese müssen jedoch ihr Lebensmodell bejahen

Sequenz 10: Zeile 422-506
Die folgende Sequenz lässt sich inhaltlich gut zusammenfassen, da Frau Abel-
Dupont hier von der Unterstützung durch ihren Arbeitgeber spricht. Hierbei geht es
einerseits um die individuelle Unterstützung, die Frau Abel-Dupont erhält, andererseits spricht sie aber auch aus Sicht der Führungskraft in der Personalabteilung, die sich auch beruflich mit der Fragestellung Vereinbarkeit von Familie und

Beruf befasst. Die Sequenz ist zunächst gekennzeichnet von einigen Nachfragen seitens der Interviewerin, die die Finanzierung der Kinderbetreuung durch den Arbeitgeber genauer zu verstehen versucht. Andererseits berichtet Frau Abel-Dupont jedoch auch recht ausführlich von den generellen Gegebenheiten im Unternehmen und es zeigt sich, dass sie das Thema zum einen aus professioneller Sicht sehr engagiert betrachtet, zum anderen wird jedoch auch deutlich, welch hohes persönliches Interesse für sie damit verbunden ist.

Die Sequenz wird also eingeleitet durch die Nachfrage der Interviewerin nach der Finanzierung der Kinderbetreuung.

> I: „Ähm jetzt muss ich grad nochmal nachfragen wie das mit der Betreuung is. also das is vom Arbeitgeber also von deinem Chef (.) der bezahlt,"
>
> C: „Mh ja also das is n Vertrag zwischen der Kita unn mir und ich hab dem- meinem Vorgesetzten oder m- meinem Arbeitgeber mitgeteilt was mich das im Monat kostet und die Kosten krieg ich erstattet." (Zeile 422-427)

Hier antwortet sie rein sachlich, was durch die eher technisch-nachfragende Art der Interviewerin eingeleitet wird. Sie erklärt dann weiterhin auf Nachfrage, wie es zu der besonderen Betreuung in der kleinen Kindertagesstätte kam. Hier zeigt sich, dass Frau Abel-Dupont offenbar ein sehr enges Verhältnis zu Katrin Müller hat, dem weiblichen Vorstandsmitglied, das sie zuvor als großes Vorbild beschrieben hatte („wir hatten dann die Idee lassen wir die beiden zusammen betreuen dann sind die auch gleich äh zusammen" Zeile 433). Hier entsteht der Eindruck, dass die beiden sich möglicherweise gegenseitig unterstützen und stärken, indem sie ihre Kinder gemeinsam betreuen lassen und ihre Erfahrungen austauschen. Dies ist offenbar für beide Frauen eine große Unterstützung. Es zeigt sich jedoch auch, dass Katrin Müller offenbar deutlich mehr arbeitet und ihr Kind sehr lang betreuen lässt („Katrin brauchte aber jemand der länger als acht Stunden da ist" Zeile 437). Bedenkt man nun die Vorbildwirkung, die Frau Abel-Dupont als so wichtig beschrieben hat so wird auch deutlich, dass gerade wenn nur eine Frau als Vorbild im Unternehmen vorhanden ist diese auch einen Maßstab setzt. Frau Müller scheint sehr lang zu arbeiten und brauchte sogar zwei Tagesmütter. Für Frauen, die sich an ihrem Verhalten orientieren wird dann dementsprechend diese Organisation zum Vorbild, gerade wenn es nicht mehrere Frauen als Vergleich gibt, die möglicherweise unterschiedlich mit dem Thema umgehen. Frau Müller ist hier also nicht nur Vorbild, sie setzt möglicherweise auch Maßstäbe und Normalitätsbilder.

Auf die Frage, ob die Finanzierung der Kinderbetreuung als Gehaltserhöhung zu verstehen sei, führt Frau Abel-Dupont länger aus, wie einerseits sie selbst unterstützt wird, wie aber auch andererseits das Unternehmen generell mit dem

Thema umgeht. Zunächst wird deutlich, dass sie sehr zu schätzen weiß, wie sehr sie finanziell unterstützt wird.

> C: „Jajajajajaja. und halt nicht zu gering ne, ich mein wie gesacht vierzehnhundert Euro netto, kannste sagen sind zweitausendachthundert Euro brutto. das mal zwölf, (2) das is ne **fette** Gehaltserhöhung." (Zeile 450-452)

Sie relativiert dies jedoch schnell, indem sie erklärt, dass diese Form der finanziellen Unterstützung auch nur für Frauen in höheren Führungspositionen aufgewendet wird. Sie springt hier offensichtlich zwischen ihrer Rolle als Mitarbeiterin und der als Führungskraft, die die Seite der Unternehmensleitung vertritt. Ihre Dankbarkeit für die finanzielle Unterstützung scheint die einer Mitarbeiterin zu sein. Die Erklärung, dass diese Leistung jedoch nur für Mitarbeiter in besonderen Positionen geboten wird, da sonst der „Rahmen gesprengt" (Zeile 455) wird ist wiederum eher die Sicht des Unternehmens. Dann jedoch spricht sie wieder aus Sicht einer berufstätigen Mutter, als sie fordert, dass sich die Unternehmen anstrengen sollen, wenn es eine so große Rolle spielt, dass Mütter in Führungspositionen schnell in den Beruf zurückkehren.

> C: „. Ja wobei ich halt sagen _muss_ also gerade bei den Ressortleitung und bei den Bereichsleitern is es unserm Management halt auch besonders wichtig dass die früh zurückkehren und dann kann ich halt nur sagen ok:, **wenn** es euch so **wichtig** is dass wir früh zurückkehren ey dann müsst ihr das unterstützen weil äh sonst werden wirs nit tun, und es bleibt uns quasi auch gar nix andres übrig. weil ähm wiederum zu erwarten dass jemand privat das ausgibt um ne der- ne entsprechende Betreuung halt sicherzustellen also da musste als Arbeitgeber auch schon ziemlich naiv sein. und andersrum wenn ich mir vorstelle dass en Berater dann kommt also so n Interimsmanager der meinen Job macht ja dem bezahlste am Tach fünfzehnhundert Euro ne, und äh daraus wird dann halt auch nochmal n Business Case weil dann is das nämlich gar nimmer so viel Geld ne, das äh dass die dann im Monat bezahlen." (Zeile 454-463)

Sie wirkt hier durch ihre Ausdrucksweise sehr fordernd („ey dann müsst ihr..." Zeile 458) und spricht sogar in der Wir-Form, solidarisiert sich also mit allen Müttern in Führungsposition. Es zeigt sich, dass sie sich sehr gut informiert hat, welche Überlegungen und Rechnungen seitens der Unternehmensleitung angestellt werden können um entsprechend gut für ihre Interessen verhandeln zu können. Hier wird deutlich, dass sie der Meinung ist, dass Unternehmen Müttern sehr stark entgegenkommen müssen, was wiederum auf ihre persönlichen Erfahrungen, aber auch auf ihre beruflichen Inhalte zurückzuführen ist. Auch hier spricht sie einerseits aus Unternehmenssicht und erklärt, dass es für diese wichtig ist, dass weibliche Führungskräfte nach der Geburt schnell wieder in den Beruf zurückkehren, wenn auch die Rechtslage ihnen erlaubt, längere Zeit ihr Kind zu betreuen. Sie erklärt dann andererseits – sicherlich auch aus ihrer persönlichen Erfahrung heraus –, dass der Arbeitgeber dann zumindest eine „in Euros ausgedrückte Wertschätzung" (Zeile 474) beispielsweise in Form einer „Rückkehrprämie" (Zeile 472) zeigen muss. Sie hat hier also offenbar für beide Seiten großes Verständnis, jedoch fällt auf, dass sie sehr fordernd wirkt, wenn sie aus Sicht der betroffenen Frauen spricht. Es ist anzunehmen, dass ihrer Meinung nach die berufstätigen Mütter deutlich mehr leisten als die Unternehmen. Möglicherweise hat sie selbst durch die Geburt ihres Sohnes und die damit verbundene Prioritätenverschiebung erkannt, dass sie selbst immer eine besonders hohe Leistung erbracht hat, die möglicherweise sogar über das selbstverständliche hinausging. Nun fordert sie umgekehrt, dass das Unternehmen ihr soweit wie möglich entgegenkommt, wenn sie neben ihrer Familie immer noch eine hohe Leistung bringt.

Auf die Frage nach weiteren Angeboten seitens des Unternehmens antwortet sie sehr deutlich aus Unternehmenssicht. Überraschenderweise überwiegt hier plötzlich wieder sehr deutlich ihre leistungsorientierte Seite, wenngleich sie in den vorangegangenen Minuten des Interviews vermehrt aus ihrer Sicht als Mutter gesprochen hatte. Sie wird hier plötzlich wieder besonders sachlich und spricht stellvertretend für die Unternehmensleitung darüber, welche Angebote Frauen gemacht werden, damit sie so kurz nach der Geburt wie möglich wieder Vollzeit arbeiten.

*C: „wir brauchen als Arbeitgeber ja quasi auch n wording was wir als Erwartungshaltung nennen. dass wir Frauen sagen ok wir **wissen** Teilzeit und Befristungsgesetz brauchen wir nit drüber zu sprechen was du alles darfst und kannst aber die Botschaften die wir senden wollen ist wir wollen dass du schnellst möglich zurück kommst wenns geht in Vollzeit aber wenn das nicht geht wäre das vielleicht auch was worüber wir mal sprechen können. also ich find das schon wichtig"*
(Zeile 489-494)

Sie wirkt hier sehr sachlich und sogar kühl, blendet offenbar ihre eigenen Erfahrungen als Mutter aus. Jedoch ist auch zu vermuten, dass diese fordernde Haltung seitens des Arbeitgebers, die sie hier stellvertretend darstellt der Auslöser für ihre eben gezeigte fordernde Haltung als Mutter in Führungsposition ist. Es zeigt sich hier wiederum auch, dass sie nicht nur Verständnis für die Seite des Arbeitgebers hat, sondern dass sie es offenbar als ein werben um ihre Arbeitskraft und damit ihre Person empfindet, wenn der Arbeitgeber alles tut, damit sie so schnell wie möglich wieder in den Beruf zurückkehrt. Sie sagt hier sehr deutlich, dass sie dies als „Wertschätzung" (Zeile 496) empfindet, da sie offenbar Angst hat, dass es „**völlig** egal ist ob du den Job machst oder jemand anders" (Zeile 499). Diese Haltung zeigt wiederum ihre hohe Leistungsorientierung, da es umgekehrt auch möglich sein könnte, dass sie es als wertschätzend empfände, dass ihr Arbeitgeber ihr zum Dank den Freiraum lässt, sich längere Zeit nur um ihr Kind zu kümmern (wenngleich dies natürlich gesetzlich geregelt ist). Dies zeigt jedoch auch, dass Arbeit heute eine weit größere Aufgabe hat als nur den Broterwerb. Bei dieser Wertschätzung, von der sie hier spricht geht es schließlich nicht mehr nur um mehr Geld oder die Sicherung der Existenz, Arbeit gehört vielmehr zum Leben und soll zur Selbstverwirklichung beitragen (vgl. Legnaro 2008, S. 54).

Es ergibt sich folgende Strukturhypothese:

- Eine „verbündete" Frau im Unternehmen ist wichtig zum Erfahrungsaustausch und als Unterstützung
- Durch ihr forsches und willensstarkes Auftreten unterstützt das Unternehmen sie finanziell

Sequenz 11: Zeile 508-558
Die letzte Sequenz besteht zu großen Teilen aus einer Faktenabfrage seitens der Interviewerin. Jedoch fragt diese zuletzt auch nach einem Fazit oder Dingen, die noch offen geblieben sind, woraufhin Frau Abel-Dupont nach längerem Überlegen das bereits gesagte zusammen fasst und es ist davon auszugehen, dass sie hier persönliche Erfahrungen zu Ratschlägen für andere Frauen formuliert. So rät sie zunächst, „sich nicht aus Sorge was n Kind aus dem Thema Karriere macht sich davon abschrecken zu lassen n Kind zu kriegen" (Zeile 539). Sie formuliert dies als allgemeinen Ratschlag, jedoch ist aufgrund ihrer bisherigen Erzählung davon auszugehen, dass sie selbst sich möglicherweise diese Sorgen gemacht hat, da sie zunächst sehr berufs- und leistungsorientiert war und das Thema Kind lange verschoben hat. Es wird jedoch auch nochmals der hohe Stellenwert der Karriere deutlich, da sie von einer Sorge, wegen Kindern keine Karriere machen zu können spricht und nicht etwa davon, wegen der Karriere auf Kinder verzichten zu müssen. Sie hält es in jedem Fall für möglich, Karriere zu machen, egal, wann Frauen Kinder bekommen. Dazu hält sie es jedoch für notwendig, sich von seiner Außenwirkung unabhängig zu machen („nen **scheiß** darum zu kümmern was andere denken könnten" Zeile 543) und „forsch aufzutreten was die eigenen Interessen angeht" (Zeile 544f). Auch hier ist davon auszugehen, dass sie diese Ratschläge aus eigenen Erfahrungen ableitet. Es ist anzunehmen, dass beispielsweise ihre Erfahrungen bei der Suche nach einer Kindertagesstätte und die teilweise ablehnende Haltung der Erzieherinnen ihrem Wunsch gegenüber, das Kind bereits mit 4 Monaten in die Kindertagesstätte zu bringen, sie emotional getroffen haben. Offenbar hat sie dar-

aus den Schluss gezogen, dass man sein eigenes Lebensmodell zielstrebig verwirklichen sollte, ohne sich von anderen Meinungen irritieren zu lassen. Zu ihren bisherigen Ausführungen passt es hervorragend, dass sie rät, weniger über seine Interessen zu reden und sie vielmehr durch Handeln zu zeigen. Dies verweist auf den oben entstandenen Eindruck, dass sie sehr leistungsorientiert ist und auch bezüglich ihrer Karriereschritte wenig aktiv angesprochen hat, sondern vielmehr durch ihr hohes Engagement gezeigt hat, was sie will.

Zuletzt rät sie, Prioritäten im Leben zu setzen, damit die Vereinbarkeit von Familie und Beruf gelingen kann. Dies scheint ihr selbst recht gut zu gelingen und sie erscheint insgesamt sehr zufrieden mit ihrem Lebensmodell zu sein. Diese letzte Sequenz wirkt interessanterweise wie ihr persönliches Rezept für das Gelingen der Vereinbarkeit von Familie und Beruf und fasst sowohl die Inhalte des Interviews als auch ihre Schritte zu Karriere und Familie zusammen. Man kann hier also von einer Gesamtevaluation des Interviews sprechen.

Folgende Strukturhypothesen lassen sich ableiten:

- Karriere ist auch mit Kind machbar, man sollte sich nicht aus Sorge um die Karriere davon abhalten lassen, Kinder zu bekommen
- Um das eigene Lebensmodell verwirklichen zu können, muss man sich frei machen von der Meinung anderer Leute
- Um die Vereinbarkeit von Familie und Karriere erreichen zu können, muss man die eigenen Interessen forsch vertreten
- Weniger Worte, mehr Taten um Ziele zu erreichen
- Prioritäten setzen ist Grundlage für die Vereinbarkeit von Familie und Beruf

5.3.3. Fallstruktur

Insgesamt scheint die Vereinbarkeit von Familie und Beruf bei Frau Abel-Dupont zu gelingen. Sie wirkt ausgeglichen und zufrieden, wenngleich sie einige Hürden überwinden musste, bis sie die heutige Situation, in der sie sich ein weiteres Kind wünscht erreicht hatte.

Besonders kennzeichnend für ihren Fall ist ihre hohe Berufs- und Leistungsorientierung. Sie betont die Bedeutung von Leistung immer wieder und ihr Idealbild ist Karriere durch Leistung. Sie trennt deutlich zwischen männlicher und weiblicher Karriere, was ihr sehr wichtig zu sein scheint. Die weibliche Methode von Leistung und Bescheidenheit zieht sie der männlichen Karrierestrategie („Schlachtplan" Zeile 111) vor. Dabei zeigt sich, dass sie noch unsicher ist, ob Leistung vom Unternehmen tatsächlich als alleiniges Karrieremittel anerkannt wird, weshalb sie davon ausgeht, dass Frauen derzeit durch Glück und Zufall an Führungspositionen gelangen. Sie selbst trennt für sich Leistung und Karrierestreben und es ist ihr möglicherweise aus Gründen der Bescheidenheit wichtig zu betonen, dass sie nie vorhatte, Karriere zu machen.

Kennzeichnend für ihren Fall ist es weiterhin, dass sich durch die Geburt ihres Sohnes ihr bisheriger Blickwinkel auf das Verhältnis von Beruf und Familienleben stark verändert hat. Zwar ist sie noch immer sehr leistungsorientiert, doch hat sich dies deutlich relativiert. Sie hält sich als Mutter für die beste Betreuung für ihr Kind, da sie jedoch berufstätig sein möchte, um physisch, psychisch und geistig ausgeglichen zu sein, muss eine qualitativ hochwertige Kinderbetreuung sie ersetzen. Dies ist für sie die Grundlage für ihre Berufstätigkeit. Hierbei muss das Konzept der Kindertagesstätte jedoch ihr Lebensmodell bejahen, es darf nicht kritisch hinterfragt werden.

Ihre Grundhaltung gegenüber dem Unternehmen ist geprägt durch ein Geben und Nehmen. So zeigt sie nach wie vor einen hohen Einsatz, wenngleich sie auch konstatiert, dass sich die Leistungsorientierung durch die Mutterschaft verändert hat. Umgekehrt erwartet sie jedoch seitens des Unternehmens eine große Unterstützung, wozu sie beispielsweise eine flexible Arbeitszeitgestaltung sowie die Finanzierung der Kinderbetreuung versteht.

Durch die Geburt ihres Sohnes hat sich ihr Blickwinkel völlig verändert und sie gibt zu, nun auch mehr Verständnis für ihre Mitarbeiterinnen mit Kindern zu haben. Zudem hält sie weibliche Vorbilder in Unternehmen für maßgeblich, da sich andere Frauen an ihnen orientieren können.

Als wichtige Unterstützung betrachtet sie ihren Ehemann, der gleichberechtigt Verantwortung für ihr gemeinsames Kind übernimmt. Zwar wünscht sie sich etwas mehr Zeit für ihr Kind und auch für eigene Interessen, insgesamt wirkt sie jedoch sehr zufrieden.

Zum Gelingen der Vereinbarkeit von Familie und Beruf ist es ihrer Meinung nach notwendig, sich von der Meinung andere frei zu machen, Prioritäten zu setzen und weniger Worte, mehr Taten zu machen. So hält sie es auch für möglich als Mutter Karriere zu machen.

Frau Abel-Dupont wirkt insgesamt recht reflektiert, wenngleich es auch einige Ambivalenzen in ihre Aussagen, beispielsweise bezüglich ihrer Vorstellung von männlichen und weiblichen Karrierewegen, gibt. Die Geburt ihres Kindes ist als „kritisches Lebensereignis" (Filipp 2007, S. 338) zu bezeichnen, dass eine Neuordnung vieler ihrer bisherigen Annahmen erfordert. Die Vereinbarkeit von Familie und Beruf scheint für sie eine wertvolle Erfahrung zu sein, die sie als Bereicherung empfindet.

6. Diskussion der Ergebnisse

Nachdem nun die Ergebnisse der Interviews ausführlich dargestellt wurden, sollen sie im Folgenden anhand der drei Kategorien „Lebensplan und Grundeinstellung", „Entwicklung und Beweggründe" und „Der Alltag" gegenüber gestellt werden. Diese Kategorien wurden ausgewählt, um den Blick nicht nur auf die aktuelle Lebenssituation der Frauen zu richten, sondern auch die bisherige Biografie zu berücksichtigen.

6.1. Lebensplan und Grundeinstellung

Folgende Kategorie bezieht sich auf die Vorstellungen, die die Frauen zu einem früheren Zeitpunkt von ihrem zukünftigen Leben hatten. Es geht hierbei um ihre Einstellung und ihre Pläne, die sie beispielsweise vor dem Studium oder sogar in ihrer Kindheit hatten. Hierbei soll der Blick auf die Bedingungen gerichtet werden, die Einfluss auf ihre Pläne nahmen.

6.1.1. Frau Freidinger

Der Fall Frau Freidinger ist gekennzeichnet von einer starken Berufsorientierung. Ihrer Schilderung nach hat sie bereits als Kind gelernt, dass Leistung sehr anerkannt ist und es war für sie zudem ein Mittel, um die Aufmerksamkeit ihrer Eltern zu erlangen. Als ältere von zwei Schwestern konzentrierte sie sich bereits als Kind auf ihre schulischen Leistungen, wofür sie viel Lob erhielt. Dementsprechend war es für sie selbstverständlich, dass sie eine „klassische" Bildungslaufbahn einschlagen würde, also Abitur und ein Studium machen würde. Sie orientierte sich schon früh an einer Schul- und Berufslaufbahn, der Wunsch nach Kindern hingegen entstand erst, als sie schon länger im Beruf war.

Ihr großes Bedürfnis nach Anerkennung entstand also bereits in der Kindheit, als sie aufgrund der Geburt ihrer Schwester versuchte, die Aufmerksamkeit durch Leistung auf sich zu lenken. Dieses Muster prägte fortan ihre Vorstellung vom Leben, die sich vollständig auf den Beruf bezog. Hinzu kommt ein hohes Engagement und ein Perfektionismus – stets mit dem Ziel Anerkennung zu erhalten. Dabei fällt auf, dass sie trotz dieser Leistungsorientierung keine geradlinige Berufslaufbahn einschlug sondern eher passiv gelenkt wurde. Die Tatsache, dass sie trotz eines Lehramtsstudiums Ausbildungsorganisatorin in einem Unternehmen wurde lässt darauf schließen, dass sie weniger einen genauen Karriere-Plan hatte als vielmehr die Grundeinstellung, stets eine hohe Leistung zu zeigen und voranzukommen, egal was sie tut. Diese Grundhaltung der Leistungsorientierung zieht sich durch ihr gesamtes Leben, und der Kinderwunsch entsteht schließlich erst mit Anfang Dreißig, als sie beruflich bereits viel erreicht hat und nach einem neuen Sinn im Leben sucht.

Insgesamt ist der Fall Frau Freidinger also geprägt durch die starke Berufs- und Leistungsorientierung. Dabei scheint sie wenig eigene Entscheidungen zu treffen, vielmehr wirkt sie so, als unterstehe sie oftmals äußeren Einflüssen. Dies beginnt mit den Eltern, von denen sie offenbar lernte, dass Leistung sehr anerkennungswert ist. Sie schlugen auch das Lehramtsstudium vor, welches sie selbst möglicherweise nicht gewählt hätte. Zudem scheint sie auch einen starken gesellschaftlichen Druck zu verspüren. So hat sie sicherlich bereits in der Schulzeit viel Bestätigung für ihren Fleiß erhalten, da dieser in einer leistungsorientierten Gesellschaft und gerade auch in der Schule eine große Bedeutung hat. Sie erwähnt außerdem, dass sie bei der Überlegung, trotz ihrer zwei Kinder weiterzuarbeiten auch beweisen wollte, dass sie dazu in der Lage ist („es gilt ja zu beweisen dass Beruf und Familie zu vereinbaren is" Zeile 457).

Auch bezüglich ihrer männlichen Kollegen scheint sie bemüht zu sein, ihnen in nichts nachzustehen und so versucht sie sich bezüglich ihrer Karriere genauso zu verhalten, wie diese indem sie ihre Karrierewünsche „massiv" (Zeile 173) anspricht. Diese Verhaltensweise bezeichnet sie als typisch männliche (vgl. Zeile 446) und wenngleich sie dieses Verhalten auch verachtet, nimmt sie es dennoch an, um ihre eigene Karriere voran zu treiben.

Frau Freidinger entwickelte bereits früh eine hohe Leistungsorientierung, wird dabei jedoch stark von außen beeinflusst. Zudem ist die Anerkennung als zentrales Motiv all ihrer Handlungen erkennbar. Ihr gesamter Ehrgeiz scheint sich daraus zu ergeben, dass sie sich nur durch ihre hohe Leistung anerkannt fühlt. Sie erscheint hier wie eine Süchtige, die ausschließlich dem Drang folgt, an ihre „Droge" des berufsbezogenen Erfolgs zu gelangen.

Es wird hier deutlich, dass sich das Lebensmodell und auch das Verhaltensmuster von Frau Freidinger bereits frühzeitig angedeutet haben. Anhand der Betrachtung ihres Lebensplanes zeigt sich, dass das Lebensmodell Vereinbarung von Karriere und Kindern hier kein tiefer, innerer Wunsch von Frau Freidinger ist. Vielmehr scheint sie hier stark fremdbestimmt zu sein, zum einen durch ihr extremes Anerkennungsbedürfnis, aber auch durch die damit verbundene Abhängigkeit von den Erwartungen ihres Umfeldes, sowie auch denen der gesamten Gesellschaft. Gerade ihre Leistungsorientierung ist zweifellos auch auf die gesellschaftlichen Maßstäbe, die bereits in der Schule vermittelt werden zurückzuführen. Der ständige Vergleich und die Auszeichnung guter Leistungen durch gute Noten tragen dazu bei, dass bereits junge Menschen ihren persönlichen Wert an schulischen Leistungen fest machen. Dieses System verändert sich auch in Studium und Beruf nicht maßgeblich, sodass der Wunsch, beruflich erfolgreich zu sein auch als natürliche Folge der bis dahin erlernten Werte zu betrachten ist. Bezüglich der Vereinbarkeit von Familie und Beruf bei Müttern in Führungspositionen bedeutet diese Erkenntnis, dass es nicht ausreicht, den Alltag dieser Frauen durch bessere Rahmenbedingungen zu erleichtern. Vielmehr muss auch die Frage in Betracht gezogen werden, warum die Frauen überhaupt dieses Lebensmodell gewählt haben. Es ist hier nicht zu bezweifeln, dass der berufliche Erfolg für viele Frauen eine Form der persönlichen Erfüllung darstellt und sie dieses Lebensmodell aus tiefster innerer Überzeugung wählen. Dennoch zeigt der Fall von Frau Freidinger, dass auch andere Faktoren betrachtet werden müssen, wenn man über die Vereinbarkeit von Familie und Beruf bei Müttern in Führungspositionen spricht. Schließlich sollte es darum gehen, dass Frauen frei wählen können, ob sie trotz Kindern eine Karrierelaufbahn einschlagen oder ob sie es bevorzugen, sich vermehrt ihren Kindern zu widmen. Eine Gesellschaft, die jedoch berufliche Leistung in den Mittelpunkt stellt, ist hierfür eine denkbar schlechte Voraussetzung. Paradoxer Weise stellen sich Müttern zwei widersprüchliche Anforderungen. Sie sollen einerseits berufstätig sein, da sie als Fachkräfte benötigt werden und sie wollen es ja auch, da sie gleichberechtigt am Erwerbsleben teilnehmen wollen und so auch dieselbe Anerkennung erhalten wollen wie Männer. Auf der anderen Seite sieht man am Fall von Frau Freidinger, dass sie oftmals nahezu allein dafür verantwortlich ist, die Betreuung und Versorgung ihrer Kinder zu gewährleisten. Erschwerend kommt hinzu, dass es weder ausreichend viele Betreuungsplätze gibt, noch erfährt sie vollen Zuspruch dafür, dass sie ihre Kinder nicht selbst betreut sondern in eine externe Einrichtung gibt. Frau Freidinger scheint weder persönlich vollständig von ihrem Lebensmodell überzeugt zu sein, noch wird sie ausreichend von ihrem Umfeld unterstützt.

Hier stellt sich zum einen die Frage, ob Frau Freidinger überhaupt sowohl Familie als auch Karriere haben kann, als auch die, ob es gesellschaftlich wie politisch gefordert werden kann, dass sie beides vereinbart. Es wäre an dieser Stelle sicherlich wünschenswert, dass Frauen wie Frau Freidinger sich frei für ihr persönlich bevorzugtes Lebensmodell entscheiden könnten und dafür von allen Seiten unterstützt würden.

6.1.2. Frau Meyer-Baron

Frau Meyer-Baron hatte entgegen Frau Freidinger sehr früh eine klare Vorstellung von einem Leben mit Kindern und Karriere. Besonders in ihrem Fall wird deutlich, dass die Sozialisation eine wichtige Rolle spielt. So war sie es durch das Vorbild ihrer Mutter und vieler anderer Frauen in Frankreich gewöhnt, dass Frauen berufstätig sind und dennoch Kinder haben, die dann ganztägig betreut werden. Während ihre Mutter Karriere machte, wurde sie selbst von ihrer Großmutter betreut und es stand nach ihrer eigenen Aussage früh fest, dass ihr eigenes Leben sich genauso gestalten sollte. Sie schildert sogar, dass sie einen genauen Zeitplan hatte, der es vorsah, dass sie im Alter von Dreißig Jahren ihr erstes Kind bekommen wollte, nachdem sie einen erfolgreichen Berufseinstieg hinter sich hätte. Es fällt zudem auf, dass sie den Beruf als Profit aus ihrem teuren und aufwändigen Studium bezeichnet. Es stand für sie also immer fest, dass ein Studium in einen Beruf und auch eine Führungsposition münden sollte. Sie beschreibt hier auch nicht weiter, warum dies so ist sondern erklärt lediglich, dass dieser Verlauf für sie selbstverständlich ist.

Sie ist also von vorneherein sehr zielorientiert und ehrgeizig, was auch auf das Vorbild ihrer Eltern zurückzuführen ist. Dabei wirkt sie recht unreflektiert, was den Eindruck bestätigt, dass sie einer Normalitätsvorstellung folgt, die sie bisher nicht weiter in Frage stellte. Sie scheint hier sehr stark äußeren Einflüssen unterworfen zu sein und ohne weitere Reflektion dem scheinbar vorgegebenen Lebenslauf zu folgen.

Am Fall von Frau Meyer-Baron zeigt sich insbesondere der große Einfluss, den die Sozialisation und damit die Normalitätsvorstellung auf einzelne Personen haben. Offensichtlich ist es in Frankreich deutlich leichter für Frauen, Familie und Karriere zu vereinbaren. Dennoch stellt sich auch hier die Frage, inwiefern Frau Meyer-Baron eine freie Entscheidung treffen konnte. Auch sie scheint sehr stark von ihrer Umwelt beeinflusst zu werden, sei es von ihren Eltern als aber auch von der gesellschaftlichen Normalitätsvorstellung in Frankreich. Sicherlich ist das Thema Anerkennung bei ihr nicht so maßgeblich wie bei Frau Freidinger, bei der der Wunsch nach Anerkennung der Haupt-Antreiber für ihre Karriere zu sein scheint. Dennoch stellt sich auch hier die Frage, wie selbstbestimmt und unabhängig Frau Meyer-Baron entscheiden konnte. Gerade wenn es um beruflichen Erfolg geht, kann Anerkennung eine große Rolle spielen. Erst als Frau Meyer-Baron Mutter einer Tochter wurde, schien ihr deutlich zu werden, dass es nicht leicht ist, aufgrund des Berufes so wenig Zeit für die Familie zu haben. Dies zeigt, dass sie offenbar ihr bereits frühzeitig vorbestimmtes Lebensmodell nicht in Frage gestellt hat, sondern einfach das tat, was sie für normal hielt. Im Unterschied zu Frau Freidinger musste sie hier zwar nicht gegen gesellschaftliche Normalitätsvorstellungen ankämpfen, dennoch ist den beiden Frauen gemeinsam, dass sie stark von außen beeinflusst wurden und ihr Lebensplan nicht im Wesentlichen aus ihren inneren Wünschen und persönlichen Stärken heraus entstand.

Zwar wird Frankreich in Sachen Kinderbetreuung oft als Vorbild bezeichnet, am Fall von Frau Meyer-Baron wird jedoch deutlich, welche Wirkung es auch haben kann, wenn von vorneherein feststeht, wie das Leben zu verlaufen hat. Sie hat offenbar weder gelernt, reflektiert mit ihren Vorstellungen umzugehen, noch war sie in der Lage herauszufinden, was ihre persönlichen Wünsche sind. Dennoch fällt gerade im Vergleich zu Frau Freidinger auf, dass Frau Meyer-Baron deutlich entspannter ist, da sie für das gewählte Lebensmodell nicht kämpfen muss. Die Normalitätsvorstellung und die Tatsache, dass sie ihr Leben nicht in Frage stellt sind für sie sicherlich auch oftmals als Erleichterung zu betrachten.

6.1.3. Frau Abel-Dupont

Auch Frau Abel-Dupont scheint bereits früh eine hohe Berufs- und Leistungsorientierung gehabt zu haben. So schildert auch sie, dass sie nach dem Studium den Beruf vollständig in den Vordergrund stellte, da dieser für sie mit einem Profit aus der langen Ausbildung gleich zu setzen ist. Ihre Vorstellung vom Leben beinhaltete also vorwiegend die Berufstätigkeit, während der Wunsch nach Kindern bei ihr zunächst nicht im Vordergrund stand. Zwar war der Gedanke offenbar durchaus vorhanden, eines Tages Kinder zu haben, allerdings lag dieser sehr weit in der Zukunft und wurde durch die hohe Bedeutung des Berufes lange völlig zurückgestellt. Es ist anzunehmen, dass ihr Muster des „fleißigen Bienchens" (Zeile 121) bereits zu Schulzeiten entstand, was auch ihre weitere Leistungsorientierung erklärt. Es wird deutlich, dass die Beziehung zu ihrem Partner eine große Rolle spielt, jedoch verfolgt sie unabhängig davon sehr engagiert ihren Beruf, wofür sie auch einen Umzug in Kauf nimmt. Sie verfolgt ihrer eigenen Aussage nach keine Karrierestrategie, ihre Vorstellung vom Leben scheint es vielmehr zu sein, stets hohe Leistung zu erbringen.

Kennzeichnend für den Lebensplan von Frau Abel-Dupont ist also ihre hohe Leistungsorientierung. Sie erwähnte im Unterschied zu den beiden anderen Interviewpartnerinnen nicht den Hintergrund dieser Leistungsorientierung. Es ist jedoch davon auszugehen, dass auch in ihrem Fall Anerkennung eine Rolle spielt. So deutet sie an, dass sie durchaus froh ist, wenn der Arbeitgeber ihr deutlich macht, dass er an ihrer schnellen Rückkehr nach der Geburt interessiert ist, da sie dies als Wertschätzung ihrer persönlichen Leistung empfindet (vgl. Zeile 497ff). Jedoch ist auch festzustellen, dass sie ihre Berufstätigkeit auch als Form geistiger Herausforderung betrachtet, die für ihre persönliche Ausgeglichenheit wichtig ist.

Es ist also davon auszugehen, dass Anerkennung und Wertschätzung eine wichtige Rolle für die Leistungsorientierung spielen. Sicherlich ist das Bedürfnis danach bei Frau Abel-Dupont nicht so ausgeprägt wie bei Frau Freidinger. Dennoch ist Anerkennung möglicherweise gerade für Frauen in Deutschland deshalb ein so wichtiges Thema, weil sie lange Zeit nicht die Möglichkeit hatten, sich im Beruf zu beweisen und sich durch die ausschließliche Betreuung der Kinder benachteiligt fühlten. Zudem ist in einer Leistungsgesellschaft wie der deutschen davon auszugehen, dass berufliche Leistung wertgeschätzt wird. So ist es selbstverständlich, dass auch Frauen hier ihre Verwirklichung suchen.

6.1.4. Vergleich

Allen drei Frauen ist also bezüglich ihres Lebensplanes eine hohe Leistungs- und Berufsorientierung gemeinsam. Zwar hatte Frau Meyer-Baron bereits früh einen Kinderwunsch, allerdings stellen alle Interviewpartnerinnen den Beruf zunächst an erste Stelle. Es ist ihnen wichtig, aus ihrer Ausbildung einen Nutzen zu ziehen und so steht für sie alle fest, dass der Beruf nach dem Studium zunächst höchste Priorität hat. Während bei Frau Freidinger und Frau Abel-Dupont davon auszugehen ist, dass Anerkennung und Wertschätzung eine wichtige Erklärung für die Leistungsorientierung sind, so ist diese bei Frau Meyer-Baron auf ihre Sozialisation in Frankreich zurückzuführen. Auch die beiden anderen Frauen sind in einer Leistungsgesellschaft sozialisiert und im Unterschied zu Frau Meyer-Baron, die in Frankreich aufgewachsen ist, müssen die beiden deutschen Frauen jedoch noch dafür kämpfen, dass auch sie als Frauen berufs- und karriereorientiert sein dürfen. Es scheint also einerseits eine große Erleichterung zu sein, wenn es zum gesellschaftlichen Normalitätsbild gehört, dass Frauen Familie und Beruf vereinbaren. Dies bestätigt sich auch dadurch, dass alle drei Frauen sehr stark unter äußeren Einflüssen stehen und diese offenbar eine entscheidende Rolle für sie spielen. Erstrebenswert ist es jedoch sicherlich, dass dies nicht zum Zwang wird und dass Frauen (wie auch Männer), die Möglichkeit haben, das für sie richtige Lebensmodell zu wählen und dafür seitens Politik und Gesellschaft unterstützt und anerkannt werden. Ein offener und toleranter Umgang mit den Themen Arbeit und Privatleben kann einen wichtigen Beitrag dazu leisten, dass jeder die Möglichkeit hat, den für sich selbst richtigen Weg zu wählen.

Betrachtet man nun die aktuelle Forschung zum Thema Vereinbarkeit von Familie und Beruf bei Müttern in Führungspositionen so wird deutlich, dass der Blick hier eher auf den aktuellen Alltag, nicht jedoch auf den früheren Lebensplan der Frauen gerichtet wird (z. B. Lukoschat, Walther 2006). So fragen beispielsweise Lukoschat und Walther (2006) vorwiegend nach der Organisation des Alltags von Müttern in Führungspositionen und richten ihren Blick dabei auf zentrale Rahmenbedingungen, die die Frauen unterstützen. Um jedoch ein umfassendes Verständnis für die Thematik zu erlangen, ist der Blick auf die Vorstellungen, die die Mütter in Führungspositionen bereits vor Beginn ihrer Karriere hatten sehr hilfreich und wichtig. Nur so kann man erkennen, was die Frauen antreibt und so herausfinden, was sie für eine bessere Vereinbarkeit von Familie und Beruf brauchen. Am Beispiel der drei in dieser Arbeit interviewten Frauen zeigt sich, dass es für die Betrachtung der Thematik die Erkenntnis grundlegend ist, dass Frauen heute möglicherweise nicht nur aus persönlichem Interesse Karriere machen wollen. Vielmehr muss auch berücksichtigt werden, dass in unserer leistungsorientierten Gesellschaft vorwiegend erfolgreich berufstätige Menschen gesellschaftliche Anerkennung finden. Da jeder Mensch ein großes Bedürfnis nach Wertschätzung anderer hat ist es selbstverständlich, dass auch Frauen am Berufsleben und der damit verbundenen Anerkennung teilhaben wollen. Dies ist zweifellos nicht zu verallgemeinern, jedoch ist diese Möglichkeit zu bedenken, gerade auch wenn es um die sinkende Geburtenrate in Deutschland geht. Öchsle-Grauvogel (2009) bezieht diese Veränderung vorwiegend auf die Veränderung der Geschlechterverhältnisse und die Tatsache, dass Frauen gleichermaßen wie Männer am Erwerbsleben teilhaben wollen, da der Stellenwert der Familie heute nur noch von geringer Bedeutung ist. Die gesellschaftlichen Werte haben sich also verändert und es muss hinterfragt werden, was nun eigentlich wichtig ist. Die derzeitige Debatte deutet darauf hin, dass es erstrebenswert ist, dass Frauen berufstätig sein können und trotzdem Familien gründen. An dieser Stelle ist die Erkenntnis zu treffen, dass in diesem Fall nicht alle Aufmerksamkeit auf die Berufstätigkeit gelegt werden darf, sondern gleichermaßen auch die Familie wieder größere Anerkennung findet. Nur so kann es Frauen möglich sein, eine freie Wahl für einen oder beide Bereiche zu treffen.

6.2. Entwicklung und Beweggründe

Folgende Kategorie bezieht sich auf diejenigen Einflussfaktoren und Entwicklungsschritte, die hin zu dem jetzigen Leben mit Karriere und Kindern führten. Sie sollen Aufschluss bieten über wichtige Entwicklungsschritte und insbesondere über die Faktoren, die auf die Frauen und ihre Entwicklung Einfluss genommen haben. Auch diese Kategorie soll einen tieferen Einblick in die Lebensmodelle der Frauen bieten.

6.2.1. Warum Karriere?

Zunächst soll hierbei betrachtet werden, welche Entwicklungen die Frauen zu ihrer beruflichen Laufbahn führten und welche Gründe es dafür gab.

6.2.1.1. Frau Freidinger

Auch bezüglich der Entwicklung Frau Freidingers hin zu Familie und Beruf spielt die Anerkennung eine besondere Rolle. Im ihrem Fall ist es besonders auffallend, dass ihr Studium eher untypisch verlief. So studierte sie zunächst Lehramt, aufgrund der Wartezeit auf das Referendariat begann sie jedoch eine Ausbildung zur Veranstaltungskauffrau. Hierdurch gelangt sie in ein Unternehmen, in dem ihr dann ein Quereinstieg auf die Stelle als Ausbildungsorganisatorin angeboten wird. Es wird also deutlich, dass sie zunächst gar keine expliziten Karriereambitionen hat, sondern ein reines Leistungsmotiv verfolgt. Daraus ergibt sich dann jedoch auch eine Führungsposition, wobei sie selbst ihre berufliche Entwicklung wenig aktiv zu steuern scheint. Vielmehr treffen Ereignisse ein, die bestimmte Entwicklungen zur Folge haben, die sie selbst kaum zu beeinflussen scheint.

Es ist also anzunehmen, dass sich ihre Karriere aus ihrer Suche nach Anerkennung durch Leistung entwickelt und nicht an sich geplant war. Sie betont sogar, dass es nicht das Geld sei, das sie im Beruf antreibt, sondern die Anerkennung (vgl. Zeile 405).

6.2.1.2. Frau Meyer-Baron

Bezüglich der Karriere wird im Fall von Frau Meyer-Baron deutlich, dass sie stark
vom Vorbild ihrer Mutter beeinflusst wurde. Da für sie offenbar früh feststand, dass
sie eines Tages eine Führungsposition haben wollte, ist davon auszugehen, dass
sie sich hier an ihrer Mutter orientiert hat. Der Einfluss der Eltern scheint hier insgesamt sehr groß zu sein und es ist denkbar, dass sie auch bei der Entscheidung
für das Studium der Betriebswirtschaftslehre eine maßgebliche Rolle gespielt haben. Sie ist es aus Frankreich gewöhnt, dass Frauen berufstätig sind und so ist
auch der Schritt zur Karriere kein allzu großer mehr. Zudem sind die Studienge-
bühren in Frankreich recht hoch, sodass Frau Meyer-Baron diese Investition auch
insofern ausschöpfen möchte, als sie im Anschluss daran durch einen entsprechenden Beruf Profit aus dem Studium schöpfen möchte.

Sie scheint ihre Karriere also als natürlichen Lauf der Dinge zu betrachten, ihr
Weg ist im Wesentlichen bereits frühzeitig vorbestimmt. Hinzu kam sicherlich ein
besonderer Ehrgeiz verbunden mit einer hohen Zielorientierung, wodurch sie ihr
Ziel Karriere zu machen auch problemlos erreichen konnte.

Insgesamt scheinen als Begründung für Frau Meyer-Barons Karriere also insbesondere ihre Sozialisation und das konkrete Vorbild ihrer Mutter nennenswert
zu sein.

6.2.1.3. Frau Abel-Dupont

Im Fall von Frau Abel-Dupont ist der Hauptgrund für ihre Karriere sicherlich ihre
hohe Leistungsorientierung. Sie erwähnt mehrfach, dass sie sich als „fleißiges
Bienchen" (Zeile 120) betrachtet und sagt dies auch mit einem gewissen Stolz. Es
scheint ihr also besonders wichtig zu sein, stets ein hohes Engagement zu zeigen.
Damit ging dann eine zunehmende inhaltliche Kompetenz einher sowie das Gefühl, bestimmte Aufgaben selbst übernehmen zu können. So beschreibt sie Leistung als ihr Ziel, während die Karriere die natürliche Folge davon sei, die sie nicht
geplant hatte.

Die Berufstätigkeit scheint ihr Spaß zu machen, dennoch ist das Leistungsmotiv
bei ihr sehr ausgeprägt. Dies lässt vermuten, dass – wie oben bereits erwähnt –
hinter der Leistungsorientierung möglicherweise auch der Wunsch nach Anerkennung und Wertschätzung steht, der sie antreibt.

6.2.1.4. Vergleich

Betrachtet man also die Beweggründe der Frauen hin zu ihrem Karrierewunsch so wird deutlich, dass hier bei allen ein mehr oder weniger starker Leistungsgedanke vorhanden ist. Zwar zeigt sich am Fall von Frau Meyer-Baron, dass hier die Vorbildfunktion ihrer Mutter entscheidend für ihre Entwicklung hin zu einer Karriere war, jedoch spielt auch hier Leistung eine entscheidende Rolle. Schließlich verfolgt sie sehr ehrgeizig ihre Ziele und verfolgt engagiert ihren Plan, eine Führungsposition zu erreichen. Bei den beiden anderen Frauen mündete der Leistungsgedanke zwar nicht von vornherein in den Wunsch Karriere zu machen. Dennoch haben auch sie offenbar frühzeitig gelernt, dass Leistung – aufgrund des damit verbundenen Status – wichtig ist.

Bedenkt man nun, dass Leistung in unserer Gesellschaft sehr zentral ist und bereits die schulische Ausbildung in dieser Hinsicht konzipiert ist, so ist es verständlich, dass die drei Frauen davon stark beeinflusst sind. Zweifellos haben sie dadurch beruflich viel erreicht und können ein Leben auf einen hohen finanziellen Standard führen. Gerade am Fall von Frau Freidinger sieht man jedoch, dass dieser Leistungsgedanke auch in ein Extrem münden kann, dass nicht mehr als Chance sondern als Last zu begreifen ist. In der Debatte um die Vereinbarkeit von Familie und Beruf wird unterstellt, dass Frauen ein Teil dieser Leistungsgesellschaft sein wollen und als solcher erfolgreich berufstätig sein wollen. Zudem ist ihre Kompetenz als Fachkraft mehr denn je gefragt. Bedenkt man nun, dass innerhalb dieser Gesellschaft im Wesentlichen derjenige wertgeschätzt wird, der selbst eine hohe Leistung erbringt so wird deutlich, welcher Druck hier entstehen kann, setzt man voraus, dass jeder Mensch danach strebt, gesellschaftlich anerkannt zu sein. Hier zeigt sich also erneut, dass gegebenenfalls nicht die Rede davon sein kann, dass Frauen in Führungspositionen aus purer Freude heraus handeln. Vielmehr bestehen auch Zwänge, die dringend berücksichtigt werden müssen, wenn man ein vollständiges Verständnis von den Bedürfnissen der Vereinbarkeit von Familie und Beruf erhalten möchte. Zweifellos ist Arbeit heute mehr als reine Erwerbstätigkeit und Frauen sollten an dieser sinnstiftenden Tätigkeit gleichermaßen teilhaben können wie Männer. Es ist jedoch wünschenswert, dass nach Jahren der diesbezüglichen Ungleichberechtigung nicht schlicht ein anderes Extrem entsteht, in dem Frauen erfolgreich berufstätig sein müssen. Vielmehr sollte der Fokus darauf gerichtet werden, dass Frauen (und gleichermaßen Männer!) die Wahl haben, welche Schwerpunkte sie bei der Vereinbarung von Beruf und Familie setzen.

Wie bereits erwähnt beschäftigt sich die aktuelle Forschung weniger mit dem Lebensplan oder den Beweggründen der Mütter in Führungspositionen oder mit allgemeinen Überlegungen zu Arbeit und Familie. Vielmehr wird unterstellt, dass es das unumstrittene Ziel ist, dass Frauen als Fachkräfte gewonnen werden können ohne dass die Geburtenrate darunter leiden würde.

6.2.2. Warum Kinder?

Nachdem nun die Entwicklung hin zur Karriere der Frauen betrachtet wurde, soll im Folgenden der Frage nachgegangen werden, aus welchen Gründen sie Kinder bekamen und welche möglichen Auslöser es für den Kinderwunsch gab.

6.2.2.1. Frau Freidinger

Fragt man nun, wie es bei Frau Freidinger zum Kinderwunsch kam so fällt auf, dass hier mehrere Gründe eine Rolle spielen. Nachdem Kinder für sie und ihren Mann sehr lange kein Thema waren, weil sich beide vollständig mit ihrem Beruf beschäftigt haben, so kommt es bei Frau Freidinger mit Anfang Dreißig zu einer Krise. Sie schildert, dass sie beruflich bereits sehr viel erreicht hatte, eine Führungsposition inne hatte, viel Geld verdiente, viele Reisen machte. Nachdem sie also all dies erreicht hatte, stellte sich ihr plötzlich die Frage nach dem Sinn des Lebens. So reichte es nicht mehr aus, nur beruflich erfolgreich zu sein, nun entstand ein Kinderwunsch. Sie beschreibt also, dass sie dem Leben dadurch einen Sinn geben wollte, dass sie ihre Erfolge mit ihren Kindern teilen könnte und nicht mehr nur sich selbst in den Mittelpunkt stellte (vgl. Zeile 471ff). Einen konkreten Auslöser für diese Krise nennt Frau Freidinger hier jedoch nicht. Vielmehr scheint sich diese Sinnfrage langsam anzubahnen, da Frau Freidinger ihre beruflichen Ziele zunehmend erreicht hat und nach neuen Herausforderungen sucht.

Ein zweiter Grund für ihren Kinderwunsch scheint dann auch die Tatsache zu sein, dass sie sich selbst und vor allem ihrer Umwelt beweisen will, dass sie in der Lage ist zusätzlich zu ihrer Karriere auch noch Kinder zu haben (Zeile 456ff). Sie hat hier also sowohl den inneren Wunsch nach Kindern, da sie dem Leben einen Sinn geben möchte. Hinzu kommt der starke äußere Einfluss, den sie offenbar verspürt und der ihr das Gefühl gibt, sie müsse beweisen, dass sie Kinder und Karriere vereinbaren kann. Sie spürt hier also offenbar einen großen Druck von außen, wobei sie nicht spezifiziert, wer genau diesen Druck ausübt. Es ist jedoch davon auszugehen, dass die Debatte um die Vereinbarkeit von Familie und Beruf bei Frauen wie Frau Freidinger bewirkt, dass sie sich hierdurch dazu gedrängt fühlt, beides unter einen Hut zu bekommen. Es muss also bei dem Vereinbarkeitsdiskurs, wie er derzeit öffentlich behandelt wird bedacht werden, dass allein die Debatte darum ein Normalitätsbild herstellt. Es darf also beispielsweise nicht nur gefragt werden, welche Rahmenbedingungen (z. B. Kindertagesstätten) benötigt werden. Vielmehr muss auch diskutiert werden, wie Frauen darin unterstützt werden können, sich selbst zu entscheiden, ob und wie lange sie aufgrund der Geburt eines Kindes aus dem Beruf ausscheiden möchten.

An dieser Stellte sei erwähnt, dass die Debatte bei Müttern in Führungspositionen eine andere ist als bei Müttern in niedrigeren Positionen, die aus finanziellen Gründen schnellstmöglich wieder in den Beruf zurückkehren müssen.

Im Fall von Frau Freidinger scheint diese neu entstandene Normalität, dass Frauen Beruf und Familie vereinbaren können (und müssen?) einen besonderen Druck auszuüben. Es ist nicht auszuschließen, dass auch andere Frauen neben der Zufriedenheit darüber, dass sie bezüglich der Gleichberechtigung gegenüber Männern deutlich besser dastehen als noch vor einigen Jahren, hier einen gewissen Zwang verspüren. Es ist sicher nicht erstrebenswert, dass Frauen aus dem alten Zwang, nur Hausfrau und Mutter sein zu können in einen neuen Zwang – nämlich die Vereinbarung von Familie und Beruf – gedrängt werden. Entscheidend dafür, dass es zu mehr Freiheit kommt ist die Rolle der Männer. Denn nur so lange sie in der alten Rolle als Ernährer verharren und ihre Frauen bezüglich der Familie und des Haushaltes nicht unterstützen, wird die Last der Vereinbarkeit von Familie und Beruf weiter allein auf den Schultern der Frauen liegen. Am Fall von Frau Freidinger zeigt sich dies in besonderem Maße. So spürt sie offenbar die Verantwortung für das Gelingen von Familie und Beruf allein bei sich. Auch Lukoschat und Walther (2006) nennen die Rolle der Väter als wichtigen, zu thematisierenden Bereich für eine gelingende Vereinbarkeit von Familie und Beruf. So fordern sie, dass traditionelle Geschlechterrollen abgebaut werden (vgl. ebd. S. 87) und die Vereinbarkeit von Familie und Beruf bei Vätern stärker in den Fokus öffentlicher Betrachtung rückt (vgl. ebd. S. 84).

6.2.2.2. Frau Meyer-Baron

Auch bezüglich des Kinderwunsches spielt bei Frau Meyer-Baron – wie schon bei der Karriere – die Sozialisation in Frankreich und die konkrete Vorbildfunktion ihrer Mutter eine wichtige Rolle. So selbstverständlich und normal es für sie war, Karriere zu machen, so selbstverständlich war auch ihr Kinderwunsch. Hierfür bestand sogar ein Zeitplan, den sie allerdings aufgrund eines Partnerwechsels nicht einhalten konnte. Sie betont, dass der Kinderwunsch für sie völlig normal sei und dass es für sie immer klar war, dass sie eines Tages Kinder haben würde. Aufgrund ihrer meist sehr sachlichen Erzählweise wird nicht deutlich, ob dieser Wunsch aus ihr selbst heraus entstand oder ob sie wie auch schon bei der Karriere im Wesentlichen einer Normalitätsvorstellung folgte, die es eben auch vorsah, Kinder zu bekommen. In der Situation, in der sie tatsächlich schwanger wurde scheint die Entscheidung dafür sehr bewusst und aus einer inneren Überzeugung heraus entstanden zu sein. Dieser Wunsch wurde frühzeitig durch das Vorbild ihrer Eltern und ihrer Umgebung angelegt, was auch damit zusammenhängt, dass die Vereinbarkeit von Familie und Beruf in Frankreich unproblematisch verläuft. Diese Selbstverständlichkeit, mit der Familie und Beruf hier behandelt wird leistet sicherlich einen erheblichen Beitrag dazu, dass Frauen in Frankreich mehr Kinder be-kommen als in Deutschland. Insofern ist zu bedenken, dass es in vielerlei Hinsicht bedeutsam ist, in welche Richtung die Debatte um die Vereinbarkeit von Familie und Beruf gelenkt wird, da hierdurch möglicherweise auch Einfluss auf die Gebur-tenrate genommen werden kann. Bei dem Diskurs um die Vereinbarkeit von Fami-lie und Beruf bei Müttern in Führungspositionen scheinen also Vorbilder eine wich-tige Rolle einzunehmen. Als Vorbilder dienen natürlich einerseits die Eltern, jedoch sind gerade Mütter in Führungspositionen für andere Frauen eine wichtige Orien-tierungshilfe. Diese wichtige Wirkung ist nicht zu unterschätzen, der Blick der ak-tuellen Forschung wird jedoch nicht hierauf gerichtet.

6.2.2.3. Frau Abel-Dupont

Bei Frau Abel-Dupont sind die Beweggründe dafür, dass sie ein Kind bekam nicht so eindeutig, wie bei den anderen beiden Interviewpartnerinnen. Sie selbst sagt, dass es völlig „offen" (Zeile 174) gewesen sei, ob sie ein Kind bekäme oder nicht. Zwar war der Gedanke an Kinder durchaus in ihrem Bewusstsein, jedoch scheint sie zunächst geradezu nachdrücklich gegen eine Schwangerschaft gewesen zu sein (vgl. Zeile 171ff). Ihr war also klar, dass sie als Frau irgendwann eine Ent-scheidung treffen müsste, allerdings scheint sie diese lange verdrängt zu haben. Bedenkt man ihre hohe Leistungsorientierung, die sich offenbar vollständig auf den Beruf fokussierte, so ist davon auszugehen, dass ihr der Beruf so wichtig war, dass es ihr unvorstellbar war, ein Kind zu bekommen. Die Entscheidung für ein Kind traf sie dann auch eher nicht aus emotionalen Gründen. Vielmehr scheint sie hier rationale Überlegungen angestellt zu haben. So zwang sie ihr Alter offenbar dazu, sich zu entscheiden und möglicherweise trug auch ihr Umfeld dazu bei, dass sie sich dazu entschied, eine Familie zu gründen. So scheint das Vorbild einer Kollegin in einer hohen Führungsposition einen großen Einfluss zu haben, da sich beide Frauen möglicherweise gegenseitig ermutigen und unterstützen (vgl. Zeile 432ff). Zwar formuliert sie dies nicht ausdrücklich, jedoch entsteht dieser Eindruck, da sie sehr viel von dieser Kollegin spricht und diese offenbar bewun-dert. Es ist zeigt sich also wiederum, dass Vorbilder eine wichtige Rolle bei der Entscheidung für eine Familie spielen können.

6.2.2.4. Vergleich

Vergleicht man nun die Beweggründe der drei Frauen für die Gründung einer Fa-milie, so fällt auf, dass diese recht unterschiedlich sind. Gemeinsam ist ihnen zwar die Tatsache, dass sie alle erst in einem Alter von Mitte Dreißig Kinder bekamen und der Beruf bis dahin höchste Priorität hatte. Diese Tendenz ist auch das Ergebnis einer Erhebung des statistischen Bundesamtes (2005). Doch während Frau Meyer-Baron immer schon wusste, dass sie sich eine Familie wünschte, stand dies für die beiden anderen Frauen zunächst gar nicht zur Debatte. Sie konzentrierten sich vollständig auf ihre Berufstätigkeit und erst, als sie hier bereits erfolgreich waren, wurde der Gedanke an Kinder relevant. Während Frau Freidinger ihrem Leben durch Kinder einen Sinn gegen wollte, scheint Frau Abel-Dupont zu diesem Zeitpunkt eher eine rationale Entscheidung getroffen zu haben. Lukoschat und Walther (2006) stellen fest, dass der Zeitpunkt der Mutterschaft nicht entscheidend für die Entwicklung der Karriere sei (vgl. S. 22). Kinder seien kein Hinderungsgrund für die Karriere, sofern die Frauen diese berufliche Entwicklung wirklich wollen und sich entsprechend engagieren (vgl. ebd.). Für Fälle wie den von Frau Abel-Dupont, in denen das Kinderkriegen zunächst verschoben wird, um sich voll dem Beruf widmen zu können, bedeutet dies, dass es durchaus auch in Erwägung gezogen werden kann, zu einem früheren Zeitpunkt Kinder zu bekommen ohne, dass dies eine Karriere gefährden oder gar ausschließen würde.

Insgesamt fällt erneut auf, dass Frau Meyer-Baron als Französin eine andere Grundeinstellung zum Thema Kinder hat. Zweifellos ist ihr Verhalten nicht zu verallgemeinern, dennoch ist die Selbstverständlichkeit, mit der sie an das Thema Familie und Beruf herangeht sehr auffällig. Während die beiden anderen Frauen sehr damit beschäftigt sind, sich beruflich zu positionieren, verfolgt Frau Meyer-Baron zielstrebig sowohl ihren beruflichen, als auch ihren privaten Plan. Sie scheint nicht für ihr Lebensmodell kämpfen zu müssen, was sie viel gelassener sein lässt. Diese Selbstverständlichkeit scheint sehr erstrebenswert zu sein, jedoch ist die Grundlage dafür, dass zum einen die Rahmenbedingungen gegeben sind, die es Frauen ermöglichen, auch wenn sie Kinder haben weiter ihren Beruf auszuüben. Andererseits sieht man am Fall von Frau Freidinger, dass dringend berücksichtigt werden muss, dass dieses Lebensmodell nicht zum Zwang wird und Frauen den Eindruck haben, sie müssten Kinder und Karriere problemlos vereinbaren. Dafür ist es wichtig, dass sich Frauen generell entscheiden können, ob sie beides wollen und die Rahmenbedingungen (Arbeitszeiten, Kinderbetreuung etc.) müssen sich entsprechend anpassen. Zudem scheint es auch wichtig zu sein, dass sich die Rolle der Männer verändert. So sieht man am Fall von Frau Freidinger, dass sie zusätzlich zu den Aufgaben bezüglich Haushalt und Familie berufstätig ist, während ihr Mann offenbar weniger Verantwortung außerhalb seines Berufs trägt. So kann die Vereinbarkeit von Familie und Beruf nur dann gelingen, wenn die Rollen innerhalb einer Partnerschaft gleichberechtigt verteilt sind.

Insgesamt wird deutlich, dass der Beruf bei allen drei Frauen nach dem Studium höchste Priorität hat und sie sich nicht vorstellen konnten, gleich Kinder zu bekommen. Sie sehen den Beruf als Profit aus dem Studium und so hat er zunächst volle Priorität. Dahinter steckt sicherlich die Sorge, dass ihnen die Chance auf eine Karriere verwehrt wird, wenn sie zum Zeitpunkt des Berufseinstiegs (oder kurz danach) bereits ein Kind haben. Zwar stellten Lukoschat und Walther (2006) fest, dass es verschiedene Modelle gibt, die beweisen, dass eine frühe Mutter-schaft kein Hindernis für die Karriere sein muss (vgl. ebd. S. 22), jedoch zeigen die im Rahmen dieser Arbeit geführten Interviews, dass diesbezüglich eine große Unsicherheit besteht. Hier zeigen sich wieder die Strukturen der Arbeitswelt, die vollständig auf Leistung ausgerichtet sind und die Personen erfordern, die sich ausschließlich dem Beruf widmen wollen und können. Will man zukünftig mehr Frauen als Fachkräfte gewinnen und dennoch der sinkenden Geburtenrate entge-genwirken, so ist zu bedenken, dass sich die Strukturen in der Berufswelt maß-geblich verändern müssen. Es muss selbstverständlich sein, dass berufstätige Menschen nicht nur arbeiten, sondern auch ein Privat- und Familienleben haben. Der Maßstab darf nicht eine ungebundene Person sein, die außerhalb des Berufes keine Verpflichtungen hat. Vielmehr sollte es selbstverständlich sein, dass der normale Berufstätige neben dem Beruf beispielsweise Kinder oder auch pflegebe-dürftige Angehörige versorgt. Auch Lukoschat und Walther (2006) fordern eine „familienfreundliche Gesellschaft" (ebd. S. 87). Hierzu müssen beispielsweise Ar-beitsmodelle flexibilisiert werden, Kinderbetreuung angeboten werden und vieles mehr. Zudem ist es ausgesprochen wichtig, dass der private Teil des Lebens ei-nes jeden Berufstätigen wertgeschätzt und respektiert wird. So darf es nicht mehr als unangenehme Besonderheit behandelt werden, wenn Eltern nach der Geburt ihres Kindes einige Zeit zuhause bleiben. Vielmehr müssen Strukturen geschaffen werden, die solche Abläufe problemlos ermöglichen und die den Eltern zeigen, dass sie in ihrem Lebensmodell unterstützt werden. Gerade am Fall von Frau Freidinger wird deutlich, dass sie die Anerkennung, die sie sucht nur im Beruf zu finden glaubt. Dies liegt sicherlich auch daran, dass es gesellschaftlich heute we-nig anerkannt wird, wenn Frauen sich vollständig um ihre Kinder kümmern und gar den Beruf ganz aufgeben. Sicherlich kann niemand bestimmen, welches Lebens-modell für wen am besten ist. Daher ist es besonders wichtig, dass Frauen selbst entscheiden können, welcher Weg der richtige für sie ist ohne die Missachtung ihrer Umgebung fürchten zu müssen. Die Freiheit von Zwängen dieser Art sollte das Ziel jeglicher Debatte um die Vereinbarkeit von Familie und Beruf sein. Diese Erkenntnis ist in aktuellen Forschungen rund um die Vereinbarkeit nicht zu finden, scheint aber aufgrund der Ergebnisse dieser Arbeit ausgesprochen bedeutsam zu sein.

6.3. Der Alltag

Die folgende Kategorie befasst sich mit dem Alltag der Frauen. Hierbei soll ge-nauer betrachtet werden, welche konkreten Bedingungen sie als Unterstützung oder Hilfe empfinden und was sie bei der Vereinbarung von Familie und Beruf hemmt.

6.3.1. Unterstützung und Wünsche

Zunächst soll also der Blick auf all das gerichtet werden, was die Frauen im Interview als hilfreich bezeichneten und auf das, was sie sich für die zukünftige Gestaltung ihres Alltags mit Familie und Beruf wünschen.

6.3.1.1. Frau Freidinger

Als Unterstützung für ihren Alltag nennen die drei Frauen ähnliche Dinge. Frau Freidinger betont die hohe Bedeutung, die die öffentliche Kinderbetreuung für sie hat. Sie beschreibt diese als „Ersatzfamilie" (Zeile 209), was die Wichtigkeit der Einrichtung unterstreicht. Dabei wird es zur Belastung, wenn nicht ausreichend viele Betreuungsplätze zur Verfügung stehen oder sonstige Schwierigkeiten entstehen. Die Kinderbetreuung scheint für sie Grundlage für das Gelingen der Vereinbarkeit von Familie und Beruf zu sein.

Daneben empfindet sie ihre flexiblen Arbeitszeiten und die Möglichkeit, von Zuhause zu arbeiten als große Erleichterung. So kann sie beispielsweise im Krankheitsfall ihre Kinder betreuen und sich zeitlich weitestgehend flexibel einteilen.

Auch ihren Ehemann nennt Frau Freidinger als Unterstützung, da in Notsituationen einspringen kann. In diesen Fällen hilft es ihr auch, wenn ihre Mutter bei der Kinderbetreuung einspringen kann. Sie spielt offenbar eine wichtige Rolle, da sie sogar das erste Kind von Frau Freidinger die ersten drei Jahre vollständig betreut hat, damit diese schnell wieder in den Beruf zurückkehren konnte.

Neben diesen Rahmenbedingungen, die Frau Freidinger bereits als Unterstützung empfindet wünscht sie sich, dass sie nach der Geburt ihrer Kinder drei Jahre lang hätte zuhause bleiben können ohne Angst haben zu müssen, im Beruf den Anschluss zu verlieren. Dazu stellt sie sich ein Modell vor, das es ermöglicht, während dieser Zeit den Kontakt zum Unternehmen zu halten und sich auch fortzubilden, um später einen leichten Wiedereinstieg zu haben. Dieser Wunsch zeigt, wie groß der Druck auf Frau Freidinger ist und wie wenig frei sie entschieden hat, so kurz nach der Geburt ihrer Kinder wieder in den Beruf zurückzukehren. Sie hat also durchaus das Bedürfnis, mehr Zeit mit ihren Kindern zu verbringen, jedoch ist die Sorge darum, beruflich benachteiligt zu werden offenbar größer als dieser Wunsch. Dies unterstreicht sowohl ihre hohe Leistungsorientierung als auch die Tatsache, dass das berufliche Zurückstecken zugunsten der Kinder nicht ausreichend gewürdigt wird.

6.3.1.2. Frau Meyer-Baron

Auch Frau Meyer-Baron hält die Kinderbetreuung für eine wesentliche Grundlage für das Gelingen der Vereinbarkeit von Familie und Beruf. Sie selbst hat eine Tagesmutter, die ihre Tochter betreut, dennoch wünscht sie sich eine Unternehmenskindertagesstätte, da sie diese aufgrund der Nähe als Erleichterung empfinden würde.

Sie nennt zudem ihren Ehemann als große Hilfe und auch ihre Familie unterstützt sie gerade in Notsituationen wie bei Krankheit. Hier nennt sie jedoch auch flexible Arbeitszeiten und die Möglichkeit, von Zuhause zu arbeiten als große Erleichterung. Diese Arbeitsbedingungen hält sie allerdings offenbar für ausbaufähig denn sie wünscht sich, dass hier seitens des Unternehmens mehr Flexibilität ermöglicht wird.

Diese Rahmenbedingungen hält sie deshalb für so wichtig, weil sie sich nicht zwischen Familie und Beruf entscheiden möchte, sondern beides vereinbaren will. Sie spricht sich also dafür aus, eine freie Entscheidung zu treffen und nicht durch schlechte Rahmenbedingungen dazu gezwungen zu werden, sich für das eine oder das andere entscheiden zu müssen.

6.3.1.3. Frau Abel-Dupont

Auch Frau Abel-Dupont nennt eine gute Kinderbetreuung als Grundlage für die Vereinbarkeit von Familie und Beruf. Dabei betont sie ihren hohen Anspruch an die Betreuung und ihren Wunsch nach einem guten Konzept. Die Qualität der Kinderbetreuung ist für sie entscheidend, da sie sich sonst nicht vorstellen kann, ihr Kind betreuen zu lassen.

Zudem ist ihr Mann eine große Stütze, da er dadurch, dass er von Zuhause aus arbeitet sehr flexibel ist und ihr den Rücken frei halten kann. So kümmert er sich gleichermaßen um den Haushalt und auch das Kind, wobei er hier beispielsweise im Falle von Dienstreisen von Frau Abel-Dupont die alleinige Verantwortung trägt. Da Frau Abel-Dupont sehr zufrieden mit ihrer Vereinbarung von Familie und Beruf ist, ist anzunehmen, dass die Tatsache, dass ihr Mann sich mindestens genauso viel um ihr Kind kümmert wie sie selbst eine wesentliche Rolle dafür spielt. Die Organisation des Alltags scheint in ihrem Fall deutlich entspannter zu verlaufen als beispielsweise im Fall von Frau Freidinger.

Weiterhin betont sie, dass die finanzielle Unterstützung bei der Kinderbetreuung durch ihren Arbeitgeber eine große Erleichterung für sie sei. Dies ist nicht nur eine finanzielle Entlastung sondern auch eine Wertschätzung ihrer Arbeit, was Frau Abel-Dupont viel bedeutet. Hier ist jedoch auch zu bedenken, dass dieser Ablauf wiederum den Maßstab setzt, dass die schnelle Rückkehr in den Beruf be-

sonders wertgeschätzt wird und es ist fraglich, wie sehr Frauen von solchen Angeboten in ihrer eigenen Entscheidung beeinflusst werden.

Frau Abel-Dupont fühlt sich zudem durch weibliche Vorbilder im Unternehmen
gestärkt, da ihr dies eine gewisse Sicherheit gibt, ihre eigenen Interessen zu vertreten. Es zeigt ihr zum einen, dass es möglich ist, Familie und Beruf zu vereinen
und zum anderen, wie man mit der Situation umgehen kann. Vorbilder sind also
offenbar wichtig zur Orientierung, jedoch muss auch hier beachtet werden, dass
diese Vorbilder auch einen Maßstab setzen können, der nicht zwingend für alle
Frauen geeignet ist. Je mehr verschiedene Modelle also ermöglicht und gelebt
werden, desto deutlicher wird es, dass jede Frau ihren eigenen Weg finden soll
und muss.

Wie auch Frau Meyer-Baron wünscht sich Frau Abel-Dupont, dass sie sowohl
Karriere als auch Familie haben kann. Sie möchte sich nicht entscheiden müssen,
was eine ausreichende Anzahl und Qualität der Kinderbetreuung voraussetzt. Sie
wünscht sich also nicht nur einen Ausbau der Betreuungsplätze, sondern eine
professionellere Ausbildung der Erzieher.

Zudem erhofft sie sich mehr Rücksicht auf die Lebenssituation von Eltern seitens des Arbeitgebers, da sie nun selbst erlebt hat, dass sich das Leben mit der
Geburt eines Kindes sehr verändert und sich auch die Prioritäten verschieben. Sie
wünscht sich mehr Verständnis für ihre Situation, wobei sie gleichzeitig regelrecht
einfordert, dass ihr Lebensmodell von allen Seiten unterstützt wird. Gerade mit der
Tatsache, dass ihrem Wunsch, ihr Kind im Alter von vier Monaten betreuen zu
lassen, in verschiedenen Betreuungseinrichtungen kritisch begegnet wurde kommt
sie nicht zurecht. Hier findet sich allerdings auch ein Widerspruch, denn fordert sie
einerseits, dass die Kindertagesstätten ein pädagogisches Konzept haben, so ist
dieses Konzept offenbar nur dann wertvoll, wenn es ihr eigenes Lebensmodell
unterstützt. Offenbar besteht hier auch eine gewisse Unsicherheit bezüglich der
frühzeitigen Fremdbetreuung ihres Kindes, was sie so empört sein lässt.

6.3.1.4. Vergleich

Insgesamt sind die Rahmenbedingungen, die die interviewten Frauen für wichtig
halten also sehr ähnlich und sie sind auch mit den Ergebnissen von Lukoschat
und Walther (2006) vergleichbar.

Eine qualitativ hochwertige und ausreichende Kinderbetreuung ist demnach die
Grundvoraussetzung für ein Gelingen der Vereinbarkeit von Familie und Beruf.
Seitens des Arbeitgebers scheinen flexible Arbeitsbedingungen sowie finanzielle
Unterstützung einen wichtigen Beitrag leisten zu können. Hier nennen die Frauen
flexible Arbeitszeitmodelle sowie die Möglichkeit, von Zuhause zu arbeiten. Frau
Abel-Dupont wird sogar die teuer Kindertagesstätte durch das Unternehmen er-
stattet.

Auch die Partner werden als wichtige Unterstützung genannt. Dabei fällt auf, dass die Gleichberechtigung innerhalb der Partnerschaften der drei Interviewpartnerinnen sehr unterschiedlich ist. Während der Mann von Frau Abel-Dupont mehr Zeit für das gemeinsame Kind aufzuwenden scheint, so ist Frau Freidinger gerade während der Woche im Wesentlichen allein für die Kinder verantwortlich. Da Frau Freidinger auch deutlich belasteter ist von Familie und Karriere als Frau Abel-Dupont, ist davon auszugehen, dass die Aufteilung der Verantwortlichkeiten innerhalb der Partnerschaft hierzu einen entscheidenden Beitrag leistet. Demnach ist es für die Vereinbarkeit von Familie und Beruf bei Müttern in Führungspositionen sehr wichtig, dass sich auch die Rolle der Männer an die neuen Gegebenheiten anpasst und auch ihre Möglichkeiten, sich um Familie und Beruf zu kümmern gefördert werden.

Gerade in Notfallsituationen wie beispielsweise durch Krankheit der Kinder ist die Familie eine wichtige Unterstützung. Gerade die Mütter der Frauen springen ein, wenn diese aus terminlichen Gründen nicht selbst für ihre Kinder da sein können. Im Fall von Frau Abel-Dupont, die nicht in der Nähe ihrer Eltern lebt ist dies nicht möglich, jedoch scheint dies durch die hohe Flexibilität ihres Mannes auch nicht eine solche Bedeutung zu haben. Sicherlich würde eine Flexibilisierung der Arbeitsbedingungen sowie Möglichkeiten einer spontanen Kinderbetreuung in terminlichen Notsituationen diese Situation deutlich erleichtern.

Alle drei Frauen wünschen sich, dass es mehr und bessere Kinderbetreuungsplätze gibt. Sie möchten sich nicht zwischen Beruf und Familie entscheiden müssen und die Kinderbetreuung ist hierfür die entscheidende Voraussetzung. Es wird von allen Frauen thematisiert, dass ein gewisser Druck besteht, frühzeitig nach der Geburt wieder in den Beruf zurückzukehren. Jedoch wünschen sich die Frauen mehr Verständnis für ihre Situation und mehr Flexibilität seitens des Arbeitgebers. All dies soll verhindern, dass sie aufgrund ihrer Abwesenheit Angst davor haben müssen, beruflich benachteiligt zu werden. Es wird auch die Bedeutung von Vorbildern genannt, an denen man sich diesbezüglich orientieren kann.

Zu dem Gelingen der Vereinbarkeit von Familie und Beruf scheinen in allen drei Fällen ein hohes Organisationstalent sowie eine strukturierte und zielorientierte Vorgehensweise beizutragen.

Insgesamt wünschen sich also alle drei Frauen mehr Anerkennung für ihr Lebensmodell durch die Schaffung entsprechender Rahmenbedingungen.

6.3.2. Hemmnisse

Hier sollen nun die Dinge in den Blick genommen werden, durch die sich die Frauen im Alltag bezüglich der Vereinbarkeit von Familie und Beruf gehemmt fühlen.

6.3.2.1. Frau Freidinger

Als Hemmnis für die Vereinbarkeit von Familie und Beruf nennt Frau Freidinger Notfallsituationen, in denen sie eine spontane Kinderbetreuung benötigt. Wenn also beispielsweise der Kindergarten anruft, weil eines ihrer Kinder krank ist und abgeholt werden muss, sie aber einen wichtigen Termin hat, so ist das ein großes Problem. Denn wenn in solchen Fällen weder ihr Mann noch ihre Mutter einspringen können, so weiß sie keinen Ausweg.

Daneben nennt sie ihre eigene Gesundheit als Hindernis, da sie öfter durch Krankheiten in ihrem Leistungsdrang gebremst wird. Hier erkennt sie jedoch, dass sie sich sonst möglicherweise völlig übernehmen würde und ihr Körper sie so zu Pausen zwingt. Dies zeigt den großen Druck, den sie spürt und der sie sogar über ihre eigenen körperlichen Grenzen gehen lässt.

Weiterhin empfindet sie die geringe Anzahl an Betreuungsplätzen als Hemmnis, da damit ein großer zeitlicher Aufwand bei der Suche sowie eine Abhängigkeit von der Kindertagesstätte entsteht.

In ihrem Fall scheint auch der große gesellschaftliche sowie persönliche Druck, den sie empfindet ein Hemmnis darzustellen. Sie ist hierdurch nicht in der Lage, auf ihre eigenen Bedürfnisse und auch die ihrer Kinder zu achten, da sie regelrecht getrieben ist von ihren eigenen Ansprüchen und von denen die sie seitens ihres Umfeldes empfindet. Sicherlich wäre es eine große Erleichterung für sie, wenn sie eine vergleichbare Wertschätzung für ihre Bemühungen gegenüber ihren Kindern verspüren würde, wie sie es im Beruf zu erfahren scheint. Auch ein selbstverständlicherer Umgang mit beruflichen Auszeiten durch Elternzeit und ein angenehmer Wiedereinstieg würde sicherlich eine große Last von ihr nehmen. Zweifellos liegt in ihrem Fall eine große persönliche Problematik vor, die unabhängig von jeglichen Rahmenbedingungen besteht. Jedoch ist davon auszugehen, dass das Grundproblem auch für andere Frauen spürbar ist, was – wie bereits erwähnt – hoffen lässt, dass hier eine gesellschaftliche sowie politische Umorientierung bezüglich des Umgangs mit Müttern in Führungspositionen (sowie auch in jeglicher anderer Position) stattfindet.

Frau Freidinger erwähnt mehrfach, dass sie sich Männern gegenüber benachteiligt fühlt. Dies scheint sie sowohl zu verletzen als auch zu ärgern und es ist davon auszugehen, dass sie auch dies als Hemmnis empfindet. Es besteht also offenbar eine Konkurrenz, die sie noch verbissener all ihre Energie in den Beruf legen lässt, was für ein ausgeglichenes Verhältnis zwischen Familie und Beruf sicherlich nicht förderlich ist.

Zudem wird immer wieder deutlich, dass sie ein schlechtes Gewissen gegenüber ihren Kindern hat, weil sie so wenig Zeit für sie hat. Sie setzt die höchste Priorität also auf den Beruf in der Hoffnung, hier die Anerkennung zu erhalten, die sie braucht. Jedoch fühlt sie sich hier Männern gegenüber benachteiligt, hat große Ängste, dass ihr aus ihrer Mutterrolle ein Nachteil entsteht und sie kommt gesundheitlich an ihre Grenzen. Dennoch erträgt sie lieber das schlechte Gewissen gegenüber ihren Kindern, als sich beruflich zu beschränken. Rein organisatorisch scheint die Vereinbarkeit von Familie und Beruf ihr zwar aufgrund ihres hohen Einsatzes zu gelingen, physisch und psychisch jedoch kommt sie mit dem von ihr gewählten Lebensmodell jedoch offenbar nicht klar.

6.3.2.2. Frau Meyer-Baron

Frau Meyer-Baron verspürt verglichen mit Frau Freidinger deutlich weniger Hemmnisse bei der Vereinbarkeit von Familie und Beruf. Dennoch hat auch sie ein schlechtes Gewissen gegenüber ihrer Tochter, das sie so wenig Zeit für sie hat. Zwar betont sie mehrfach, dass sie zum Ausgleich all ihre Freizeit für ihr Kind „opfert" (Zeile 271). Dennoch fällt es ihr schwer, ihre Tochter so wenig zu sehen oder deren Fragen, warum sie so wenig Zeit habe zu beantworten. Eine Erleichterung wäre es für sie, wenn sie mehr von Zuhause arbeiten könnte und sich zeitlich flexibler einteilen könnte. Die derzeitigen diesbezüglichen Gegebenheiten scheinen ihr die Vereinbarung von Familie und Beruf zu erschweren.

Weiterhin nennt sie die deutschen Kinderbetreuungsmodelle als Problem. So hätte sie ihre Tochter aufgrund der Nähe zum Arbeitsplatz zwar gerne in eine deutschen Kindergarten gebracht, jedoch sind die Betreuungszeiten hier nicht mit ihren Arbeitszeiten zu vereinbaren. Aus diesem Grund geht ihre Tochter in einen französischen Kindergarten, der ganztägig geöffnet hat. Dies scheint ihr nicht nur eine organisatorische Erleichterung zu sein, vielmehr beruhigt es auch ihr Gewissen, da in Frankreich alle Kinder ganztägig betreut werden. Sie merkt also, dass ihre Tochter sich wünscht, dass sie mehr Zeit mit ihrer Mutter verbringen kann, es scheint ihr jedoch eine Beruhigung zu sein, dass ihr Lebensmodell in Frankreich normal ist und es insofern auch rechtfertigt. Sie kann dadurch die Verantwortung, selbst bewerten zu müssen, was für sie und ihr Kind das Richtige ist ein Stück weit von sich selbst auf das französische Betreuungssystem übertragen, was für sie eine Erleichterung zu sein scheint.

Auch hieran wird wiederum die Bedeutung der gesellschaftlichen und politischen Rahmenbedingungen deutlich, was die hohe Verantwortung des aktuellen politischen Diskurses in Deutschland verdeutlicht.

6.3.2.3. Frau Abel-Dupont

Frau Abel-Dupont scheint insgesamt recht zufrieden mit ihrem Lebensmodell zu sein. Dennoch fehlt ihr gelegentlich mehr Zeit für ihren Sohn, gerade abends, wenn sie nicht pünktlich das Büro verlassen kann.

Ein wichtiges, verbesserungswürdiges Thema ist für sie die Qualität der Kindertagesstätten. Nachdem sie große Schwierigkeiten hatte, überhaupt einen Betreuungsplatz für ihren Sohn zu finden, ärgerte sie sich sehr über mangelnde Qualität. Zwar ist sie mit ihrer jetzigen Betreuung sehr zufrieden, dennoch bemängelt sie diesen allgemeinen Zustand in Deutschland. Es wird deutlich, dass es ihr einerseits nicht leicht fällt, ihr Kind in fremde Hände zu geben, wenngleich es keine Alternative dazu gibt, da sie ihren Beruf nicht aufgeben würde. Die Qualität der Kindertagesstätte muss dann jedoch einen Ersatz für die Abwesenheit der Mutter darstellen, da diese für Frau Abel-Dupont zweifellos die beste Betreuung ist. So hoch ihr beruflicher Anspruch ist, so hoch ist offenbar auch ihr Anspruch an eine Kinderbetreuung. Es ist also maßgeblich für die Vereinbarkeit von Familie und Beruf, dass sie ihr Kind mit einem guten Gefühl in die Kindertagesstätte bringen kann.

Ein weiteres Hemmnis ist es für Frau Abel-Dupont, dass ihr Lebensmodell von anderen Menschen teilweise kritisch betrachtet wird. Hier nennt sie die ablehnende Haltung, mit der ihr manch eine Erzieherin bei der Suche nach einem Betreuungsplatz für ihr vier Monate altes Kind entgegen trat. Zudem fehlt ihr mehr Anerkennung seitens des Arbeitgebers dafür, dass sich ihre Prioritäten seit der Geburt ihres Sohnes geändert haben. Sie war vorher sehr leistungsorientiert und konnte sich vollständig auf den Beruf konzentrieren. Nun erwartet sie, dass sie ein entsprechendes Entgegenkommen seitens des Arbeitgebers dafür erfährt, dass sie sich immer so sehr engagiert hat und es auch trotz des Kindes noch immer tut. Sie erwartet also, dass sie nun als Mutter anders und rücksichtsvoller behandelt wird als zuvor und der Arbeitgeber sich auf ihre Bedürfnisse einstellt. Zwar nimmt sie sich beispielsweise bezüglich ihrer Arbeitszeiten bereits bestimmte Freiheiten heraus, ihr Wunsch ist es jedoch, dass es selbstverständlich wird, dass Eltern flexiblere Rahmenbedingungen brauchen.

6.3.2.4. Vergleich

Insgesamt haben also alle drei Frauen ein schlechtes Gewissen gegenüber ihren Kindern, da sie so wenig Zeit für sie haben. Zwar ist es keine Option, den Beruf zurückzustellen oder die Karriere aufzugeben, vielmehr wünschen sie sich mehr Verständnis und Flexibilität seitens des Arbeitgebers. Sie fühlen sich gehemmt durch die unflexiblen Arbeitsbedingungen, also Arbeitszeiten und die räumliche Gebundenheit an ihr Büro. Zudem ist es nicht leicht, eine geeignete Kinderbetreuung zu finden. Hier besteht zum einen ein großer Aufwand, überhaupt einen Platz zu finden und hinzu kommen noch ungünstige Betreuungszeiten oder auch schlechte Qualität. Den Frauen ist es wichtig, dass ihre Kinder gut betreut werden, damit sie zumindest diesbezüglich kein schlechtes Gewissen haben müssen.

Ein großes Hemmnis ist zudem die Organisation von Notsituationen. Wenn beispielsweise ein Kind krank ist, nicht in den Kindergarten kann, die Eltern jedoch terminliche Verpflichtungen haben so ist es oftmals äußerst problematisch, hierfür eine Lösung zu finden. Wenn in diesen Fällen nicht die Großeltern der Kinder einspringen können, ist die Situation nahezu ausweglos. Erstrebenswert scheint hier zum einen mehr Verständnis seitens des Arbeitgebers für solche Situationen zu sein. Daneben wünschen sich die Frauen Notfallbetreuungsangebote, die in solchen Situationen zur Verfügung stehen.

Ein weiteres Hemmnis ist die Anerkennung des Lebensmodells seitens des Umfeldes der Frauen. Während Frau Freidinger sich regelrecht gezwungen fühlt, Familie und Karriere perfekt zu vereinbaren, fühlt sich Frau Abel-Dupont gesellschaftlich wie auch durch ihren Arbeitgeber in ihrem Lebensmodell nicht ausreichend anerkannt. Hier zeigt sich, welch große Ambivalenz in Deutschland bezüglich des Themas Vereinbarkeit von Familie und Beruf bei Müttern in Führungspositionen herrscht. Einerseits werden Frauen als Fachkräfte gesucht und umworben, sie sollen gleichzeitig jedoch auch Kinder bekommen, um den Nachwuchs innerhalb der Gesellschaft zu sichern. Entscheiden sie sich dafür, beides zu vereinbaren, so stehen ihnen viele Hürden im Weg, die es zu überwinden gilt.

Die Struktur der Berufswelt ist derzeit noch auf Arbeitnehmer angelegt, die sich vollständig auf ihre Karriere konzentrieren wollen und können, so wie es bisher Männer taten. Es reicht schlicht nicht aus, dass die Berufstätigkeit und auch die Karrieremöglichkeiten von Frauen gefördert werden und dazu mehr Kinderbetreuungsplätze geschaffen werden. Wie man am Beispiel der drei hier betrachteten Fälle sehen konnte, ist die Thematik weitaus komplexer und erfordert einen Wandel der Normalitätsvorstellungen der Gesellschaft sowie einen Strukturwandel in der Berufswelt. Hierzu zählt beispielsweise die Anerkennung verschiedener Lebensmodelle sowie die Grundannahme von Unternehmen, dass Arbeitnehmer neben ihrem Beruf ein anspruchsvolles Privatleben haben, das beispielsweise die Erziehung von Kindern oder auch die Pflege von Angehörigen umfasst. Diese Erkenntnis muss dann zur Folge haben, dass flexible Arbeitsmodelle die Regel werden und nicht die Ausnahme bleiben. Daneben muss die Anzahl und die Qualität der Kinderbetreuung verbessert werden und die Rolle der Männer muss sich den neuen Gegebenheiten anpassen.

6.3.3. Zusammenfassung

Kennzeichnend für die hier interviewten Mütter in Führungspositionen sind also ihre hohe Leistungsorientierung und die Tatsache, dass sie den Beruf bei ihrer Lebensplanung an erste Stelle setzten. Kinder waren entweder gar nicht geplant oder standen zunächst hinten an. Es wird deutlich, dass die Frauen bezüglich ihres Lebensplanes – insbesondere der Leistungsorientierung – sehr stark von außen beeinflusst wurden und gesellschaftlichen Werten oder auch dem Vorbild ihrer Eltern folgten. Diese Leistungsorientierung wurde bei ihnen allen offenbar bereits in der Kindheit und Jugend angelegt und zieht sich durch ihr ganzes Leben.

Die Frauen sind sehr engagiert und zielstrebig und berichten überwiegend sehr sachlich von ihren Erfahrungen. Dabei wird deutlich, dass Anerkennung als Beweggrund für ihre Karrieren eine wichtige Rolle spielt und sie zu ihrem hohen Engagement antreibt. Ihrer Vorstellung zufolge ist berufliche Anerkennung für die persönliche Ausgeglichenheit von größter Bedeutung, während die ausschließliche Erziehung der Kinder ihnen nicht ausreicht.

Sie alle bekamen ihre Kinder in einem Alter von deutlich über dreißig Jahren, da sie sich zunächst vollständig auf ihre berufliche Entwicklung konzentrierten. Als Gründe für ihren Kinderwunsch nennen sie sowohl die Frage nach dem Sinn des Lebens als auch eine Vorstellung einer Normalität, zu der Kinder dazugehören.

Allen drei Frauen sind ihre Kinder ausgesprochen wichtig und eine qualitativ hochwertige Betreuung ist Grundvoraussetzung für eine gelingende Vereinbarkeit von Familie und Beruf.

Im Alltag fühlen sich die Frauen durch Rahmenbedingungen wie flexible Arbeitsbedingungen, eine gute Kinderbetreuung und die Hilfe durch Ehemann und Familie unterstützt. Jedoch halten sie diese Dinge auch noch für dringend ausbaufähig und sie wünschen sich, dass sie sich durch diese Rahmenbedingungen nicht zwischen Familie und Beruf entscheiden müssen, sondern beides haben können. Eine der Frauen wünscht sich, nach der Geburt länger zuhause bleiben zu können ohne befürchten zu müssen, dass ihr daraus berufliche Nachteile entstehen. Es zeigt sich bei allen drei Frauen, dass sie sehr früh wieder in den Beruf zurückkehren, was sicherlich auch mit der Sorge verbunden ist, ansonsten benachteiligt zu werden. Es wird deutlich, dass sie als Mütter keine besondere Behandlung seitens des Arbeitgebers erfahren sondern regelrecht unter Druck stehen, dieselbe Leistung zu erbringen wie kinderlose Mitarbeiter.

Es zeigt sich also überaus deutlich, dass der Diskurs um die Vereinbarkeit von Familie und Beruf bei Müttern in Führungspositionen mehr erfordert als die Anpassung einiger Rahmenbedingungen. Vielmehr liegt hier eine gesamt-gesellschaftliche und strukturelle Herausforderung vor, die dringend als solche betrachtet und diskutiert werden muss.

Betrachtet man nun die Ergebnisse dieser Arbeit so wird auch deutlich, dass sie mit den Ergebnissen der Studie von Lukoschat und Walther (2006 s. o.) vergleichbar sind. Gerade bezüglich der Rahmenbedingungen, die die befragten Frauen für wichtig halten überschneiden sich die wesentlichen Punkte. Auch die daraus von den Autorinnen formulierten Forderungen an Unternehmen und Politik sind mit den Überlegungen dieser Arbeit sowie auch den weiteren aktuellen Forschungen – auch zu angrenzenden Bereichen – des Themas Vereinbarkeit von Familie und Beruf bei Müttern in Führungspositionen vergleichbar.

Während gerade die Studie der Bertelsmann Stiftung (Lukoschat, Walther 2006) besonders auf die alltäglichen Bedürfnisse und Rahmenbedingungen der Mütter in Führungspositionen eingeht, konnte im Rahmen dieser Arbeit festgestellt werden, dass eine Betrachtung darüber hinaus notwendig und hilfreich wäre für ein umfassendes Verständnis der Situation und Bedarfe der Frauen. Gerade der Blick auf die früheren Vorstellungen der Frauen von ihrem zukünftigen Leben und die Entwicklungsschritte hin zu Karriere und Familie konnten einige Aufschlüsse bieten. So konnte der Blick deutlich geweitet werden und es bestätigte sich, dass die Vereinbarkeit von Familie und Beruf bei Müttern in Führungspositionen ein äußerst komplexes Thema ist, das einen umfassenden Blick auf die betroffenen Frauen und ihre Lebensmodelle erfordert.

7. Fazit

Betrachtet man nun abschließend diese Arbeit, so wird deutlich, dass die Voran-
nahmen zum Thema „Die Vereinbarkeit von Familie und Beruf bei Müttern in Führungspositionen" die eigentliche Komplexität nicht erfassten. Die Vermutung, dass
sich ein tiefergehender Blick über die alltäglichen Probleme und Bedürfnisse der
Frauen hinaus auf ihren Lebensplan und die Entwicklung hin zu ihrem Lebensmodell lohnen könnte, hat sich eindeutig bestätigt. Die Frage nach den Ursachen
dafür, dass Frauen sich sowohl Kinder als auch Karriere wünschen, die Entwicklung dahin sowie auch Einflussfaktoren auf sie selbst und ihren Lebensweg konnten wichtige Erkenntnisse sowohl für die einzelnen Individuen als auch für Politik
und Gesellschaft bieten.

Insbesondere die Tatsache, dass sich gerade der politische Diskurs derzeit
insbesondere an Rahmenbedingungen wie dem Ausbau von Kindertagesstätten
festbeißt, konnte im Rahmen dieser Arbeit als Verengung des Blicks lediglich auf
Teilaspekte der Thematik erkannt werden.

So wird das Thema Kinderkrippe weder politisch noch gesellschaftlich proble-
matisiert oder gar kritisiert, vielmehr die Betreuung bereits kleinster Säuglinge als
Normalität angesehen. Die Tatsache, dass diese Normalität gemeinsam mit der
gesellschaftlichen Erwartung, dass die Berufsbiografien von Frauen aufgrund der
Geburt ihrer Kinder nicht unterbrochen wird, auch einen Druck ausüben können,
wird hierbei kaum beachtet. Vergleicht man diese Herangehensweise mit der anderer Länder wie beispielsweise Schweden, wo Mütter und Väter dazu aufgefor-
dert werden, Elternzeit zu nehmen, so stellt sich die Frage, warum man sich in
Deutschland dazu entschieden hat, alles auf den Ausbau der Kinderkrippen zu
setzen.

In dieser Arbeit konnte gezeigt werden, dass es eine große Herausforderung
ist, Familie und Karriere zu vereinbaren und dass dieses Unterfangen selten ver-
lustfrei verläuft. So klagen die Frauen beispielsweise über ein schlechtes Gewissen gegenüber ihren Kindern aufgrund des Zeitmangels sowie über mangelnde
gesellschaftliche Anerkennung für ihr Lebensmodell. So drängt die Leistungsgesellschaft dazu, ehrgeizig am Berufsleben teilzunehmen, jedoch ist es paradoxer
Weise dennoch nicht gerne gesehen, wenn Frauen ihre Kinder zu früh betreuen
lassen. Es stellt sich die Frage, warum seitens der Politik nicht Strukturen gefördert werden, die es Frauen und Männern ermöglichen, die ersten Monate nach der
Geburt ihrer Kinder Zuhause zu bleiben, ohne berufliche Nachteile befürchten zu
müssen. Wenn dieses Modell zur Normalität würde, könnten auch die Mütter in
Führungspositionen deutlich entspannter und freier entscheiden, was für sie richtig
ist. Gerade sie könnten als Vorbilder Maßstäbe für andere Frauen, aber auch für
Männer setzen. Betrachtet man nämlich das Ergebnis dieser Arbeit, so wird deutlich, dass der Wunsch, nur wenige Wochen nach der Geburt in den Beruf zurück-

zukehren im Wesentlichen aus der Angst vor Benachteiligung entsteht. Solange nur Maßnahmen zur Begünstigung der jetzigen zwanghaften Verhältnisse wie dem Ausbau der Kindertagesstätten ergriffen werden, wird sich an der Grundproblematik einer schlechten Vereinbarkeit von Familie und Beruf nichts ändern. Es sollte vielmehr um die Ausgeglichenheit und Zufriedenheit der Menschen gehen als um Leistungsorientierung. Dies kann nur erreicht werden, wenn die gesellschaftliche Akzeptanz für verschiedene Lebensmodelle steigt. Dies muss sich auch in der Unternehmenskultur widerspiegeln. Gerade das Thema Anerkennung, welches in dieser Arbeit als wichtiger Antreiber der Frauen erkannt wurde muss dringend Beachtung finden. So wurde deutlich, dass durch den Wunsch nach Anerkennung, die in unserer Leistungsgesellschaft jedoch im Wesentlichen im Berufsleben zu finden ist, eine freie Entscheidung für ein Lebensmodell erschwert wird. Es kann nicht das Ziel von Politik und Gesellschaft sein, ein einziges Lebensmodell als das richtige darzustellen. Aus sozialphilosophischer Sicht kann Anerkennung sowohl als Grundlage für die Identitätsbildung des Individuums gesehen werden (vgl. Honneth 1992), als auch als wesentlicher Beitrag zu einer gerechten Gesellschaft. So stellt Honneth (1992) fest, dass sich die Gerechtigkeit einer Gesellschaft „…an dem Grad ihrer Fähigkeit, Bedingungen der wechselseitigen Anerkennung sicherzustellen" (Honneth, Fraser 2003, S. 206) bemisst. Überträgt man dies auf das Thema dieser Arbeit, so ist anzunehmen, dass eine gelingende Vereinbarkeit von Familie und Beruf auch von der gesellschaftlichen Anerkennung der Menschen und ihrer Lebensmodelle ist.

Zudem ist festzustellen, dass Beruf und Karriere nicht weiter ein Kampf um Gleichberechtigung der Geschlechter sein dürfen. Erst wenn sich auch die Rolle des Mannes an die neuen Gegebenheiten anpasst und Frauen neben dem Beruf nicht mehr alleine für die Familie verantwortlich sind, kann von Gleichberechtigung gesprochen und beidseitige Zufriedenheit erreicht werden. Die Vereinbarkeit von Familie und Beruf darf weder bedeuten, dass Frauen eine Doppelbelastung erleben, noch, dass schlicht ein Rollentausch eintritt und künftig Männer beruflich zurücktreten müssen. Ziel sollte es vielmehr sein, dass Frauen und Männer sich frei von Zwängen für ein Lebensmodell entscheiden können, das zu ihnen passt. Es muss möglich sein, dass der Blick geweitet wird hin zu mehr gesellschaftlicher Toleranz für verschiedene Lebensmodelle, Gleichberechtigung der Geschlechter, freier Wahlmöglichkeit für Eltern aber auch zu einer Umstrukturierung der Berufswelt. Hier ist es dringend notwendig, dass das Spektrum der Arbeitsmodelle flexibilisiert wird und beispielsweise Führungsmodelle in Teilzeit geschaffen werden. Die Analyse der Einflussfaktoren auf eine gelingende Vereinbarkeit von Familie und Beruf ist bisher deutlich zu einseitig. Der Blick muss vielmehr auf den gesamten Einflussbereich und die Lebenswelt der Menschen gerichtet werden. Die Betrachtung von Müttern in Führungspositionen ist hierfür beispielhaft geeignet.

Im weiteren Verlauf der Debatte um die Vereinbarkeit von Familie und Beruf, im Speziellen bei Müttern in Führungspositionen, ist es also besonders bedeutsam, dass diese Frauen in einem gesamtgesellschaftlichen Kontext betrachtet werden und der Blick weg von rein organisatorischen Fragestellungen wie dem Ausbau von Kinderkrippen und vielmehr hin zu individuellen Bedürfnissen nach Entscheidungsfreiheit gerichtet wird. Hierbei kann die Wissenschaft einen entscheidenden Beitrag leisten, indem die Bandbreite der Aspekte, die auf die Vereinbarkeit von Familie und Beruf Einfluss nehmen, kritisch untersucht und verbreitet wird.

8. Literaturverzeichnis

Brandstätter, J.; Lindenberger, U. (Hg.) (2007): Entwicklungspsychologie der Lebensspanne. Stuttgart: Kohlhammer.

Budde, Gunilla-Friederike (1997): Frauen arbeiten. Weibliche Erwerbstätigkeit in Ost- und Westdeutschland nach 1945. Göttingen: Vandenhoeck & Ruprecht.

Bundesministerium für Familie, Senioren Frauen und Jugend (2011): Familienreport 2011. Leistungen, Wirkungen, Trends. Hg. v. Bundesministerium für Familie, Senioren Frauen und Jugend. Berlin. Online verfügbar unter http://www.bmfsfj.de/RedaktionBMFSFJ/Broschuerenstelle/Pdf-Anlagen/ Familienreport-2011,property=pdf,bereich=bmfsfj,sprache=de,rwb=true.pdf, zuletzt geprüft am 17.4.12.

Bundesministerium für Familie, Senioren Frauen und Jugend (2011): Monitor Familienleben 2011. Instituts für Demoskopie Allensbach. Online verfügbar unter http://www.bmfsfj.de/RedaktionBMFSFJ/Abteilung2/Pdf-Anlagen/monitor-familienleben-2011-auswahl,property=pdf,bereich=bmfsfj,sprache=de,rwb=true. pdf, zuletzt geprüft am 11.03.2012.

Filipp, Sigrun-Heide (2007): Kritische Lebensereignisse. In: J. Brandstätter und U. Lindenberger (Hg.): Entwicklungspsychologie der Lebensspanne. Stuttgart: Kohlhammer, S. 337–361.

Flick, Uwe (1995): Qualitative Sozialforschung. Eine Einführung. 4. Aufl. Reinbek: Rowohlt Taschenbuch Verlag.

Fraser, Nancy; Honneth, Axel (2003): Umverteilung oder Anerkennung? Eine politisch-philosophische Kontroverse. Frankfurt: Suhrkamp.

Gemeinnützige Hertie-Stiftung: audit berufundfamilie. Online verfügbar unter http://www.beruf-und-familie.de/index.php?c=21.

Holst, Elke (2005): Frauen in Führungspositionen – massiver Nachholbedarf bei großen Unternehmen und Arbeitgeberverbänden. In: Wochenbericht des DIW (3), S. 49–56.

Holst, Elke; Schimeta, Julia: Krise nicht genutzt: Führungspositionen großer Finanzunternehmen weiter fest in Männerhand. In: *Deutsches Institut für Wirtschaftsforschung* 2011 (3), S. 12–18. Online verfügbar unter http://www.diw.de/ documents/publikationen/73/diw_01.c.366823.de/11-3.pdf, zuletzt geprüft am 20.08.2012.

Holst, Elke; Schrooten, Mechthild (2006): Führungspositionen: Frauen geringer entlohnt und nach wie vor seltener vertreten. Wochenbericht des DIW Berlin. Online verfügbar unter http://www.diw.de/documents/publikationen/73/44442/06-25-1.pdf, zuletzt aktualisiert am 20.06.2006, zuletzt geprüft am 10.05.2012.

Honneth, Axel (1994): Kampf um Anerkennung. Zur moralischen Grammatik sozialer Konflikte. 1. Aufl. Frankfurt am Main: Suhrkamp.

Kienbaum Management Consultants GmbH (Hg.) (2003): Work-Life-Balance von Führungskräften. Für ManagerInnen nicht machbar und von Unternehmen nicht gewünscht? Online verfügbar unter www.skolamed.de/hot/hot2004/praesentation_hunziger.pdf, zuletzt aktualisiert am 13.10.2004, zuletzt geprüft am 14.05.2012.

Kohaut, Susanne; Möller, Iris (2010): Frauen in Chefetagen. In: *Wirtschaftsdienst* (6), S. 420–422. Online verfügbar unter http://www.springerlink.com/content/0516226671r80359/fulltext.pdf, zuletzt geprüft am 16.05.2012.

Krüger, Heinz-Hermann; Marotzki, Winfried (Hg.) (2006): Erziehungswissenschaftliche Biographieforschung. Opladen.

Legnaro, Aldo: Arbeit, Strafe und der Freiraum der Subjekte. In: *Berliner Journal für Soziologie 1* 2008 (1), S. 52–72.

Lukoschat, Helga; Bessing, Nina (2008): Führungskräfte und Familie. Wie Unternehmen Work-Life-Balance fördern können. Ein Leitfaden für die Praxis. Hg. v. Bundesministerium für Familie, Senioren Frauen und Jugend, zuletzt aktualisiert am 13.10.2004, zuletzt geprüft am 08.05.2012.

Lukoschat Helga; Walter, Kathrin (2006): Karrierek(n)ick Kinder: Mütter in Führungspositionen – ein Gewinn für Unternehmen. Gütersloh: Verlag der Bertelsmann Stiftung; Bertelsmann Stiftung. Online verfügbar unter http://www.eaf-berlin.de/fileadmin/eaf/Studien/Karrierekick__Kinder_Zusammenfassung.pdf.

OECD (2007): Babies and Bosses – Reconciling Work and Family Life. Paris: OECD.

Oechsle, Mechtild; Budrich, Barbara (2010): Handbuch Frauen- und Geschlechterforschung. Theorie, Methoden, Empirie. 3. Aufl. Wiesbaden: VS, Verl. für Sozialwiss. Online verfügbar unter http://www.springerlink.com/content/kn81766325576347/fulltext.pdf, zuletzt geprüft am 30.05.2012.

Oechsle-Grauvogel, Mechthild (2009): Vereinbarkeit von Beruf und Familie. Hg. v. IFF OnZeit. Online verfügbar unter http://www.iffonzeit.de/aktuelleausgabe/pdf_texte/aufsaetze/oechsle/oechsle.pdf, zuletzt aktualisiert am 28.04.2009, zuletzt geprüft am 08.05.2012.

Przyborski, Aglaja; Wohlrab-Sahr, Monika (2010): Qualititive Sozialforschung. Ein Arbeitsbuch. 3. Aufl. München: Oldenbourg Verlag; Oldenbourg.

Sackmann, Reinhold: Lebenslaufanalyse und Biografieforschung. In: Lebenslaufanalyse und Biografieforschung, S. 63–72.

Sackmann, Reinhold (2007): Lebenslaufanalyse und Biografieforschung. Eine Einführung. 1. Aufl. Wiesbaden: VS Verlag für Sozialwissenschaften.

Schlamelcher, Ulrike (2011): Paradoxien und Widersprüche der Führungskräfterekrutierung. Personalauswahl und Geschlecht. 1. Aufl. Wiesbaden: VS Verlag für Sozialwissenschaften; VS Verlag für Sozialwissenschaften / Springer Fachmedien.

Schröder, Jette (2006): Frauenerwerbstätigkeit ... ein Hemmnis für die Fertilität? Eine Analyse des Effekts der Erwerbstätigkeit auf den Übergang zur ersten Geburt in Deutschland. Hg. v. Mannheimer Zentrum für Europäische Sozialforschung. Online verfügbar unter http://www.mzes.uni-mannheim.de/publications/wp/wp-93.pdf, zuletzt aktualisiert am 22.05.2006, zuletzt geprüft am 07.05.2012.

Schütze, Fritz (2006): Verlaufskurven des Erleidens als Forschungsgegenstand der interpretativen Soziologie. In: Heinz-Hermann Krüger und Winfried Marotzki (Hg.): Erziehungswissenschaftliche Biographieforschung. Opladen, S. 205–237.

Statistisches Bundesamt (Hg.) (2006): Kinderlosigkeit von Akademikerinnen im Spiegel des Mikrozensus. Online verfügbar unter https://www.destatis.de/DE/PresseService/Presse/Pressekonferenzen/2006/Mikrozensus/Information_Kinderlosigkeit.pdf?__blob=publicationFile, zuletzt aktualisiert am 06.06.2006, zuletzt geprüft am 11.05.2012.

Tepecik, Ebru (2007): Bildungserfolg mit Migrationshintergrund. Wiesbaden: VS, Verlag für Sozialwissenschaften.

Wahl, Angelika von (1999): Gleichstellungsregime. Berufliche Gleichstellung von Frauen in den USA und in der Bundesrepublik Deutschland. Opladen: Leske + Budrich.

www.sueddeutsche.de/politik/ausbau-von-kita-plaetzen-schroeder-stellt-bundeslaendern-ultimatum-1.1391460, (23.06.2012) zuletzt geprüft am 20.08.2012.

Nicole Majdanski

Männer »doing« Gender!

Väter in Elternzeit

Gender and Diversity, Band 9
2012, 135 S., br.,
ISBN 978-3-86226-192-5, € **19,80**

Das traditionelle Rollenverständnis von Mann und Frau bricht auf. Dies spiegelt sich insbesondere in der Elternzeit von Vätern wider. Mit Männer „doing" Gender wird ein Bezug zur neuen Männlichkeit hergestellt. Speziell die Väter erhalten neue Aufgaben innerhalb der Familie, womit der Beruf für sie einen anderen Stellenwert erhält. Gleichzeitig ist damit eine Ausgewogenheit zwischen Familie und Beruf verbunden, die die Väter erlangen wollen.

Der Rückgriff auf den Genderbegriff ermöglicht es, nicht nur die persönlichen und gesellschaftlichen Veränderungen zu analysieren, sondern auch die Elternzeit als familienpolitische Maßnahme zu verstehen. Zudem lassen sich verschiedenen Bezüge durch eine derartige Genderperspektive verdeutlichen. Zwei Beispiele von Vätern in Elternzeit veranschaulichen und belegen, dass heutzutage die moderne Vaterschaft mehr und zugleich anderes ist als nur Autorität und Strenge auszustrahlen sowie in der Ernährerrolle zu verweilen.

Centaurus Buchtipps

Lena Sachs
Die Zusammenarbeit zwischen Bundeswehr und Bildungseinrichtungen
Eine kritische Analyse
Soziale Analysen und Interventionen, Bd. 1, 2012, 100 S.,
ISBN978-3-86226-134-5, **€ 18,80**

Dagmar Filter, Jana Reich, Eva Fuchs (Hrsg.)
Arabischer Frühling?
Alte und neue Geschlechterpolitiken in einer Region im Umbruch
Feministisches Forum – Hamburger Texte zur Frauenforschung, Bd. 5, 2013, ca. 350 S.,
ISBN 978-3-86226-195-6, **€ 24,80**

Dagmar Filter, Jana Reich (Hrsg.)
»Bei mir bist du schön…«
Kritische Reflexionen über Konzepte von Schönheit und Körperlichkeit
Feministisches Forum – Hamburger Texte zur Frauenforschung, Bd. 4, 2012, 290 S.,
ISBN 978-3-86226-143-7, **€ 24,80**

Miriam Soudani
»Männer schlagen keine Frauen?! – Und umgekehrt?«
Das Gewaltverhalten von Mädchen und jungen Frauen
Gender & Diversity, Bd. 10, 2013, 290 S.,
ISBN 978-3-86226-218-2, **€ 24,80**

Marlene Alshut
Gender im Mainstream?
Geschlechtergerechte Arbeit mit Kindern und Jugendlichen
Gender & Diversity, Bd. 9, 2012, 190 S.,
ISBN978-3-86226-191-8, **€ 20,80**

Silvia von Steinsdorff, Helin Ruf-Ucar (Hrsg.)
Implementierung von Rechtsnormen
Gewalt gegen Frauen in der Türkei und in Deutschland
Reihe Sozialwissenschaften, Bd. 40, 2012, 160 S.,
ISBN 978-3-86226-173-4, **€ 22,80**

Sayime Erben
Gewalt und Ehre
Ehrbezogene Gewalt aus Täterperspektive
Reihe Sozialwissenschaften, Bd. 39, 2012, 116 S.,
ISBN 978-386226-146-8, **€ 18,80**

Saski Hofmann
Yes she can!
Konfrontative Pädagogik in der Mädchenarbeit
Gender & Diversity, Bd. 2, 2011, 135 S.,
ISBN 978-3-86226-050-8, **€ 18,80**

Informationen und weitere Titel unter **www.centaurus-verlag.de**